人民解放軍と中国政治

文化大革命から鄧小平へ

林 載桓 著
Lim Jaebwan

The Emergence and Demise of Military Governance in China

名古屋大学出版会

人民解放軍と中国政治

目　　次

序　章　文化大革命とは何だったのか ………… 1
　　　──新たな理解に向けて──

　　1.　文化大革命と人民解放軍──介入から統治へ　4
　　2.　人民解放軍による統治の謎　12
　　3.　中国政治の転換点の新たな全体像へ　20

第1章　独裁政治の制度論 ………… 23
　　　──毛沢東，人民解放軍，文化大革命──

　　1.　独裁政治の制度論　24
　　2.　毛沢東，人民解放軍，文化大革命　46
　　3.　文革期における軍部統治の展開　58

第2章　軍部統治の形成 ………… 63
　　　──論理と実体──

　　1.　党組織の再建と軍　63
　　2.　対外危機と戦時体制の圧力　71
　　3.　軍部統治の構造──領導の分散　81
　　小　括　85

第3章　軍部統治と林彪，林彪事件 ………… 87

　　1.　林彪勢力と軍介入の拡大　88
　　2.　軍部統治の形成と林彪事件　101
　　小　括　111

第4章　軍部統治の持続 ………… 115
　　　──毛沢東のジレンマ──

　　1.　軍部統治の弊害──問題の認識へ　116
　　2.　初期の軍隊整頓　122
　　3.　地方の権力構造の解体　126
　　小　括　139

目　次 ── iii

第5章　軍部統治の解消へ ………………………………… 141
　　　　──鄧小平と軍隊整頓──

　1.　整頓とは何か──機会と制約　143
　2.　軍隊整頓の決断──毛沢東の思惑　144
　3.　軍隊整頓の執行──鄧小平の思惑　155
　4.　軍隊整頓の成果　165
　　小　括　170

第6章　軍部統治の終焉 ……………………………………… 173
　　　　──革命から戦争へ──

　1.　鄧小平の復帰と軍隊整頓の再開　174
　2.　軍隊整頓の拡大──制度の回復と再建　181
　3.　軍隊整頓と中越戦争　192
　　小　括　201

終　章　改革開放への展開 ………………………………… 205

　1.　軍部統治の形成，持続，消滅──毛沢東と人民解放軍　205
　2.　文革，政軍関係と現代中国政治研究──本書の含意　208

　巻末資料　215
　参考文献　219
　あとがき　237
　図表一覧　241
　索　　引　243

序　章

文化大革命とは何だったのか
―新たな理解に向けて―

　　　　軍隊に頼るべきである。わが軍隊は戦争ができるだけでなく，
　　　大衆工作を行うこともできる。それに，政策を宣伝し，生産に参
　　　加することもできる[1]　　　　　　　――毛沢東，1967年3月

　　　　第一に軍隊は慎重であるべきである。……軍隊の整頓に力を入
　　　れ，不正な傾向を正し，分派主義，宗派主義を警戒し，団結させ
　　　るべきである。現在〔わが軍隊は〕文ばかりして武をやらず，文
　　　化軍隊に成り下がっている[2]　　　　　――毛沢東，1971年8月

　1960年代末から1970年代後半にかけて，中国には極めて異様な政治状況が出現していた。文化大革命（以下，文革と略称）が拡大し，激化していくなかで，人民解放軍（以下，解放軍と略称）の大規模な政治介入が行われ，その結果，軍隊幹部が中央の国家機構，および地方の党政機関を掌握し，政治過程を主導する未曾有の状況が発生したのである。こうした解放軍の関与は，党と国家の領域に留まらず，企業から学校，工場から社会団体にいたる，経済と社会

---

[1]「関于『三相信，三依靠』的講話」（1967年3月），宋永毅主編（2006）『中国文化大革命文庫 Chinese Cultural Revolution Database』第二版（香港：香港中文大学出版社）所収。
[2] 中共中央文献研究室編（1998）『建国以来毛沢東文稿　第十三冊』（北京：中央文献出版社），247-248頁。

のあらゆる領域に及んでいた。中国の国家と社会が，事実上の軍部統治の下に置かれていたのである。

　本書は，解放軍の全面的な政治関与という，文革が引き起こした数々の政治的変革のなかで，おそらくもっとも逆説的な側面に光を当て，その拡大と収拾のメカニズムを明らかにしようとするものである。具体的に本書は，次の2つの問いに解答を提示することを中心的な課題とする。

　(1) なぜ中国において解放軍の主導する統治システムが出現したか。
　(2) 軍主導の統治システムはなぜ，そしてどのようにして消滅したか。

　文革期中国に現出した軍主導の政治状況は，動員兵力の大規模さはもちろん[3]，マルクス・レーニン主義を統治原理とする国家では極めて異例の事態であるという点で，従来さまざまな領域の研究者から注目を集めてきた[4]。とはいえ従来の研究は，解放軍の政治的影響力が拡大し，全国的に「軍政」と呼ぶに相応しい状況が現れていたことに強い関心を示しながらも，この異様な政治状況が具体的にどのような構造によって成り立っており，またその構造は時間の経過とともにどのような変化を遂げていったかという点を問題視することはほとんどなかった。その結果，軍主導の政治状況を発生，持続させた真の要因とは何か，また，そうした状況はいつ，どのような形で解消されたかという問いは（そもそも解消されたかどうかという問題をも含めて），ほとんど未解明のまま残されてきた。

---

[3] 中国の公式資料によれば，1970年末まで「三支両軍」と総称されていた地方での統治業務に参加していた軍隊幹部，兵士の累計は279万人に達し，1971年の時点でなお「支左（革命左派の支援）」任務に当たっていた現役の軍人が約40万，そのうち，県と県相当の革命委員会の幹部を務めていたのが4.9万人となっていた。李可・郝生章（1989）『「文化大革命」中的人民解放軍』（北京：中共党史資料出版社），241頁。この数値は，おそらく同年11月25日，総政治部が軍事委員会辦事組に提出した「全軍三支，両軍工作状況報告」によるものと思われる。それによれば，同じ時期，地方業務に携わっていた軍隊幹部は全軍幹部の3分の1を占めており，多い場合は部隊幹部の51％，もっとも少ない場合でも20％前後であったことを伝えている。国防大学党史党建政工研室編（1989）『中国人民解放軍政治工作史（社会主義時期）』（北京：国防大学出版社），289頁。

ところが，従来の研究が示す問題は，軍主導の政治状況に対する構造的，動態的視点の欠如に留まらない。さらに本質的な問題は，既存の多くの研究が当時の政治状況に対する正確な認識そのものを欠いていることにある。すなわち解放軍の政治関与が実際にどのような様相を帯びて展開しており，また政治と社会に進出した解放軍は実際にどのような役割を果たしていたかについてさほど注意が払われていなかったのである。

そこで，本章では，文革期中国における軍介入の特徴を，ほかの社会主義国家，および中国自らの経験と比較しながら浮き彫りにし，そこで何が説明されるべきかを明確にする。結論からいえば，文革期の中国に特有なのは，解放軍の政治介入それ自体ではなく，解放軍の介入領域の「拡大」であり，さらにそれが事実上の「軍部統治」を成立させていったという点である。そのことは同

---

4) まず，中国軍研究の見地からこの時期解放軍の果たした役割に注目しているものは多数にのぼるが，軍介入の影響を含めて比較的包括的な分析を試みている研究として，Ellis Joffe (1973) "The Chinese Army after the Cultural Revolution : The Effects of Intervention," *China Quarterly*, 55 ; Ellis Joffe (1987) *The Chinese Army After Mao* (Cambridge, MA : Harvard University Press), ch. 1 ; Paul H. B. Godwin (1976) "The PLA and Political Control in China's Provinces : A Structural Analysis," *Comparative Politics*, 9-1 ; Harvey Nelson (1977) *The Chinese Military System : The Organizational Study of the Chinese People's Liberation Army* (Boulder : Westview Press), chs. 2 and 4 ; Harlan W. Jencks (1982) *From Muskets to Missiles : Politics and Professionalism in the Chinese Army*, 1945-1981 (Boulder : Westview Press), ch. 4；李可・郝生章 (1989)；川島弘三 (1988, 1989a, 1989b)『中国党軍関係の研究（上・中・下巻）』慶應通信（特に上巻第 5, 6 章，中巻第 1 章，下巻第 1 章）を挙げておく。他方，広く現代中国政治・毛沢東思想の文脈からこの時期の特異な政治状況に注目しているものとして，Stuart R. Schram (1973) "Introduction : The Cultural Revolution in Historical Perspective," in Schram, ed., *Authority, Participation and Cultural Change in China* (Cambridge : Cambridge University Press), pp. 85-108 ; Roderick Macfarquhar (1991) "The Succession to Mao and the End of Maoism, 1969-82," in Macfarquhar, ed., *The Politics of China : The Eras of Mao and Deng* (New York : Cambridge University Press) にやや詳細な意味づけがなされている。なお，社会主義諸国の政軍関係の観点から中国の例と文革期の経験に注意を向けている研究としては，David E. Albright (1980) "A Comparative Conceptualization of Civil-military Relations," *World Politics*, 32 ; Amos Perlmutter and William M. LeoGrande (1982) "The Party in Uniform : Toward a Theory of Civil-military Relations in Communist Political Systems," *American Political Science Review*, 76-4 ; Dale Herspring (1999) "Samuel Huntington and Communist Civil-military Relations," *Armed Forces & Society*, 25-4 等がある。

時に，解放軍が果たした，または解放軍に求められていた役割が，混乱の収拾や秩序の回復をはるかに超えて，政策の執行による実質的な統治の遂行と，新たな政治秩序の構築にあったということを意味する。この点を正確に押さえておくことは，文革期の軍介入の展開を理解するうえでいわば出発点となる。

　軍介入の実際に関する予備的考察を踏まえ，本章では，文革期の軍介入を説明する従来の見解をやや包括的に検討し，その上で，本書の仮説を提示する。簡単に要約すれば，既存の説明に共通する問題は，次の3点である。第一に，軍介入の全体像，すなわち軍介入の拡大と持続，そして解消の過程を一貫して説明するロジックに欠けていること，第二に，既存の党軍関係の図式に過度にとらわれていること，そして第三に，もっとも致命的な問題として，政治的統合の中心にあった毛沢東の役割が十分に評価されていないことである。そこで，文革期の軍部統治の展開を，毛沢東と解放軍の関係を中心にとらえる本書の仮説を提示する。そして最後に，本書の意義について述べる。

1. 文化大革命と人民解放軍——介入から統治へ

　建国以来，中国における統治の担い手は共産党であった。「党の領導」は，単なる政治スローガンにとどまらず，イデオロギーと組織構成をはじめ，政策の決定と執行をふくむ統治のあらゆる領域を規定していた。この意味で，文革を「革命」たらしめるひとつの理由は，それが党指導部の大規模な粛清をもたらしただけでなく，党組織とそれを中核とする統治制度そのものへの深刻な打撃をともなっていたことに求められる。実際，毛沢東は，党に蔓延している（と思われた）修正主義の打破には，指導部の部分的な入れ替えだけでは不十分で，堕落した党組織そのものを揺さぶることが必要であると考えていたのである。そして1967年の初頭，「奪権」の始まりとともに各級党委員会はその活動を停止し，中央から基層に至る党の指揮系統は麻痺状態に陥った。

　かくして生じた統治の空白に入り込んだのが解放軍である。ただし，注意しておかねばならないのは，毛沢東や林彪が，文革の発動以前に解放軍の大規模

な投入を計画していた形跡が見当たらないことである[5]。実際，1967年1月の軍介入の公式発令は，造反派革命運動の展開が地方党組織の予想外の抵抗に遭遇し，当初予想した成果をまったく上げていなかったことに対する毛沢東の焦燥感の発露であって，あらかじめ準備された革命のプログラムに従って実行されたものではない。軍介入の形式と内容を規定した3月の三支両軍の指示[6]から，4-6月の主力部隊の投入に至る党指導部の混乱を見れば，このときの解放軍の動員がいかに計画性に欠けていたかは明らかである。

つまり，介入の経緯だけを見れば，このときの解放軍の政治介入は，さほど特異性が目立つ事象ではないことが分かる。一般に，政治的危機に直面した，あるいは特定の政策の実現を目指す政治指導者が，目的達成に必要な資源の動員，および政策の執行を軍部に依存し，またその結果，軍の威信と地位が社会的にも政治的にも上昇していくようなことは，第三世界諸国はもちろん，ソ連をはじめとする社会主義国家にも時として観察されてきた事象なのである。さらに中国の場合には，1960年代初め以来，たとえば「解放軍に学ぶ運動」の全国的展開に見られるように，統治体制における解放軍の役割があらためて強調されていた文脈が存在し，そこに重点を置けば，文革期の政治介入に以前の時期との連続性を見出すことも可能であろう。

しかし注目すべきは，介入以後の展開である。そこには，他の社会主義諸国の事例はもとより，文革以前の中国自らの経験とも区別される，著しい特徴が

---

5) 同様の見解は，James R. Townsend (1970) "Intraparty Conflict in China: Disintegration in an Established One-Party System," in Samuel P. Huntington and Clement H. Moore, eds., *Authoritarian Politics in Modern Society: The Dynamics of Established One-Party Systems* (New York: Basic Books), p. 299 を参照。タウンゼントは，「今われわれが目撃している軍部統治の出現は，文革の結果であって，その原因ではない」と述べ，文革の以前に党と解放軍の逆転を示唆する制度的徴候はなかったことを強調している。ただ，解放軍の台頭をどのような意味で「文革の結果」ととらえているかについては，惜しくも明示的な議論がなされていない。

6) 1967年3月19日，中共中央軍事委員会は，「部隊の力量を革命左派の支持（支左），農業の支援（支農），工業の支援（支工），軍事管制（軍管），軍事訓練（軍訓）の任務に集中させることに関する決定」を下達した。しかし，この時点において三支両軍への参加は，中央軍事委員会の直属機関の幹部，および，中央と地方の各軍事学校，軍内文芸団体，体育工業隊の人員に限定されていた。李可・郝生章 (1989), 229頁。

見出される。その特徴の第一は，この時期の解放軍の政治介入が，混乱の収拾と治安の回復，またそれと並行して行われた国家機関と公共施設への軍事管制の実施をはるかに越えて，地方の各レベルにおける統治機構の掌握，企業・工場など生産単位の経営，および大衆団体と学校の管理といった政治・経済・社会の広範な領域への解放軍の参入を結果したことである[7]。こうした，解放軍による統治機能の全面的な代行という事態の発生は，「党の領導」を政治の実体とする国家では極めて稀な現象である[8]。

たとえばソ連の場合，1930年代初頭の「上からの革命」において赤軍の威信と権限が意図的に拡大され，その後も政権交代の際に軍隊幹部の党中央への昇進がたびたび行われてきたことは周知の通りである。とはいえ，ソ連における政軍関係の展開が，軍の政治主導と呼べるほどの状況を生み出したことのないこともほぼ疑いないであろう[9]。

他方で，1980年代初頭のポーランドでは，全国的な労働運動の発生に党（統一労働者党）が有効な対応を見せず，代わりに軍が既存体制の擁護者とし

---

7) 文革の農村への影響を調査したワルダーとスーの研究は，農村における人的被害が1968年末以降急激に増大し1971年頃に頂点に達したことを報告している。それに対し彼らは，「予備的」結論との留保をつけながらも，「このタイミングは，犠牲の大部分が，紅衛兵あるいは大衆組織間の武闘の結果ではなく，新しい政治軍事権力の組織的行動の結果であるとしか解釈できない」と結論付けている。もちろん，彼らのいう「新しい政治軍事権力」が1968年末全国に成立した軍主導（農村では民兵主導）の革命委員会をさしていることはいうまでもない。Andrew G. Walder and Yang Su (2003) "The Cultural Revolution in the Countryside: Scope, Timing, and Human Impact," *China Quarterly*, 173, p. 98.

8) 文革期解放軍の政治介入に見られるこの「統治」の局面は，従来の研究ではほとんど注意が払われてこなかった部分である。その理由のひとつは資料の制約に求められるが，それとともに，既存の研究が，地方における軍支配の増減を主として中央の権力動態の関数としてとらえ，後者の分析に重点を置いてきたことにも原因があるように思われる。この点は，この時期の政軍関係の展開にもっとも詳細な分析を施しているヨッフェと川島の研究にともに指摘できる（Joffe, 1973; 川島弘三, 1988, 1989a, 1989b）。

9) Roman Kolkowicz (1967) *The Soviet Military and the Communist Party* (Princeton: Princeton University Press); Timothy J. Colton and Thane Gustafson, eds. (1990) *Soldiers and the Soviet State: Civil-military Relations from Brezhnev to Gorbachev* (Princeton: Princeton University Press), pp. 21-22.

て台頭し、その結果、軍主導の危機管理が図られるようになったという点で、文革期の中国と類似した状況が生まれている[10]。だが、ポーランドの場合、中央と地方の党組織・国家機構はそもそも軍事管制の対象とならずその活動を続けていたこと、また、戒厳令のもと軍の活動領域が拡大されたとはいえ、それは決して軍に政策執行上の支配的地位をもたらしたわけではないことは注意を要する[11]。

なお、前述した中国の「解放軍に学ぶ運動」の展開は、確かに各レベルでの政治部の設置などを通じて、党組織のなかに解放軍を取り込む側面を有していたことは事実である。しかし、それはあくまで党機能の強化への試みであって、決して後者により前者を置き換えようとする傾向をはらむものではなかったことは注意しておかなければならない[12]。

さて、解放軍の政治介入が軍部統治へと発展したことが重要だという指摘には、直ちに次のような反論が予想される。つまり、解放軍の政治介入が、党機構、国家機関の機能停止という、これまた異例の状況の下で行われたことを考えれば、それがやがて解放軍による統治の代行へと発展したことは、中国の統治構造からしてごく自然な展開ではなかろうかという反論である。しかし、軍

---

10) もちろんポーランドの場合、政治システムにおける支配政党(統一労働者党)の位置や機能が、中国とソ連における共産党のそれと同列に論じうるものなのかは議論の余地がある。ただ、少なくとも憲法上の規定に党の優越的地位が保証されていること、また軍はあくまで党指導部に「呼び出された」という点で介入の経緯が類似しており、ここでは議論に含めている。

11) Jerzy J. Wiatr (1988) *The Soldier and the Nation : The Role of the Military in Polish Politics, 1918-1985* (London : Westview Press), chs. 9-10.

12) Ellis Joffe (1982) "The Military as a Political Actor in China," in Roman Kolkowicz and Andrzej Korbonski, eds., *Soldiers, Peasants, and Bureaucrats : Civil-military Relations in Communist and Modernizing Societies* (New York : Allen and Unwin) p. 144. 従来の研究はこの点にあまり自覚的でない。たとえば、Alastair I. Johnston (1984b) "Party Rectification in the PLA, 1983-87," *China Quarterly*, 112 等は、文革期における解放軍の政治介入の最大の特徴を、「毛沢東思想の宣伝と教育」というイデオロギー的役割の遂行に見出しており、その点で、文革以前との連続性を重視している。しかしこれらの研究は、「毛沢東思想の宣伝と教育」という活動に含まれた政治的意味にさしたる注意を払っておらず、そもそも1968年以降になると、統治機構のなかの解放軍の存在を正統化する毛沢東や中央の指導者の言説のなかで、解放軍のイデオロギー的優位性を強調する部分が格段に減っている点を看過している。

部統治への移行は，決して自然に起こったものではない。その過程には，何故軍主導でなければならないかという，どこの軍政にも付きまとうような正統性の問題が存在していたし，そして現に解放軍の政治介入が拡大したのは，文革初期の「非常事態」が一応の収束を見，革命の「終結」が宣言された1969年以降のことである点に注目しなければならないのである。介入当初とは明らかに異なる条件の下で，そして一見その存在意義が疑われる状況の下で，解放軍は如何にして介入の度合いを拡大させることに成功したのだろうか。

ところが，不思議なのは，軍介入の拡大だけでない。文革期の軍介入で注目される第二の特徴は，軍部統治の持続，つまりその長期化にある。図序-1は，省級党委員会常務委員会における（現役）軍幹部の割合の変動を示している。これによれば，省級党委員会指導部に占める軍幹部の比率が文革以前の状態に戻ったのは，1979年になってからである。同時に，文革期を通じて統治機構の役割を果たしていた革命委員会においても，軍幹部の比率は同様の軌跡をたどっている（図序-2）。もちろん，省級党委員会と革命委員会の幹部構成だけをもって軍部統治のレベルをはかるのは一面的だし，下級レベルにおける軍の撤収はこれと異なる軌跡をたどっていたのではないかとの指摘もありうる。しかし，後述するように，文革期の分権化の傾向は省級党委員会（1972年以前は革命委員会）に財政を含む多くの権限を集中させ，その結果，省級党委員会が文革以前にもまして地方統治の核をなしていたことには疑問をはさむ余地はない。またそれゆえに，軍部統治のレベルを引き下げようとする試みは常に省級党委員会の幹部構成を焦点に行われており，したがって，省級党委員会と革命委員会における軍幹部の比率は文革期の軍介入の展開をあらわす重要な指標であるということができる[13]。

文革期軍部統治の長期化は，建国初期に敷かれた軍事管制の文民政府への移行過程と比べてみれば，その不思議さは明らかである。ジョン・ギッチングス

---

[13] それに対して，従来の研究で軍の増大した権力を表示する指標としてよく用いられてきた党中央委員会に占める軍人の比率の増減は，中央の意思決定の毛沢東への集中度を考えれば，それほど重要な意味を持つものではない。後に理論のところでまた述べるが，これは重要なポイントである。中央委員会における軍人の割合が増えたこと，つまり決定の制度への軍の関与より重要なのは，執行の制度の軍による掌握である。

序　章　文化大革命とは何だったのか ―― 9

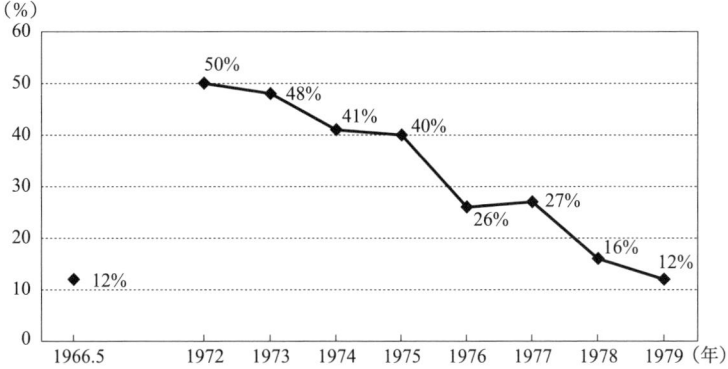

図序-1　全国省級党委常務委員会における軍隊幹部の割合

出所）中共中央組織部他編（2000a, 2000b）『中国共産党組織史資料 第六巻「文化大革命」時期（1966.5～1976.10）』『中国共産党組織史資料 第七巻（上）社会主義事業発展新時期（1976.10～1997.9）』（北京：中共党史出版社）；中国人民解放軍総政治部組織部（1995a, 1995b）『中国共産党中国人民解放軍組織史資料 第五巻「文化大革命」時期（1966.5～1976.10）』『中国共産党中国人民解放軍組織史資料 第六巻 社会主義現代化建設新時期（1976.10～1992.10）』（北京：長征出版社）；星火燎原編輯部編（2006）『中国人民解放軍将師名録』（北京：解放軍出版社）より作成。

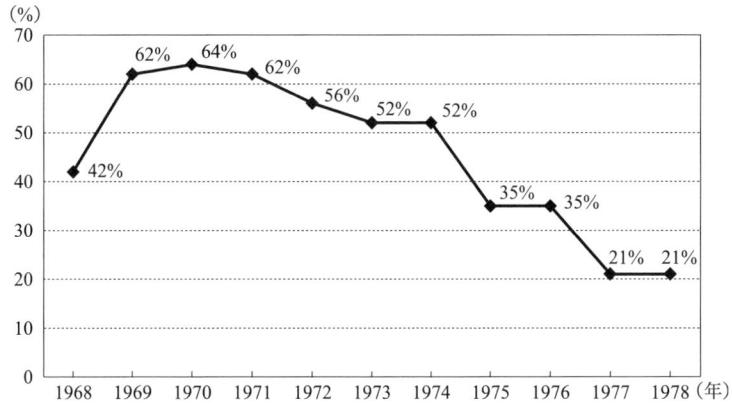

図序-2　全国省級革命委員会における軍隊幹部の割合

出所）各省，自治区委員会組織部他編『組織史資料』より作成。

によれば，「〔建国初期の〕軍事管制は，外国の観測筋が予想したような恐るべき結果をもたらすことなく，1952年から1954年にかけて廃止された。……1954年6月に至って，過渡的な政治段階が終わるや，6つの大軍区とそれに応じた6つの大行政区は廃止され，解放軍総部の統轄する13の軍区と中央人民政府に直接責任を負う省政府が，それにとって代わった」[14]。もちろん，当時の軍事管制は，その暫定措置たる性格が憲法に当たる「共同綱領」に明確に規定されており，中央の指導部もそれに極めて自覚的であったことは間違いない。しかし，文革期の軍部統治も，書面の上では，1972年8月の「三支両軍」の終了指示をもって公式に終わっていたことを指摘すべきであろう。すなわち，正式に任務の終了が公布されていたにもかかわらず，軍幹部は引き続き地方党委員会にとどまり，軍主導下の革命委員会は1979年まで廃止されなかったのである。

　こうした事実は，さらに毛沢東と解放軍の関係を考えれば，いっそう不思議になる。すなわち，毛沢東という最高指導者がなお健在で，しかもその政治的中心が，早くから解放軍の行動に不満を表し，さまざまな手段を通じて，解放軍の行動の是正，ひいては軍部統治の緩和を訴えていたにもかかわらず，その実現には相当な時間がかかったのである[15]。何故，公式の終了命令が出されていたにもかかわらず，また，現状変更に向けた最高指導者の意向がさまざまな形で表されていたにもかかわらず，解放軍の政治からの退場は，遅々として進まなかったのであろうか。

　さて，その長期化とともに注目されるべきは，1978年末，あるいは少なくとも1979年初めの時点には，軍部統治の状況はほぼ解消されていたという事

---

14) John Gittings (1967) *The Role of the Chinese Army* (London : Oxford University Press), pp. 185-186. 建国初期の軍事管制の解消過程については，Harry Harding (1987b) "The Role of the Military," in Victor C. Falkenheim, ed., *Citizens and Groups in Contemporary China* (Ann Arbor : Center for Chinese Studies, The University of Michigan), p. 214 にも同様の指摘がなされている。関連する中国側の研究として，王樹林（2010）「新中国大行政区軍政委員会的縁起與演変」『中共党史研究』第6期，52-53頁。

15) たとえば，加々美光行は，1967年10月以降の毛沢東の「整党建党」の提起を，革命委員会を弱体化することを通じて，軍の支配力を縮小しようとする試みとしてとらえている。加々美光行（2001）『歴史のなかの中国文化大革命』岩波書店，174-175頁。

実である。つまり，解放軍は，党と国家政策の中心がイデオロギーから経済へと移行しようとした，まさにその瞬間に政治からの退場を一通り完了したのである。もちろん，前掲図序-1と図序-2に明らかなように，軍部統治の緩和は1970年代初頭以降の一貫した傾向である。だが，それが単線的な軌跡を描いて進行したものでないことも明らかであろう。つまり，軍部統治は決して自然消滅したわけではなく，少なくとも1970年代前半を通じては，固着化の様相さえ示していたということができる。しかし，1975年を大きな転換点として政治からの解放軍の退却は本格化し，地方統治の各レベルにおける民政への移行は，曲がりなりにも1970年代末には完了していたのである。このような，ゆっくりとした，しかし非連続的な変化の軌跡は，如何に説明できるだろうか。その基底にあって軍部統治の展開を方向付けた要因とは何か。

かつてソ連共産党の指導者は，統治体制における軍の影響力の増大を抑制し，軍に対する政治的攻勢を正当化するために，しばしば軍に内在するボナパルティズムの脅威を持ち出していた。しかし先に述べたように，革命以来のソ連において，「軍による革命政権の掌握」と呼ぶに相応しい政治状況が実際に現れていたとは考えにくい[16]。トロツキーによってもっとも明示的な形で提示された，いわゆる「ソビエト・ボナパルティズム」の可能性は，農業集団化によって軍の階級的基盤が一掃され，また，軍統制のさまざまな制度的装置が具備されていくなかで，1930年代の半ばには著しく低下していたのである[17]。そして，その後のボナパルティズムの提起は，あくまで特定の軍幹部の排除を目的とした政治的レトリックか，もしくは政治指導者の主観的認識の反映として登場していたに過ぎない。

それに対して，本書が考察の対象としている時期の中国では，軍が党に代わり国家と社会を掌握し，さらには地方党委員会の枢要な地位を長期間にわたっ

---

16) 内戦の経験を共有しつつも，ソ連と中国において政軍関係と軍民関係が何故異なる様相を示したかという問題については，Jonathan R. Adelman (1980) *The Revolutionary Armies : The Historical Development of the Soviet and the Chinese People's Liberation Armies* (London : Greenwood Press) を参照。

17) John Erickson (1984) *The Soviet High Command : A Military-Political History* (London : Westview Press), pp. 299-301.

て占めていたという意味で，ボナパルティズムの現出とも言えるような状況が，客観的実体として存在していた。中国におけるボナパルティズムの出現，そしてその消滅は，いかに説明されるべきであろうか。

2. 人民解放軍による統治の謎

　冒頭で述べたように，解放軍の政治関与と関連してこの頃の中国政治の特殊性に注目したのは本書がはじめてではない。しかし既存の多くの研究では，軍介入の展開を，限られた情報にもとづいて描写することに重点が置かれ，何故そのような展開を示したかについて系統だった説明を与える試みはほとんどなされなかった。とはいえ，既存の研究が，軍介入の展開についてまったく何の説明も提示してこなかったわけではない。明示的ではないにせよ，その原因については多くの議論が展開されてきたのである。ここでは，そうした議論を，大きく「非常事態説」，「権力政治説」，「体制起源説」の3つの類型に整理しながら，それぞれの主張の欠陥を明らかにしたい。これは本書の仮説を抽出するために必要な作業である。

非常事態説
　第一に，「非常事態説」は，解放軍の政治主導を，文革初期に党政機構が崩壊した結果としてとらえる立場である。この説によれば，解放軍の政治介入は，革命がもたらした極度の混乱に対する非常措置であり，解放軍による統治の遂行は，既存の党政機構が機能不全に陥っている状況の下で，解放軍が組織体制を存続させていた唯一の国家機構であったことによって正統化される。換言すれば，解放軍の政治関与はあくまで非常事態の発生による「必要の産物」であった，ということを説いている[18]。

---

18) たとえば，李可・郝生章 (1989)，226頁；Perlmutter and LeoGrande (1982), p. 232；Jencks (1982), pp. 91-102；David Shambaugh (2002) *Modernizing Chinese Military : Progress, Problems, and Prospects* (Berkeley : University of California Press), p. 16.

中国当局を含め，多数の中国軍研究者の採用する「非常事態説」は，この時期の軍介入が決してクーデターの性質を帯びたものではなかったことを意味する限りにおいては妥当である。しかし，この説は大きな問題を抱えている。何より，この理解では，軍介入の拡大が説明できない。つまり，仮にこの説が正しければ，解放軍の政治関与は，革命の生み出した「内戦状態」に収拾がつき，新しい統治機構として革命委員会が全国的に成立した1968年の後半以降には徐々に解消されていったはずであり，さらに1971年8月の地方党委員会の再成立の際には完全に消滅していたはずである。しかし前掲図序-2に明らかなように，革命委員会における軍隊幹部の割合は，文革の「終結」が宣言された1969年とその次の1970年においてむしろ増加している。また，前掲図序-1に示されるように，解放軍は地方党委員会の成立当初，最大の勢力を形成していた。

　「非常事態説」のもうひとつの問題は，文革期における軍介入の「政治性」を見落としている点にある。第1章の第2節で述べるように，解放軍の政治介入は当初，混乱の収拾や秩序の維持を主な任務として実施されたわけではない。そうではなく，解放軍には，革命左派勢力の側に立って「奪権」を支援するという，「支左（左派支持）」の任務が付与されており，こうした「左派支持のルール」は介入当初から解放軍の行動を強く拘束する要因として作用していた。そしてこの点は，文革期を通じて解放軍の行動を理解するうえで決定的に重要な意味をもつ。いずれにせよ，最初の介入から解放軍は「乱を助ける」ことを命じられており，毛沢東はこうした意味で解放軍の介入を指示していたのである。したがって，解放軍が中立的な立場で危機を管理していたとする「非常事態説」は軍介入の実態をまったくとらえていないものになる。

権力政治説
　第二に，「権力政治説」は，こうした軍介入の「政治性」をむしろ前面に打ち出して軍部統治の展開を説明しているものである。この説によると，文革期の軍介入の展開は，党中央における派閥闘争の動態，とりわけ林彪の権力の消長と密接に関連しているとされる。すなわち，解放軍の政治介入は，林彪が自

らの権力強化のために推進したものであり，実際に，軍介入の拡大とともに林彪は権力の上昇を果たしえた。だが，林彪の浮上に脅威を感じた党中央との権力闘争のすえ敗北を喫した林彪は失脚し，解放軍も政治の場から退場していったという説明である[19]。

　この説は，軍介入の政治的な性格——つまり軍介入が「誰の必要」によるものであったか——を明らかにしている点で，「非常事態説」の問題を克服しているが，その主張には重大な問題が存在している。何よりこの説は，主張の信憑性そのものが疑わしい。林彪と文革に関する最近の研究は，「権力政治説」をその基盤から掘り崩すさまざまな証拠を提供している。第3章で詳しく検討するように，軍介入の発令を例外として，介入の領域が拡大していくことに対し林彪の果たした役割はせいぜい限定的なものであり，総じていえば，解放軍の運命は林彪の運命とは異なるメカニズムの支配を受けていたということができるのである。

　「権力政治説」の持ついまひとつの問題は，その理解では軍部統治の長期化が説明できない点にある[20]。つまり，この説が正しいとすれば，林彪とともに台頭してきた解放軍は，林彪の失脚を契機に政治から迅速に排除されたはずである。しかし前掲図序-1を見れば明らかなように，林彪事件が起こった1971年，そして翌年の72年は軍部統治解消の転換点をなしておらず，解放軍は少なくとも1975年までは「安定的」に政治の場にとどまり続けていたのである。

体制起源説

　さて，「非常事態説」と「権力政治説」には，両説ともに軍介入の展開を，主に党軍関係の構図において説明している共通点が見出される。すなわち「非

---

19) たとえばJoffe (1973), pp. 475-477；Joffe (1987), p. 21；Harding (1987b), p. 214；川島 (1989a)，41-46頁を参照。
20) たとえばヨッフェは，林彪事件以後の中国政治の諸様相を，複数の勢力間の競争と交渉，妥協によって特徴付けられる「連合政治（coalition politics）」の一形態としてとらえ，地方の司令官たちを含む軍をそのなかの「中核的（pivotal）」なアクターとして位置づけている。他方，川島は，同様に地方の司令官たちを主軸とするいわゆる「野戦軍による権力均衡体制」が，林彪事件以後さらにその体制を強化し，中央，そして毛沢東に対する交渉力を増大していったと主張する。

常事態説」では，党と解放軍の間に，ある種の共生関係が想定され，解放軍による統治は，それが党の代替物であり，内部に党組織を存続させていたことによって正統性が得られたとされる。それに対して「権力政治説」は，党と解放軍の間に対立の局面を強調する。つまり，林彪によって代表される軍と，毛沢東によって代表される党が，競争と対立を繰り広げるなかで軍介入の形が作られた，という主張なのである。

このように党軍関係の構図を重視する両説に対して，軍介入の展開を，より広く中国の統治体制に内在していた何らかの特質を反映するものととらえているのが，3つ目の「体制起源説」である。そこでは，文革以前から解放軍がすでに統治システムの不可欠な部分になっていたことが強調される。たとえばフランツ・シュールマンは，解放軍の浮上について，それを予期できなかったことへの弁明をこめて，こう述べる。「1950年代には，解放軍は基本的に社会から隔離されており，それゆえに統治組織の仕組みを説明する際に解放軍について詳細に論じる必要はなかった。しかし1960年代になると，解放軍は社会の不可欠の部分となり，逆に政府と社会の関係は静かに行政的なものになっていった。……解放軍は次第に民主的な組織になり，階級と勲章は廃止され，将校と兵士は結束し，軍人と人民は一体となった」[21]。他方，ケネス・リーバーソルは，「解放軍は強制機構（coercive apparatus）として公安機関を超えた役割を遂行し，海外の関心を集めた。中国研究者は，従来，解放軍の国内的役割を軽視してきたのである。また，解放軍は単に社会において秩序を維持する役割を演じただけでなく，エリートレベルの政治闘争にも深く関与していた。中国政治における強制の役割はシステムの頂点にまで拡大されていたのである」と述べている[22]。

少し観点が異なるが，ルシアン・パイも，解放軍の浮上の起源を体制内の属性から探っていることは同様である。パイによれば，「軍閥の時代から中国共

---

21) Franz Schurmann (1968) *Ideology and Organization*, Second Edition, enlarged (Berkeley and Los Angeles : University of California Press), pp. 508, 574.
22) Kenneth Lieberthal and Michel Oksenberg (1988) *Policy Making in China : Leaders, Structures, and Processes* (Princeton : Princeton University Press), p. 7.

産党の権力継承の危機に至るまで，軍事力と軍の現実は，中国政治における持続的かつ支配的な要素であり続けた。文革と紅衛兵が党機構を混乱に陥れたとき，いつものようにそのパターンは，本能的に解放軍をして社会を統治させる力として作用した。軍事力は，近代中国政治の共通項（common currency）なのである」[23]。

　つまり，これらの論者たちは，解放軍が統治システムのどのような側面を体現していたかはともかくとして，解放軍をそのなかの重要な構成要素として位置づけている点では一致している。要するに，文革期の解放軍の台頭をもたらした要因は，既存の体制に内在していたという立場である。この点で，「体制起源説」は，党軍関係の文脈を重視する前の二説とは異なる立場を採っており，本書でも部分的にはそうした視点を受け入れている。

　しかし，ここでも問題は残る。「体制起源説」の論理では，軍介入の拡大と持続は説明できても，その消滅が説明できない。すなわちシュールマンがいうように解放軍と社会が一体化していたとすれば，なぜ解放軍と社会は文革期を通じて対立を繰り返していたのか，そしてなぜ解放軍は社会との分離を余儀なくされたのかという疑問が生じる。また，リーバーソルが指摘するように，解放軍が強制力を独占し，しかも中央のエリート政治に深く関与していたならば，解放軍はなぜ自らの主導する統治システムを永続化することができなかったのか，すなわち軍部統治はなぜ自己強化的な制度になりえなかったのか，といった疑問にも答えが出ないのである。そして，パイの文化論が同様の疑問を解明してくれないのはいうまでもないであろう。

本書の仮説――毛沢東の制度選択と人民解放軍

　以上，文革期の軍介入を説明するいくつかの仮説を検討してきた。そこで明

---

23) Lucian W. Pye (1992) *The Spirit of Chinese Politics*, New Edition (Cambridge : Harvard University Press), p. 194. 同様にシャンボーも，政治と社会における軍の存在感の高さを，民国期，清朝末期までさかのぼって考察すべきことを主張している。David Shambaugh (1997) "Building the Party-State in China, 1949-65 : Bring the Soldier Back In," in Timothy Cheek and Tony Saich, eds., *New Perspectives on State Socialism in China* (New York : M. E. Sharpe), p. 125.

らかになったのは，それぞれの内在的問題とともに，従来の説明が，文革期の軍介入の展開を一貫して説明する視点を欠いていることであった。それぞれの仮説は，軍介入の特定の局面を――多くは誤った事実認識にもとづいて――説明しているにすぎず，軍介入の展開，すなわちその拡大，持続，そして解消のプロセスを一貫して説明できるロジックを提供できていないのである。

そこで，本書は，従来の見解が文革期の軍部介入を不十分にしか説明できず，さらにその実体についてしばしば間違った認識を示している最大の理由は，軍介入の展開における毛沢東の役割を十分に評価していないためであると考える。したがって本書は，文革期の軍統治の全体像をとらえるには，まずは分析の焦点を，毛沢東と解放軍の関係に再設定することから始めなければならないと主張する。

ところが，このように視点の変更を求めるのは，一見奇妙なことのように思われる。なぜならば，そもそも文革が毛沢東の主導下で発動，進行していたという点については，既存のすべての説が同意しているからである。しかるに，いざ文革と解放軍の関係を論じることになると，毛沢東はなぜか後景に退かされてしまっている。すなわち，解放軍は共産党の分身のごとく描かれたり，あるいは林彪のエージェントとしてとらえられたり，さらには独自の社会的，文化的基盤をもつ自律的なアクターとして想定されたりなどして，そのなかに毛沢東の姿は消えているのである[24]。だが，文革に対する毛沢東の影響力を認めるならば，軍介入の展開と毛沢東との間に何らかの関係があると考えるのが，論理的に自然であろう[25]。

---

24) ただし，シュールマンは，解放軍と社会の関係の変化に「毛沢東思想」が与えた影響は認めている。Schurmann (1968), pp. 572-574.

25) 唯一，正面からこの問いを提起しているのが，テイウェスとスンである。彼らは，1969年初めの時点において解放軍の政治介入の拡大を容認していた毛沢東が，なぜ1970年以降態度を転換したかという問いを提起している。Frederick C. Teiwes and Warren Sun (1996) *The Tragedy of Lin Biao : Riding the Tiger during the Cultural Revolution, 1966-1971* (Honolulu : University of Hawaii Press), pp. 130-133. とはいえ，彼らは問題を提起することに留まり，毛沢東の意図についての立ち入った議論を行ってはいない。毛沢東の選好に関して体系的な議論が存在しないのは，1970年代中国のエリート政治に関する彼らの細密な研究でも同様である。

そこで，本書は，こうした軍介入の展開と毛沢東の関係を，理論的，および実証的に解明することを試みる。本書の主張は，端的にいえば，軍部統治の展開は毛沢東による制度選択の帰結であった，ということである。すなわち毛沢東は，自らの目的を実現するために，解放軍を統治の主体とする制度選択を行い，その結果，解放軍の主導する統治システムが出現した。冒頭に述べた軍部統治を成立させていた構造は，毛沢東の解放軍に対する統治権限の委任が中核的な部分をなしていたのである。

こうして軍部統治の出現を毛沢東と解放軍の関係から把握すると，その消滅の原因も同様の観点から特定することができる。つまり，軍部統治の消滅は，解放軍を中核とする制度配置が修正された結果であり，言い換えれば，毛沢東が解放軍に委任していた統治の権限に変更を加えたことの帰結ということになる。これが，本書の大枠の仮説である。

しかし，このように毛沢東の選択と軍部統治の帰結とを結びつける仮説に対しては，次のような疑問が予想される。つまり，毛沢東の選択によって解放軍が統治の中心になり，また毛沢東の選択によって解放軍はその地位を失ったというのは，結局のところ，最高指導者が軍に命令を出し，軍がそれに従っただけの話ではないか，という疑問である。

だが問題は，それよりはるかに複雑である。第一に，前項で示した軍部統治の実際の展開が，毛沢東の選択と現実の変化との乖離を明らかにしている。その端的な例は軍部統治の長期化であるが，軍介入の拡大についても，実際に「出現」した現実は，毛沢東の当初の意図とは相当に異なるものであったといえる。

第二に，説明変数として提示した毛沢東と解放軍の関係が一筋縄ではいかない性質を有していたことが重要である。次章で詳しく検討するように，毛沢東と解放軍の間には，一般に本人－代理人関係に内在するダイナミズムに加えて，独裁者と執行の制度の間に存在する特有のジレンマがつきまとっている。独裁者といっても，あるいは独裁者であるがゆえに，制度の選択と運用は決して簡単な問題ではないのである。

そして第三に，軍部統治の変化に複数の要因が影響していたことが指摘でき

る。この点を考えるには，軍主導の統治システムをひとつの制度としてとらえる視点が有用である。ここでいう制度とは，通常のゲームのルールに限らず，共有された信念，期待，規範，インフォーマル／フォーマルな組織まで，アクターの行動に規則性をもたらす要素からなるシステムを意味する[26]。本書は，軍部統治の中核をなしていた要因を，毛沢東と解放軍の関係，具体的には，「革命的秩序」の維持と統治権限の付託を内容とする両者間の契約関係に求めるものである。ところが，軍部統治を成立させていたのはそればかりではない。そこには，解放軍と社会の関係，イデオロギー，組織として解放軍の特質，そして軍幹部と党幹部との関係など，さまざまな要因が，毛沢東と解放軍の関係を通じて，またはそれとは直接に関連せず，軍部統治の方向に影響していた。

　言葉を換えれば，毛沢東の選択は，軍部統治の現実に起こった変化の必要条件ではあったが，十分条件ではなかったということができる。つまり制度変更への毛沢東の意思がなかったとすれば，制度の変化はそもそも起こらなかったであろう。だが，そればかりでは，制度変化を確実に起こらせるものではなく，さらには変化のタイミングや態様といったダイナミズムを説明することはできない。したがって，制度変化のダイナミズムを全体としてとらえるには，毛沢東と解放軍の関係はもちろん，軍部統治に影響を及ぼしていた他の要因の変化にも着目しなければならないのである。

---

[26] この定義は，ダグラス・ノース以来，実証的な制度分析に多用されてきた「ゲームのルール」としての制度概念を批判的に検討し，「ルールを守ろうとしたり執行しようとしたりする動機や能力」の根源となる「社会的変数」の重要性を強調するアヴナー・グライフの最近の議論にもとづいている。ノースの定義は，Douglass C. North (1990) *Institutions, Institutional Change, and Economic Performance* (Cambridge : Cambridge University Press), p. 4 を参照。グライフの議論については，Avner Greif (2006) *Institutions and the Path to the Modern Economy : Lessons from Medieval Trade* (New York : Cambridge University Press), ch. 2.

3. 中国政治の転換点の新たな全体像へ

　冒頭で述べたように，本書は，解放軍の全面的な政治介入という，文革が引き起こした政治的変革のなかでおそらくもっとも逆説的な側面に，その拡大と収拾の過程についての検討を通じ，新たな光を当てようとする試みである。本書の作業を通じて，次の3つの成果が得られるであろう。

　第一に，軍介入の実態の究明である。文革期における政治介入は，解放軍にとって，建軍以来の組織史のもっとも「暗鬱な」部分に属し，それゆえに関連資料の公開や研究の進展が極端に乏しい分野である。そうした状況の下，従来の研究では，たとえば中央の党機構に占める軍幹部の割合などに依拠し，軍部統治の輪郭をつかもうとする試みがなされてきた。しかし，都合約280万の幹部，兵士の政治参加が生み出した複雑多端な現実を，それらの数字がどれほど正確に伝えているかはかなり疑問である。そこで本書では，最近利用可能になった文革関連の多様な資料集に加え[27]，筆者自身が長年の現地調査で集めてきた，内部発行の文献を含む大量の軍関連資料にもとづき，軍統制下の政治状況を，できるだけ複数の角度から浮き彫りにすることを目的とする。

　第二に，本書の作業を通じて，1970年代の中国政治の推移を理解するひとつの一貫した視点が得られる。解放軍の政治関与は，本書の叙述で明らかになるように，文革期における統治機構の変容はもちろん，国内の政治運動の推移，対外政策の展開，そして権力闘争の帰趨に至るまで，該当時期における中国政治のあらゆる側面に甚大な影響を及ぼしている。なぜ文革は当初の想定より長引いたのか，なぜ対米接近がはかられたのか，なぜ権力継承は鄧小平に有利に展開するようになったか，そしていかなる要因が改革開放への政策転換を促したか，解放軍の政治介入とその解消をめぐる政治の動きから，これらの問題を考える手掛かりを探ってみたい。

---

27) 近年の文革関連資料の公開状況に関しては，Joseph W. Esherick, Paul G. Pickowicz and Andrew G. Walder, eds. (2006) *Cultural Revolution As History* (Stanford : Stanford University Press), ch. 1 を参照。

第三に，理論的に本書は「新制度論」に連なる研究であるが，なかでも，独裁政治における制度メカニズムへの理解を深めることを目指している。特に「執行の制度」という概念を提起することによって，社会との関係を含む政策執行の信頼性と効率性が独裁政治における制度変化の重要な契機となることを強調しようとする。こうした視点は他方で，独裁政治に関する最近の制度研究が，政党や議会の担う取り込み（co-optation）のメカニズムに関心を集中させているのに対して，改めてその強制（coercion）のメカニズムに関する注意を喚起する意図をも有している。

　そこで次章では，解放軍の政治介入の具体的な現実とその帰結を説明するための基礎作業として，文革期の中国政治と毛沢東，そして解放軍との関係について理論的考察を行い，第2章以降の叙述の土台とする。その焦点となるのは，独裁体制における政治指導者と制度の関係，具体的には，独裁者の選好と行動，そして統治制度の選択と運用戦略である。

第 1 章

独裁政治の制度論
―毛沢東，人民解放軍，文化大革命―

　本章では，文革期の軍部統治の展開を考えるための枠組みを提供する。序章において述べたように，本書は，文革期の中国において解放軍の主導する統治システムが全国的に出現し，変容を経て消滅していくことを，独裁政治における内生的制度変化の一形態としてとらえようとするものである。その際，制度の形成と変化をもたらした最大の要因として，本書は，政治指導者（独裁者）の制度選択と運用の戦略に注目する。

　そこで，第1節では，それを抽象的なレベルで論じる。具体的には，まず独裁政治に関する近年の研究動向を検討し，独裁者に着目する意味と意義を明確にする。次に，独裁者の選好と行動様式を考察し，その上で，独裁政治において制度の果たす役割について述べる。その際，鍵となる概念が，「基盤的権力（infrastructural power）」と，それを支える「執行の制度（institutions of implementation）」である。続いて，独裁者と制度の関係について考察する。焦点となるのは，制度選択の際に独裁者の直面する問題，および効率的な政策執行を促すための運用の方策である。最後に，内生的制度変化のメカニズムを，アヴナー・グライフの最近の論考を中心に検討し，独裁者によるルールの変更が制度の変化に繋がる論理について考えてみる。

　第1節での検討を受けて，第2節では，本書が分析対象とする文革期中国政治の実質を，独裁者と制度の問題を中心に論じる。具体的には，独裁者として

の毛沢東の選好と行動，執行の制度として共産党と人民解放軍，および文革前後の制度環境の特質をそれぞれ明確にし，以下の章における叙述の基盤を固める。そして第3節では，本書の構成を具体的な論点とともに紹介する。

1. 独裁政治の制度論

　具体的な議論に入る前に，まず独裁政治を本書ではどのような意味でとらえているかについて触れておきたい。本書では，独裁政治を民主主義政治との二分法的な関係において把握し，両者を区別する基準として指導者の選出における競合（contestation）の有無を重視する。そこで，本書でいう独裁政治とは，競争的な選挙以外の手段によって権力を獲得した指導者または指導者グループの支配する政体として定義される[1]。

　いうまでもなく，この定義では権力獲得の経路を含む独裁者の属性は捨象されている。重要なのは，指導者の選出における競争の不在であり，それは言い換えれば，権力交代を通じて社会（選挙民）が指導者を規律付ける具体的な制度装置が存在しないことを意味する。もちろん，こうした「最小定義」に対しては，たとえば競合の手続きをより厳密に規定する必要があるとの批判もありうるが[2]，政治体制の区分を目的としない限り，より狭い定義は，独裁政治の統治メカニズムの理解をむしろ阻害する要因になると考えている。

---

1) この意味で独裁政治は，既存の「権威主義政治（authoritarian politics）」と互換性のある概念である。Adam Przeworski, Michael E. Alvarez, Jose Antonio Cheibub and Fernando Limongi (2000) *Democracy and Development : Political Institutions and Well-being in the World, 1950-1990* (New York : Cambridge University Press), pp. 14-18.
2) 最近の反論として，たとえばSteven Levitsky and Lucan A. Way (2010) *Competitive Authoritarianism : Hybrid Regimes in Post Cold War* (New York : Cambridge University Press), p. 8を参照。なお，最小定義に関するプシェボルスキーの議論は，Adam Przeworski (1999) "Minimalist Conception of Democracy : A Defense," in Ian Shapiro and Casiano Hacker-Cordon, eds., *Democracy's Value* (New York : Cambridge University Press), pp. 23-55を参照。そこでは，既存のダール等の定義より単純ではあるが，競争選挙の有無を重視するという点で，両者は基本的にシュンペテリアンの立場をとっていることが強調されている。

政治体制から独裁者へ──視点の移行

　近年，独裁政治の研究があらためて注目を浴びている。その背景にあるものとして，次の2つの要因が挙げられる。ひとつは，1970年代後半から1990年代にかけて吹き荒れた民主化の「第三の波」に耐え抜き，多くの独裁政権が生き残っている現状である。このことは，1980年代以降，比較政治学を一方で主導してきたともいえるいわゆる「移行学」，すなわち体制移行の研究に対する再検討を促し，同時に，独裁政権の持続原理に関する新たな関心を喚起した[3]。

　もうひとつは，近年の比較政治学の理論的潮流がある。なかんずく1980年代以降盛んに論じられてきた新制度論の知見と手法を，民主主義政治だけでなく，独裁政治にも適用し，その妥当性と有用性を検証してみようとする動きが活発になっている。いうなれば，独裁政治における「制度の再発見」が進行しているのである[4]。

　しかし，当然のことながら，独裁政治は，最近になってはじめて関心の対象になったわけではない。とりわけ現代政治に射程を限定しても，そこには膨大な研究の蓄積がある。その流れを，単純化を恐れずに整理すれば，独裁政治に

---

3) 注目すべき業績として，Barbara Geddes (1999) "What Do We Know About Democratization After Twenty Years?" *Annual Review of Political Science*, 2, pp. 115-144 ; Thomas Carothers (2002) "The End of the Transition Paradigm," *Journal of Democracy*, 13-1 ; Axel Hadenius and Jan Teorell (2007) "Pathways from Authoritarianism," *Journal of Democracy*, 18-1.

4) 独裁政治における制度効果の分析は，政治体制の持続・崩壊というマクロな政治的帰結だけでなく，経済，社会，外交にわたるさまざまなミクロの政策的帰結の説明にも及んでいる。後者の例として，Joseph Wright (2008) "Do Authoritarian Institutions Constrain? How Legislatures Impact Economic Growth and Investment," *American Journal of Political Science*, 52-2, pp. 322-343 ; James Vreeland (2008) "Political Institutions and Human Rights : Why Dictatorships Enter into the United Nations Convention against Torture," *International Organization*, 62-1, pp. 65-101 ; Jennifer Gandhi (2008) *Political Institutions under Dictatorship* (New York : Cambridge University Press), ch. 4 ; Mark Peceny, Caroline Beer and Shannon Sanchez-Terry (2002) "Dictatorial Peace?" *American Political Science Review*, 96-1, pp. 15-26 ; Brian Lai and Dan Slater (2006) "Institutions of the Offensive : Domestic Sources of Dispute Initiation in Authoritarian Regimes, 1950-1992," *American Journal of Political Science*, 50-1, pp. 113-126.

関連する理論的知見は，主に政治学の2つの異なる領域から提示されてきたということができる。ひとつは政治社会学の領域であり，もうひとつは政治経済学である。

まず，戦後長らく独裁政治の研究を主導してきた政治社会学のアプローチは，個別具体的な国家の統治構造や行動様式の相違に注目し，そこから帰納的に政治体制の類型を抽出，分類する作業を行ってきた。1960, 70年代の政治発展の比較研究におけるサミュエル・ハンティントンやホアン・リンスの古典的業績は，その代表的な例といえよう[5]。なお，それ以降の個別政権に対する事例研究，また，最近再び関心を集めている政権タイプの比較研究も，広くは政治社会学の範疇に含まれる[6]。

これらの研究による体制類型化の試みは，確かに非民主主義国家に見られる統治形態の多様性を明示的な形で示したという点で重要な意義をもつ。しかし他方で，共通の理論的基盤を欠いたまま，互いに重複する多くの分類を生み出してきたという側面も否定できないだろう。さらにいえば，類型化されたそれぞれの政治体制は通常，複数の属性を併せ持つ総体として概念化されており，その結果，具体的な政治的，政策的帰結をもたらす因果経路の特定が困難であることも指摘できよう[7]。

対する政治経済学のアプローチは，分析の出発点を合理的経済人としての独

---

5) Samuel P. Huntington (1968) *Political Orders in Changing Societies* (New Haven and London : Yale University) ; Juan J. Linz (1970) "An Authoritarian Regime : Spain," in Erik Allard and Stein Rokkan, eds., *Mass Politics : Studies in Political Sociology* (New York : Free Press) 等を参照。

6) 体制は絶えず分類され続けている。近年（再）登場したものだけでも，ポスト全体主義，スルタン主義，新家父長主義 (neo-patrimonial)，ヘゲモニー政党制などが挙げられる。

7) 典型的な例が，リンスの「権威主義体制」という概念である。リンスの提唱する権威主義体制は，よく知られているように，4つの特質から構成されている。すなわち，限定された政治的多元主義，特殊なメンタリティ，制約されたリーダーシップ，弱い政治動員という特質である。しかしこのような定義によっては，たとえば政治と経済発展の関係を探究する際に，経済発展という帰結の背後にどのような政治的要因が働いていたかについて明示的な結論を導きだすことは困難である。すなわちその定義によっては，経済発展の原因が，限定された政治的動員なのか，指導者の予測可能な行動なのか，あるいはその組み合わせなのか，特定することが不可能なのである。

裁者に設定する。従ってそこでは，独裁者の間に区別可能な「タイプ」が存在するという考えは否定され，その代わりに，独裁者の行動原理について単純化された仮定を置いたうえで，特定の政治的条件の下での統治行動について演繹的議論を行うことが特徴である[8]。

　本章では，政治社会学の知見を取り入れつつも，基本的には政治経済学の視点をベースにして議論を進める。具体的には，最初に独裁者の選好と行動を検討し，独裁政治において制度はどのような役割を果たすのかを明確にする。焦点となるのは，独裁者の被治者（社会）に対する規律付けメカニズムとしての制度の関係である。

　では，独裁者の視点を採用することにはどのような意義があるのか。ひとつは，制度の変化をもたらす因果メカニズムを明示的に論じうることである。既存の体制類型論は，それぞれの政体の特性を描写する上では有効であったが，そのなかで生まれる具体的な政治的，政策的帰結の説明には必ずしも有効な視点を提供してこなかった。さらにそこでは，体制内の政治変動をとらえようとする試みはあったが，分析の焦点はもっぱら社会構造の変化に置かれ，政治指導者または政治エリートと社会構造との相互作用をとらえる視点は欠落していた[9]。

　独裁者の視点を採用するもうひとつの意義は，逆説的であるが，それによって独裁者を相対化することが可能になる点である。独裁者を重視することは，何もすべての政治現象の原因を独裁者の属性に求めることを意味しない。理由はおよそ反対で，独裁者の属性を一般化し，特定の制度的条件の下におけるその行動の特徴を探究することにある。その過程で捨象される独裁者の多彩な個性は，独裁者と外部環境との相互作用を説明する重要なメカニズムを発見する

---

8) Stephen Haber (2006) "Authoritarian Government," in Barry Weingast and Donald A. Wittman, eds., *The Oxford Handbook of Political Economy* (New York : Oxford University Press), p. 694.
9) 代表例として，一党制（single-party system）の変容に対するハンティントンの分析がある。Samuel P. Huntington (1970) "Social and Institutional Dynamics of One-Party Systems," in Samuel P. Huntington and Clement H. Moore, eds., *Authoritarian Politics in Modern Society : The Dynamics of Established One-Party Systems* (New York : Basic Books), ch. 1.

ことによって相殺可能であると考えている。

独裁者の選好と行動

　独裁者の選好と行動について考える前に，まず独裁者は合理的であるという基本的な仮定を確認しておこう。というのも，一般に独裁者にはヒトラーやスターリンに思い浮かべられる「非合理的で特異な人格」のイメージが付着しているからである。独裁者が合理的だというのは，何も彼らが一般の人々と同様の目的を持っていることを意味しない。ここでの合理性は，一般の人々同様，独裁者も，ある目的の実現のために，獲得可能な情報にもとづいて最善と思われる手段を選択するということを意味している。

　それでは，独裁者はどのような選好をもっているのか。公共選択論の立場から独裁政治に関する知見を提供したゴードン・タロックは，独裁者に共通した目標として「一生のあいだ，権力を維持すること」を挙げる。ここでなぜ「一生」であるかといえば，独裁政治において権力喪失のコストは，軽くは政治活動の禁止から自宅軟禁，重くは国外への追放，処刑など，民主主義のそれに比べ格段に高く，時には致命的な結果を独裁者にもたらすからである[10]。とはいえ，こうした独裁者の選好は，一般的な政治家のもつ「在職期間の最大化」という目標と本質的には変わらない。

　ところが，権力の座にとどまること，すなわち政治的生存をはかることは，独裁者の行動を規定する唯一の目標ではない。むしろ権力の維持は，ほかのより具体的な目的達成の手段である場合が多い。たとえば独裁者は，自らの利益を最大化するために権力の座にとどまろうとする。ここでの利益はもちろん物質的な形をとるものに限らない。だが，経済的利益の増大は，政治的影響力の追求やイデオロギーの実現にも資する要素であり，したがって本章において利益という場合にはとりあえず経済的利益を念頭に議論を進めていきたい。

---

10) Gordon Tullock (1987) *Autocracy* (Boston : Kluwer Academic). なお，こうした独裁者の高い失脚コストが戦争の帰結にどのような影響を与えるかを分析した研究として，H. E. Goemans (2000) *War and Punishment* (Princeton : Princeton University Press) を参考。

いずれにせよ，問題は，独裁者にとっての利益の最大化が，常に社会全体の利益増大に繋がるわけではないことである。もちろん，政体の性質を問わず，政治指導者の選好と社会の集合的選好が一致する保証は本来どこにもない[11]。だが，独裁制の場合は，民主制と異なり，社会が統治者の選好を自らのそれと合致させる，言い換えれば，社会が統治者を規律付ける制度的装置を備えておらず，その点が，独裁者と社会との間に恒常的な緊張をもたらす要因となっている。ノース流にいえば，独裁者の利潤を最大化する所有権の構造は，経済発展を促進し社会全体の利益を増進する効率的な所有権の構造との間に持続的な緊張を生み出しているのである[12]。

独裁者と社会間の緊張は，独裁者が常に競争相手に囲まれているという事実によってさらに増幅する。というのは，競争相手への対応を迫られるなかで，独裁者は，すでに社会に不利に設定されている制度の構造をさらに歪めてしまう可能性があるからである。加えて，独裁者も歳を重ねていく人間であることを忘れてはいけない。この場合も，独裁者の時間軸は短縮され，短期的な利益の追求に走る可能性が高くなる[13]。

こうした状況における社会からの圧力と，競争相手からの脅威に対して，独裁者はふつう，抑圧（repression）を通じて対応する[14]。体制内外の不安要素を排除し，統治に対する被治者の服従（compliance）を引き出す手段である。

---

11) これに対して，独裁者の私益の追求が社会全体の利益増大に繋がることを明示的にモデル化したのが，オルソンの有名な「定住する盗賊（stationary bandit）」モデルである。定住する盗賊は，「移住する盗賊（roving bandit）」と異なり，支配する地域全体の富の増大に「統合的な利益（encompassing interests）」を見出し，公共財の提供を通じた利益の増大を図る。もちろんその動機は，税金を通じた金儲け（tax racket）にあることを忘れてはいけない。Mancur Olson (1993) "Democracy and Development," *American Political Science Review*, 87, pp. 567-575 ; Mancur Olson (2000) *Power and Prosperity : Outgrowing Communist and Capitalist Dictatorships* (New York : Basic Books), ch. 1 を参照。

12) Douglass C. North (1981) *Structure and Change in Economic History* (New York : W. W. Norton), p. 25.

13) Thrainn Eggertsson (1990) *Economic Behavior and Institutions* (Cambridge : Cambridge University Press), p. 323.

14) Carl Friedrich and Zbigniew Brzezinski (1965) *Totalitarian Dictatorship and Autocracy* (New York : Praeger), ch. 1.

しかし，抑圧手段への依存が，独裁者にとって常に有効な選択肢になるとは限らない。第一に，抑圧の使用は，独裁者を恒常的な不安状態に陥れる。すなわち，抑圧のもたらす恐怖は，体制内外からの自由な意見の発信を妨げ，結果として，独裁者は自分の政策に社会がどのような意見をもち，また政権内部の誰がそれを支持し，誰がそうでないかを本当のところで把握することができなくなる。そうした状況で抑圧を強化しても，不安はいっそうつのるのみである[15]。同様に，抑圧による統治は，軍部や警察といった暴力装置への過度な依存をもたらし，これが独裁者にとって構造的な不安要素となる。つまり，政権存続の最後の手段が暴力装置の抑圧能力に存在する状況は，体制内における暴力機構の発言力を増大させ，独裁者の支配力を弱めるという論理である[16]。

さらに第二に，抑圧の使用は，被治者の服従を強制する手段にはなりえても，服従を超えて，統治への協力（cooperation）が引き出せる有効な手段ではない。言い換えれば，抑圧のみでは，忠誠（loyalty）の調達には限界がある。だが，政治的生存はともかく，利益の最大化を追求する独裁者にとって，被治者からの一定の自発的な協力は欠かせない[17]。

それでは，服従と忠誠を引き出す上で，独裁者には，抑圧以外にどのような選択肢があるのだろうか。そこには，服従と忠誠との交換のための経済的利益の供与（賃金，補助金，利権，規制等のレント[18]の配分）や，政治的影響力の配分（意思決定過程への取り込み，政策的譲歩，役職の配分等）に結び付けられる，さまざまな手段が考えられる。事実，独裁政治のこの局面は，多様な制度の選

---

15) こうした現象をウィントローブは「独裁者のジレンマ（dictator's dillemma）」，タロックは「独裁者の不安（dictator's insecurity）」と称している。Ronald Wintrobe (1998) *The Political Economy of Dictatorship* (New York : Cambridge University Press), ch. 1 ; Ronald Wintrobe (2007) "Authoritarianism and Dictatorships," in C. Boix and S. C. Stokes, eds., *The Oxford Handbook of Comparative Politics* (New York : Oxford University Press), pp. 363-365 ; Tullock (1987), pp. 23-34.
16) こうした現象を，たとえばスヴォリックは，独裁政治の抑圧性が生み出すモラル・ハザード（moral hazard）の問題としてとらえている。Milan W. Svolik (2012b) "Contracting on Violence : The Moral Hazard in Authoritarian Repression and Military Intervention in Politics," *Journal of Conflict Resolution*, 12-1, pp. 1-30.
17) Gandhi (2008), p. xviii.

択が見られるだけに，多くの研究の焦点となってきた。ただ，あまり注目されてこなかった側面として，観念的手段を通じた動員の活用を指摘できる。最近の研究は，宣伝やシンボル操作を通じたイデオロギー工作が，単なる抑圧の手段ではなく，それ自体儀式の日常化を通じた忠誠調達の有効な手段になりうることを明らかにしている[19]。

基盤的権力と執行の制度

　ここまで独裁者の選好と行動について述べてきたが，簡単に要約すれば，独裁者は自らの利益を最大化する方向へと社会を規律付けようとし，そのための手段として抑圧と忠誠調達の方策を採る，ということであった。しかしこれで，独裁政治のロジックについて語り尽くしたことにはならない。

　今まで論じてこなかったのは，社会を規律付けるメカニズムとしての制度である。つまり，独裁者は独自にすべての統治活動を行うことができず，自分の代わりに社会を規律付け，利益の最大化を実現してくれる制度が必要である。そしてこの制度がうまく作動するかどうかは，結果として統治の費用，具体的には「抑圧と忠誠の値段」を規定する要因となる。逆にいえば，規律付けメカニズムとしての制度は独裁者の行動の選択肢や，行動の帰結がいかなるものになるかを決めるのであり，その意味で，独裁者の行動を制約している。

　しかしここで注意すべきは，独裁者に課される制約は，民主主義の指導者の受ける制度的制約とはその性質を異にするという点である。すなわち，ここで

---

18) レント (rents) は，経済学的には，個人が特定の仕事を引き受けたり，企業がある市場に参入したりするインセンティブとなる「上乗せ利益分」のことを指す。したがって，ここでレントの配分というのは，レントをもたらす許認可権，補助金，規制の導入などを通じて，国家が企業，業界団体などの支持を獲得しようとする行為を意味する。独裁政治の文脈では，全国民へのレント配分を通じて政権の存続をはかるというケースが，中東の産油国に観察される。Hazem Beblawi and Giacomo Luciano, eds. (1987) *The Rentier State* (London : Croom Helm) を参照。
19) 合理的選択論の立場を採用はしていないが，シリアを事例として，シンボル操作を通じた個人崇拝の誘導が経済合理的な統治の手段になりうることを明らかにした研究として，Lisa Weeden (1999) *Ambiguities of Domination : Politics, Rhetoric, and Symbols in Contemporary Syria* (Chicago : Chicago University Press).

制約を受けているのは，マイケル・マンに依拠していえば，独裁者の「専制的権力 (despotic power)」ではなく，その「基盤的権力 (infrastructural power)」である[20]。専制的権力とは，政治指導者が社会の構成員との制度化された協議を経ずに決定することのできる行動の範囲を意味する。それに対して，基盤的権力は，指導者の政治的決定を社会において実施，執行する能力を意味する。単純化していえば，前者を規定するのは「決定の制度」であり，後者を規定するのは「執行の制度」である。そして，独裁者の行動を拘束し，さらにその行動の帰結に影響を及ぼすことで，独裁政治の実質を変化させる重要な役割を果たすのは，執行の制度である[21]。

この点は，民主主義における制度の意義と比較してみれば，いっそう明確になる。民主主義における政治制度のもっとも根源的な機能は，一言でいえば，安定した代表 (representation) のメカニズム，すなわち社会 (有権者) の選好を集約し，政策に反映する安定したパターンを提供することである。そのためのひとつの課題が，行政首長の専制的権力を抑えることである。この点は，民主主義政治における制度変化への関心が，一義的には「誰がどのように決定するか」の問題，すなわち決定の制度のあり方に向けられることから明らかである[22]。

それに対して，独裁政治の制度は，むしろ安定した支配 (domination) のメカニズムを提供することに根本的な意義をおく。もちろん，高度に制度化された独裁政治においては，権力継承を定期化したり，集団的意思決定を規範化し

---

20) Michael Mann (1988) *States, War, and Capitalism : Studies in Political Sociology* (Oxford : Basil Blackwell), pp. 5-6.
21) ここでいう執行の制度には，党や軍のような特定の組織と，独裁者との相互作用を形づくる組織内外のルールや規範等の要素が含まれている。つまりここでは，組織を集団とルールとに分解し，「制度」に相当するものとしてもっぱらルールに注目する立場をとらない。後述するように，独裁者が制度選択と変更の対象とするのは，組織そのものである場合もあれば，そのなかのルール，またはほかの組織との関係をも含めている場合もある。
22) もちろん，政策の効率的な執行は，民主主義体制における制度の重要な役割でもある。しかし，民主主義制度の一次的な関心事は，意思決定権力の構成と決定ルールの設定であり，政策実施の問題は本来的に副次的な問題となる。

たりして，決定における独裁者の行動範囲を制限しようとする場合もある。しかしそうした役割は，独裁政治において制度の果たす唯一の目的でもなければ，基本的な目的でもない。独裁政治の制度の基本的目的は，服従と協力のいずれかの形で，独裁者の決定に対する社会の容認（acquiescence）を確保することである。そして，まさにそうした役割を遂行する執行の制度は，独裁政治における制度変化の焦点になるのである[23]。

　こうした執行の制度の意義は，独裁政治における軍部の政治的役割を考えれば，より明確に理解できる。つまり，独裁者の観点からして，軍部の存在が大きく感じられるようになるのは，対外危機の際や，クーデターの可能性が高まったときに限らない。軍部が関心の対象となるのは，それが執行の制度として有効に機能しうる資源を持っているときでもある。たとえば，ダン・スレーターは，スハルト統治下のインドネシア国軍（ABRI）の影響力について，その制度的根源は意思決定過程への参加にあるのではなく，スハルトによって付与された政策執行の中核的機関としての役割に由来していたと主張する[24]。つまり軍部は，クーデターによって意思決定権の掌握を図らなくとも，独裁者の政策実施の権限を保持することにより，政治体制における地位と影響力を保持することが可能なのである[25]。

　それでは，独裁者の統治を成り立たせる基盤的権力はどのような要素からなっているのだろうか。前述した独裁者の統治行動にもとづいていえば，執行の制度には大きく分けて強制能力（coercive capacity），報酬能力（remunerative

---

23) Dan Slater (2003) "Iron Cage in an Iron Fist : Authoritarian Institutions and the Personalization of Power in Malaysia," *Comparative Politics*, 36-1, pp. 81-101.
24) Dan Slater (2010) "Altering Authoritarianism : Institutional Complexity and Autocratic Agency in Indonesia," in James Mahoney and Kathleen Thelen, eds., *Explaining Institutional Change : Ambiguity, Agency, and Power* (Cambridge : Cambridge University Press), p. 136. ABRI によるいわゆる「二重機能（dual function）」の遂行とその変容については，Jun Honna (2003) *Military Politics and Democratization in Indonesia* (London : RoutlegeCurzon) に詳細な分析がなされている。
25) 類似した観点から，民主化後のフィリピン国軍の役割を論じているものとして，藤原帰一 (1989)「民主化過程における軍部——A. ステパンの枠組みとフィリピン国軍」『年報政治学 1989』岩波書店，を参照。

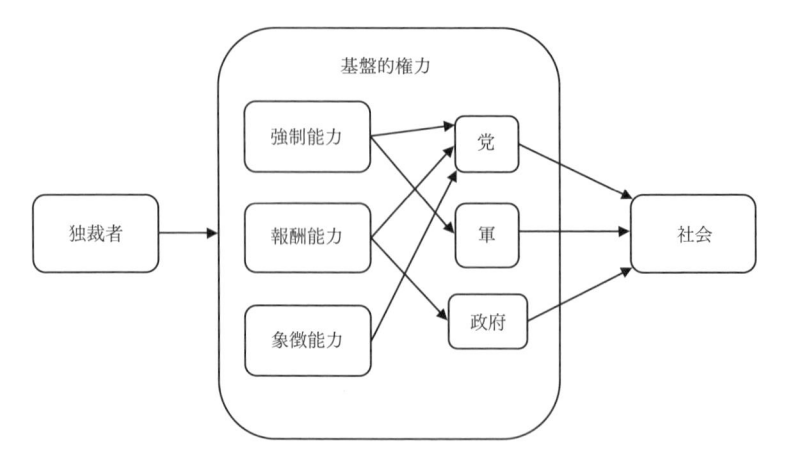

図 1-1　基盤的権力と制度配置（例）

capacity），象徴能力（symbolic capacity）を保持し，行使することが求められる。強制能力は，国内外の競争相手を排除し，社会の反対勢力を抑える能力とともに，基盤的権力の中核ともいえる課税，及び各種レントの拠出能力を含むものである。他方，報酬能力には，課税とレント拠出の見返りとして適度な公共財の提供，より重要なこととして社会の一部の勢力に対する経済的，政治的恩恵の配分が考えられる。最後に，象徴能力には，独裁者の支配を正統化する価値観やイデオロギーの教育と宣伝の能力が含まれる。

　次に，基盤的権力のそれぞれの要素が通常どのような制度によって担われているかを考えてみよう。まず強制能力は，主に軍隊，警察，裁判所などがそれを担い，あわせて党も一定の強制能力を行使するといえる[26]。報酬能力に関しては，主として政府，党，議会によって担われていると考えられる。なお，象徴能力を行使する組織としては，やはり党が挙げられよう。そこで，基盤的権力の構成要素をそれに対応する制度と合わせて簡単に示したのが，図 1-1 であ

---

26) レヴィツキーとウェイは，強制力使用のパターンを，「高強度強制（high-intensity coercion)」と「低強度強制（low-intensity coercion）」に分けたうえで，特に後者の面で党組織が反対勢力の監視や統制に一定の役割を果たしていることを，複数の事例を挙げながら指摘している。Levitsky and Way (2010), p. 62.

る。図 1-1 に即していえば，独裁政治における党の中心的役割は明らかである。党は，基盤的権力の全領域を支えている制度なのである。もちろん，ここに示されているのはひとつの理念型であり，具体的な制度の配置がそれぞれの政体においてさまざまであろうことは言を俟たない。たとえば，強制力の行使に当たるのは軍に限らないし，また状況如何によっては，軍部がイデオロギーの宣伝の役割を遂行することも稀な現象ではないのである[27]。

制度の選択と運用──独裁者のジレンマ

　繰り返しになるが，執行の制度は，独裁者の決定と指示を社会において実施することを主な機能としているため，本来独裁者との相互作用を通じてはじめて制度として成り立ちうるものである。その意味では，独裁者は，制度の役割を自由に規定することも，さらに制度間の関係を自由に変更することもできるはずである。

　だが，実際のところ，独裁者にとって制度の選択と運用はそれほど簡単な問題ではない。まず，それぞれの局面において独裁者が直面する問題を具体化すれば次のようになる。

(1) どの組織・機構にどのように権力を配分するか（制度の選択）。
(2) 政策の執行をいかに保証するか（制度の運用）。

　まず，制度選択の場面において独裁者はどのような点に関心を向けるかを考えてみよう。独裁者にとってもっとも望ましい状況は，権力を委任された組織が自らの指示命令を，忠実にかつ効率的に執行する状況であろう。別の言い方をすれば，政策執行の信頼性（credibility）と効率性（efficiency）を同時に実現できる制度選択を行おうとするのである[28]。しかし，現実には，こうした目的は容易には達成されない。

　この点を理解するにあたっては，一般に階層的な相互関係につきまとう，いわゆる「代理人問題（agency problem）」が重要になる。本章の文脈では，政策

---

27) 社会主義国家の文脈でいえば，軍が教育システムへの関与を通じて，間接的に支配イデオロギーの伝播に寄与しているのは，よく観察される例である。

執行の権限を委任された組織の代理人が，独裁者と異なる選好を持ったり，または獲得できる情報に格差があったりして，命令の執行で手を抜いたり，さらには機会主義的行動を採ったりする問題が生じることを意味する。

こうした代理人問題の帰結について，たとえばノースは「入念な監視努力にもかかわらず，それぞれの統治構造のなかで代理人の統制は不完全であり，彼らの選好は統治者と決して完全に一致することはない。その結果は，通常は統治者の利益の多少の消失（dissipation）であるが，時には，代理人と被治者の間に統治者の利益を分け合う共謀が起きる場合もある」[29]と指摘する。

これによれば，独裁者は，代理人の行動によって自らの利益が損なわれる可能性に「通常」の状況として直面することになる。しかし，独裁者を真に不安にさせるのは，ノースの指摘に示唆されるように，代理人と被治者（社会）との共謀の可能性である。すなわち，本来なら独裁者に還元すべき利益を，代理人と社会が独占して分け合うような構造が生じる可能性である。言い換えれば，前者の状態が政策執行の効率性に問題が生じた結果だとすれば，後者は政策執行の信頼性そのものが脅かされている状況ということができる。後者のような状況は，マンサ・オルソンに倣っていえば，代理人が「独立した独占者（independent monopolist）」として振る舞っている状況である[30]。

このように代理人問題が深刻化する背景には，独裁政治の制度的環境がある。それはひとつに，政治的競争の不在が，社会の選好を把握するための情報

---

28) ここで効率性とは，特定の組織に権限を配分することによって獲得できる利益の総量として測られる。その利益には，国内外の敵（代替的指導者）からの保護，税収とレントを含む経済的利益，または特定のイデオロギーが実現されている状態などが含まれる。特に効率性の要素となる社会浸透力は，近年活発に議論されている「国家能力（state capacity）」の核心的な指標として用いられる場合が多い。たとえば，Joel S. Migdal (1994) "The State in Society : An Approach to Struggles for Domination," in Joel S. Migdal, Atul Kohli, and Vivienne Shue, eds., *State Power and Social Forces : Domination and Transformation in the Third World* (Cambridge : Cambridge University Press), p. 14.

29) North (1981), pp. 26-27.

30) Olson (2000), pp. 234-235. この問題の中国への適用例としては，Minxin Pei (2003) "Rotten from Within : Decentralized Predation and Incapacitated State," in T. V. Paul, G. John Ikenberry and John A. Hall, eds., *The Nation-State in Question* (Princeton : Princeton University Press), pp. 321-349 を参照。

コストを高め，その分，独裁者と代理人の間の情報格差を広げることである。もうひとつは，そもそも社会の選好を政策決定に反映する制度装置が欠如していることが，政策の質そのものを低下させることが挙げられる。政策決定における制約の不在が，政策執行の効率性を犠牲にしているわけである[31]。

結局，このように代理人問題が構造化している状況の下，独裁者は，制度選択の際に，代理人を監視し，情報の非対称性から生じる損失を解決，軽減するように契約を構成する強い誘引を持つことが予想される。すなわち，独裁者の課題は，代理人の専門性，労働力を利用しつつ，機会主義的行動をできるだけ抑え，効率的な委任を行うべくさまざまな工夫を凝らすことにある。結果として，独裁者自らの選好ともっとも重複する選好をもつ組織との間に，その代理人の許される行動の境界を画定する条項を含む，さらにさまざまな監視メカニズムをも組み込んだ契約が結ばれることが望ましい。代理人問題に対する，いわば最適な対処策といえる。

しかし，問題は，このような契約が現実には容易に作成できないことである。たとえば最近の不完備契約論の知見は，（理論的に）最適な契約は通常複雑な構造を有するが，現実の契約はそれほど複雑ではなく，契約を書くこと自体大きな費用がかかるため，契約そのものが書かれていない場合も多いことを明らかにしている[32]。そのように契約がうまく書かれていない状況において

---

31) 政策の質の低下は，政策決定の中央集中度の高い計画経済システムにおいてさらに顕著になる。毛沢東時代の政策決定過程を例としてこの問題を指摘したものとして，David M. Lampton (1987) "The Implementation Problem in Post-Mao China," in David M. Lampton, ed., *Policy Implementation in Post-Mao China* (Berkeley : University of California Press), pp. 7-8 を参照。

32) 経済学者のジャン・ティロールは，こうした契約の不完備性がもっとも顕著に現れるのは，国家機構のあり方を規定するルールにおいてであると指摘する。たとえば，議会のルールは，議題設定権や投票権の配分，あるいは議会内のチェックアンドバランスによって決められるものであって，公的決定にいかに経済と社会に関する情報を正確に反映させるかという観点から決まるものではないと述べている。この点は，政府組織も同様で，各省庁は抽象的で締まりのない目標を与えられているだけで，実際の政策選択に影響しうる多くの不測事態や，それらの事態への対応方法については，ほとんど何も規定されていないのである。Jean Tirole (1999) "Incomplete Contracts : Where Do We Stand?" *Econometrica*, 67-4, pp. 741-742.

は，それを補完するものとして組織や規範といったものの果たす役割が重要になる[33]。つまり，ここに示唆されているのは，独裁者と代理人の間に設定されたルールのみに注目しては，実際の取引の展開を十分にとらえることが難しいことである。

ところが，こうした議論には，次のような反論が予想される。つまり，最初に細かく状況を規定する契約の作成が難しくても，契約当事者であり裁判官でもある独裁者にとって，再交渉や契約変更の費用は，そもそも発生しないか，少なくとも理論の想定よりは格段に少ないのではないか，という疑問である。換言すれば，制度選択時の不確実性によって生じる問題は，独裁者と代理人の権限配分を考えれば，制度運用の場面で安価に解決できるのではないか，という疑問である。

実際に，代理人を規律づけ，効率的な政策執行を促すために，独裁者が採りうる手段にはさまざまなものがある。まず第一に，自らの利益に反する行為に対し厳しい処罰を加えることが考えられる。処罰は，組織全体を対象とするものもあれば，特定の代理人に向けられる場合もある。前者の場合，当初の契約を一方的に取り消し，権力を他の組織へと振り替える選択肢もありうる。他方，組織の構成員に対する処罰は，自己批判や降格，そして厳しい場合は，パージや処刑などの措置も考えられよう。

しかし厳しい処罰は，社会におけるそれと同様に，常に有効な選択肢にはならない。まず，処罰の対象が組織全体，またはその指導部の広範な部分に及ぶ場合，その実行は独裁者にとってもかなり危険な試みとなる。迅速な行動が伴わずに，該当組織に集合行動を可能にする余地を与えてしまえば，強い抵抗に直面することはもちろん，自らの政治的生存が危うくなる可能性すらある。他方で，組織の構成員を対象とする場合でも，制裁が厳しくなるほど，組織内に不信と不安が広がることによって，政策執行の効率性が低下することが予想される。厳しい処罰を加えることによって，機会主義的行動は防げるであろうが，その代わり，代理人の自発的な努力を誘導することはできず，むしろリス

---

33) 柳川範之（2000）『契約と組織の経済学』東洋経済新報社，3頁。

キーなことは何もしない，手抜き行為が構造化してしまいかねない。

　そこで，独裁者が考える第二の手段は，補償の提供である。通常より高い給料をつけたり，企業経営を含む資源利用の特権を認めたり，あるいは成果の目立つ組織支部の幹部を中央に抜擢したりして，独裁者の利益の追求に自らの利益を見出せるような条件を作ることである。確かに，こうして正の誘引を供与することは，代理人の自発的な努力を導き，手抜き行為を防ぐうえでは一定の効果が期待できると思われる。しかし他方で，組織の規模が大きいほど，また広い地域にわたって展開しているほど，補償の効果は薄まることが予想される。

　制度運用の際に独裁者の採りうる3つ目の手段は，外部機会を利用すること，つまり別の代理人を複数雇い入れ，既存の代理人を競争にさらすことである。具体的にいえば，政策の執行を複数の異なる組織に委ね，組織同士の競争と監視を誘導することで，効率性と信頼性を同時に向上させるという試みである。こうした戦略は，たとえばクーデターによって権力を獲得した独裁者が新たに政党を設立し，統治機能の一部を担わせることによって，既存軍組織の政治的影響力を相殺させるという場合がその典型的な例となる[34]。

　このように独裁者は，当初の契約内容をさまざまに修正しながら元来の取引関係から得られる利益を最大化しようとする。しかし，いずれの手段もコストゼロで実現するわけではないことも明らかであろう。賞罰をうまく与えれば制度の運用が容易くなることは確かであるが，そのとき問題になるのは，賞罰の基準の設定，および賞罰対象の特定と執行には多大な費用がかかることである。その作業を独裁者自らが独自に行うことはできず，多くの独裁政治において相応の役割を遂行する別個の内部組織——たとえば秘密警察——が設けられている[35]。

　この点に関連して，独裁者の制度運用に内在する根本的なジレンマは，いわゆるコミットメント問題（commitment problem）に由来する[36]。本章の文脈で

---

34) 軍政によく観察されるこの制度戦略は，たとえばパラグアイの独裁者，アルフレド・ストロエスネルの例が典型的である。C. Miranda (1990) *The Stroessner Era : Authoritarian Rule in Paraguay* (Boulder : Westview Press).

は，仮に契約のなかに賞罰の基準が明記されたとしても，それが契約通りに執行されるとの公約（commitment）を，独裁者が信頼に足るかたちで行うことは困難である，という問題である。そのことは，権限を委任された側から見れば，自らの行動の成否が独裁者の主観的判断で決められることを意味し，政策執行の積極性を損なう結果をもたらす。すなわち，政策執行の効率性と信頼性を確保するには，適切な監視メカニズムの設置に加え，契約の履行如何を中立的に評価できる第三の機構が必要になる。だが，後者の措置は，独裁者の意志決定権力を弱める側面を有するがゆえに，実現にはかなりの困難がともなう。

中国の例でいえば，建国以来毛沢東は組織同士の対立を憂慮し公安部隊の強化を控えてきたが，本書の分析対象とする時期においては秘密警察なる組織こそ作らなかったものの，たとえば「専案組」など，それに相応するさまざまな制度措置を軍組織の内外に施していた[37]。しかしこの場合でも，「監視者を監視するのは誰か」という問題がまだ残されていることには注意する必要がある。

内生的制度変化の論理——制度崩壊のプロセス

本章ではこれまで，制度の選択と運用を，自己利益の最大化を目指す独裁者の意図と行動の産物としてとらえ，議論を進めてきた。そしてその根底に，制度を人為的な生成物，あるいは意図的構築物とみなす政治経済学一般の制度観があることはいうまでもない。しかし同時に，権限委任の内容と条件に関するルールの作成は，情報の非対称性や不確実性等の要因によって，現に不完備なものにならざるをえず，そのような状況では，組織や規範などの要因が契約の

---

35) また独裁制の場合，民主制において行われる，国民や利益団体が官僚の逸脱行為に関する情報を政治家に通報し，そのつど政治家が是正のために出動するという，いわゆる「火災報知器型監視」が作動しにくい環境である。そうした監視手法の簡単な紹介については，真渕勝（2010）『官僚』東京大学出版会，75頁を参照。

36) Milan W. Svolic (2012a) *The Politics of Authoritarian Rule* (New York : Cambridge University Press)；Roger B. Myerson (2008) "The Autocrat's Credibility Problem and Foundations of the Constitutional State," *American Political Science Review*, 102-1, pp. 125-139.

37) Michael Schoenhals (1996) "The Central Case Examination Group, 1966-79," *China Quarterly*, 145, pp. 87-111.

「穴」を補完するうえで重要になってくることを指摘した。

このような議論は，理論的には，経済学の制度分析に多用されてきた「取引費用と結びついた契約あるいはルールとしての制度（以下，ルールとしての制度）」という視点が，制度そのものの変化を含め，現実の政治経済的帰結を解明するうえで必ずしも十分な枠組みを提供できていないのではないか，という問題意識に通じている。そこで，本項では，制度の変化をとらえる上で「ルールとしての制度」理解のもつ限界を論じた上で，それを補完する方法について考えてみることにしたい。

政治学，経済学の制度分析において主流となってきた，「ルールとしての制度」概念は，制度とはルール形成の政治過程を支配し，契約関係を選択できる個々人によって作られるという主張に基盤をおいている。このように，制度を政治的に決定されるルールや契約関係と概念化することは，制度を外生的かつ歴史的に確定されたものととらえる長い伝統から抜け出し，制度を内生的なものと考えることを可能にしたという意味で，制度研究に大きく貢献したということができる[38]。

しかし他方で，「ルールとしての制度」という視点は，制度のダイナミズム，とりわけ時間を通じた制度の変化を解明するための枠組みを十分に提供してこなかったことを指摘できる。つまり，その機能主義的な観点では，制度は特定の条件の下で何らかの機能を遂行するために形成されたものであり，したがってその発生をもたらした条件を超えて存続することはないと仮定されていた。さらに，その発展型として「均衡としての制度」という概念においては，強調点は制度の安定と持続におかれ，変化の契機は内生的には導き出されないことが「不可避な含意」になっていた[39]。要するに，「ルールとしての制度」のアプローチは，外部環境に変化が生じたにもかかわらずある制度はなぜ存続し，また外部環境に変化がないにもかかわらずある制度はなぜ変化するか，といっ

---

38) Oliver E. Williamson (2000) "The New Institutional Economics : Taking Stock, Looking Ahead," *Journal of Economic Literature*, 38, p. 516.

39) Robert H. Bates, Avner Greif, Magaret Levi, Jean-Laurent Rosenthal and Barry Weingast (1998) *Analytic Narratives* (Princeton : Princeton University Press), p. 8.

た問いを解明するための視点を備えていないのである。

そこで最近,「ルールとしての制度」の視点を補完しつつ,さらに制度の存続と変化を内生的にとらえる枠組みを提供しようとする試みがなされている。もっとも,同様の問題意識から制度変化の論理を再構成しようとする動きは多方面から進行しているが[40],ここでは,今までの議論との論理的一貫性を維持するために,政治経済学(合理的選択論)の視点から内生的制度変化メカニズムの構築を試みているアヴナー・グライフの研究からいくつかの知見を取り入れることにしよう。

グライフによれば,「ルールとしての制度」という視点のもつ最大の問題は,「ルールがなぜ強制力をもって執行されているのかが制度分析そのものから切り離されて扱われている」という点にある。彼によれば,ルールとは,「無視されるかもしれない行動上の指針に過ぎない」のであって,先に解明されるべきは,「ルールを守ろうとしたり執行しようとしたりする動機や能力が,いかに内生的に形成されるか」という問いである[41]。

そこで,ルールが守られる動機をとらえるために導入されるのが,グライフが「社会的変数」と称している信念と規範,そして組織という要素である。信念とは,他者の行動に関して人々がもつ予想であり,規範は,内面化された行動の準則である。これらの要素は,複数のルールのなかであるひとつのルールに従って行動するよう動機づけたり,仕向けたり,また行動を成り立たせる役割を果たす。そして制度とは,ルールと,諸個人をそのルールに従うように動機付けるこれらの社会的変数からなる「システム」として定義される[42]。

ここであえてシステムと述べているのは,ひとつの制度を構成するさまざまな要素間の相互関係を強調するためである。ただし,制度はこれらの要

---

40) 歴史的制度論からの試みに関しては,James Mahoney and Kathleen Thelen, eds. (2010) *Explaining Institutional Change : Ambiguity, Agency, and Power* (Cambridge : Cambridge University Press), ch. 1 を参照。また,アイディアの役割に注目して内生的制度変化の論理を検討するものとして,Robert C. Lieberman (2002) "Ideas, Institutions, and Political Order : Explaining Political Change," *American Political Science Review*, 96-4, pp. 697-712.
41) アヴナー・グライフ (2006)「歴史比較制度分析のフロンティア」(河野勝訳),河野勝編『制度からガバナンスへ――社会科学における知の交差』東京大学出版会,25頁。

素——ルール，信念，規範，組織——すべてを含んでいる必要はない。同時に，すべてのルール，信念，規範が制度に含まれる必要もない。たとえば，行動に影響を与えることのない成文ルール，憲法の条文，道徳観念などは，制度の構成要素ではない。本書の議論との関連でいえば，執行の制度は，司法機構や警察組織そのものを指しているのではなく，独裁者の選好と決定を発現させるルール，信念，規範，組織のシステムであり，組織はそのうちのひとつの要素にすぎない。

では，このように制度の意味をとらえなおすことは，制度の存続と変化を内生的な観点から分析しうる枠組みを提供してくれるのだろうか。この問いかけへのグライフの答えは，「イエス」である。そこで，2つの概念が導入される。ひとつは制度の強化と弱化（institutional reinforcement and undermining），もうひとつは，疑似パラメータ（quasi-parameters）である。

まず，制度の強化は，ある制度が特定の取引関係を超えて，行動に関連してより広い派生的含意を持つことが前提となる。その派生的含意には，制度が生み出すインセンティブへの反応，選好の変化，特定の習慣・慣行の形成，または財の分配，政治権力の分布への影響が含まれる[43]。つまりこのことは，ゲーム理論の用語を使えば，外生変数と規定される要因に影響を及ぼすことを意味する。グライフは，「たとえ制度がそのような派生的含意を持つことを厳密に証明できないとしても，制度が当該取引の行動を超えた効果をまったく持たないと考えることは難しい」と述べている。

このように，本来は外生的で固定的なパラメータのなかで，制度の作動により影響を受ける可変的要素を，グライフは，疑似パラメータと呼んでいる。疑似パラメータに変化が生じれば，そうした変化は，制度を強化する場合もあれば，弱化する場合もある。特に，その変化が，時間の経過とともに制度の行動

---

42) グライフ（2006），30-31頁。こうした定義は，同じく外生要因によらない制度変化のメカニズムへの関心から制度を第三者による執行メカニズムを内在する「レジーム」としてとらえるストリックとセレンのアプローチと類似している。Wolfgang Streeck and Kathleen Thelen, eds.（2005）*Beyond Continuity : Institutional Change in Advanced Political Economies*（Cambridge : Cambridge University Press）, pp. 10-12.

43) グライフ（2006），43頁。

的含意を弱体化する場合,言い換えれば,「制度と関連した行動が人々の信念によって再生産される状況が増えない」場合,制度変化の必要条件が生まれることになる。

しかし,疑似パラメータに生じた小さな変化では,諸個人は従来の行動に変更を加えない。なぜならば,人々は変化とその帰結を把握するための知識と注意を欠いており,また変化に気付いたとしても,どのような新しい均衡行動が生まれるかという予想が共有されていないがゆえに,過去の行動ルールに引きつづき依拠したり,従来の行動パターンを続けたりすることになる。

ただし,時間とともに疑似パラメータの変化が観察可能になり,その重要性も広く認識されていくならば,意思決定者は過去の行動がもはや多くの状況において自己執行的(self-enforcing)ではなくなったことに気づく。その際,制度変化を導くメカニズムは意図的なものになる。このようなメカニズムの一般的な現れ方は,代替的な行動を意図的に選択すること,集団的意思決定を通じて新しいルールを規定すること,また新しい組織を意図的に導入することがある。

しかし同時に,制度は,観察不可能で不確かな疑似パラメータの変化に起因し,自己執行的でなくなることもある。そのような場合,制度変化のメカニズムは,過去の行動から逸脱することを試みたり,そのような試みを通じてリスクを引き受けようとしたりする諸個人の意欲,あるいは,新しい状況についてより優れた知識に恵まれ,新しい制度的均衡を明らかにしてくれる諸個人が出現するという形態をとる。特にこのような状況は,内生的制度変化と過去の制度的遺産のもとで自己の目的を達成しようとする諸個人の意志の動態的な含意を重要な考察対象とする[44]。

以上を簡単に要約すれば,グライフの提示する内生的制度変化の論理は,制度の引き起こした行動がパラメータの一部に変化をもたらし,その変化がまた制度の行動的含意に影響を及ぼすという一種のフィードバック効果をとらえようとするものである。もちろん,彼自身が認めているように,選好の内生性に

---

44) グライフ(2006),168-169頁。

関する議論はまだ「発展途上」の段階にあり，また，肝心の疑似パラメータの識別は，「実証的観察に多くを依存せざるをえない」との限界をもっている[45]。すなわち，この枠組みでは，実際の制度分析の際に，パラメータから疑似パラメータを事前に区別する方法，別の言葉でいえば，どのようなパラメータが制度の作動によって影響を受けやすいかを峻別する指針を，少なくとも今の段階では，提供していないのである[46]。

しかし，それにもかかわらず，グライフの議論は，外生的な要因に由来しない制度変化への理解を深める上で，いくつもの重要な知見を提供していると考えられる。第一に，制度分析と均衡分析の相違を明確にすることで，制度のもつ含意をより包括的に把握することの重要性を強調しているという点である。制度とは均衡として自己充足的なものではなく，対象とする取引や行動を超えて一定の外部効果をもつという発想は，制度のダイナミズムを考察する上で，より現実に即した視点を提供していると思われる。

第二に，ルールと行動のギャップを認識し，行動の動機付けメカニズムの重要性を強調している点である。この点は，国家によって設定されるルールの有効性を説明する上でとりわけ重要な含意をもつ。なぜならば，そこでのルールの有効性は，官僚組織や法律体系のなかで，ルールの執行に責任を負うアクターの内生的動機に依存していることが多いからである。

関連して第三に，合理性を基盤とした制度分析の中に歴史性を取り込む方法についての，ひとつのモデルを提示している点を指摘できる。制度の作動がパラメータの一部に変化を引き起こし，それを認知した諸個人が既存の行動に変更を加えることで，本来の制度が弱体化していくプロセスは，当然のことながら一定の時間，場合によっては長期間を通じて進行するものである。このさい，諸個人の行動変化の態様，およびその帰結には，当該取引の内容の変化はもちろん，規範や組織といった過去の歴史的遺産が関係しており，それらの要素に配慮することで，内生的制度変化についての説明力を一層高められること

---

45) Avner Greif and David D. Laitin (2004) "A Theory of Endogenous Institutional Change," *American Political Science Review*, 98-4, p. 634.
46) Mahoney and Thelen, eds. (2010), p. 6.

が期待される。

2. 毛沢東,人民解放軍,文化大革命

　第1節では,独裁者の観点から制度のもつ意味を探り,なかでも執行の制度の重要性を指摘した。その上で,制度の選択と運用において独裁者の直面する問題を検討し,あわせて内生的制度変化のメカニズムについて考察した。本節では,これらの検討を踏まえ,毛沢東の選好,解放軍の組織的特質,および党軍関係を中心とした文革直前の制度環境について述べる。もちろん,ここでの関心は文革期の軍部統治の制度的基盤を明らかにすることであるから,網羅的な議論は省き,文革の前後の時期に焦点を当てそれぞれの特徴を抽出することに主眼を置く。

独裁者——毛沢東の選好と行動原理

　まず,独裁者としての毛沢東の選好と行動を明確にしておこう。そこで,次の4点を指摘したい。

　第一に,毛沢東の選好については,通常の独裁者同様,権力の維持,つまり政治的存続が最大の目的となっていたことが指摘できる。もちろん,毛沢東は,中華人民共和国成立のおよそ15年前から中国共産党を率いてきた確固たる権力者であり,革命を成功に導いた実績によって,その死去まで「挑戦不可能な権威」として君臨し続けた指導者である[47]。しかしこのことは,国内外に競争相手の存在しない安泰な状況を彼に保証したわけではない。中ソ対立,および文革の発動を通じて絶頂に達する「路線闘争」は,劉少奇とフルシチョフという国内外の競争相手を想定せずにはその発生と展開を説明することが難し

---

47) Frederick C. Teiwes and Warren Sun (2007) *The End of the Maoist Era : Chinese Politics during the Twilight of the Cultural Revolution, 1972-1976* (New York : M. E. Sharpe), pp. 596-598 ; Roderick MacFarquhar and Michael Schoenhals (2006) *Mao's Last Revolution* (Cambridge : The Belknap Press of Harvard University Press), p. 457.

いであろう。

　しかし，毛沢東にとって権力の維持は，単に最高指導者の地位[48]を保つことにとどまらず，「システムにおける自らの支配性」を常に再確認する動的な過程でもあった[49]。なかでも彼は，意思決定過程への支配力を保持することに格別の注意を払っていた。各種会議の開催を提案する権限はもちろん，議題を設定し，また会議をまとめる権限を持っていたのも毛沢東であった。のみならず，中共中央の名義で出されるすべての指示は，必ず毛沢東の閲覧と承認を経由することが義務付けられていた[50]。また，毛沢東は，独自のルートを通じて情報の収集にも積極的にかかわっていた。地方から自分宛の定期的な報告を制度化したことをはじめ[51]，地方状況の把握のため，個人秘書を派遣し独自の「調査研究」に当たらせていた[52]。加えて，数多くの，時には長期にわたる地方視察はその重要な目的を情報収集においていた[53]。

　第二に毛沢東は，権力の維持とともに，あるいはそれを通じて，中国社会の全面的変革を図ろうとした。変革の対象は，既存の政治経済構造にとどまらず，社会と文化の性質そのものに及んでいた。そのための方法論は，継続的な階級闘争であり，それは文革の発動に際して「プロレタリア独裁下の継続革命」として体系化された。こうした目的と方法は，本書の分析対象となる「文

---

48) 党主席という毛沢東の公式職位も，党の総書記の上に主席なる地位を設置する例はほかの社会主義国家では見られないという意味で独特である。

49) Kenneth Lieberthal (2004) *Governing China : From Revolution Through Reform*, Second Edition (New York : W. W. Norton), pp. 99-100 ; Roderick MacFarquhar (1997) *The Origins of the Cultural Revolution : The Coming of the Cataclysm, 1961-1966* (New York : Oxford University Press and Columbia University Press), p. 328.

50) 「対劉少奇，楊尚昆破壊規律擅自以中央名義発出文件的批評」『毛沢東選集 第5巻』(1977)(北京：人民出版社)，80頁。

51) 「関于建立報告制度」『毛沢東選集 第4巻』(1968)(北京：人民出版社)，235-238頁。具体的には，各中央局，分局の書記は2カ月ごとに1千字の報告を，また各野戦軍首長，軍区首長は同じく2カ月ごとに政策的な総合報告を提出するように求められていた。

52) 葉永烈 (2000)『毛沢東的秘書們』(烏魯木斉：新疆人民出版社)，198-200頁。

53) 王香平 (2009)「毛沢東怎様听彙報」『党的文献』第2期，83-84頁。王によれば，毛は地方幹部の積極的な発言を誘導するために座席の配置にまで気を使っていたという。だが，当論文で取り上げられている事例が50年代に限られているのは惜しまれる。

革後期」と称される時期においては,革命初期の運動がもたらした成果を守り,またその再生産のためのシステムを構築することとして具体化された。特にこの時期において,毛沢東が文革の遺産を守ることに多大な関心を払っていたのは,彼の健康状態の悪化と密接な関連がある。内戦の勝利(正確には蔣介石の駆逐)とともに人生最大の業績と自ら挙げていた文革が否定されないためのシステムをいかに作るかに,彼の関心は集中していた[54]。

いうまでもなく,こうした毛沢東の目標は社会全体の選好を反映するものではなく,むしろその急進性のゆえに,社会に巨大なゆがみと損失をもたらすものであった。しかし注意すべきは,結果はともかくとして,毛沢東が社会の福祉の増大にまったく関心を寄せなかったわけではないことである。経済秩序の維持は常に重視され,限定された範囲内での差別的な利益構造は容認されていた[55]。

第三に,毛沢東の統治行動に関連して重要なのは,彼は抑圧手段に依存する支配を好む独裁者ではなかったことである。毛沢東は,過度な抑圧によって大衆を政治から遊離させることを決して望ましく思わなかった。いわゆる「大衆路線」の重視は,彼が単なる服従ではなく,社会の積極的な協力にもとづいた統治を好んでいたことを示している。それゆえ,支配の手法は,「強制よりは説得,排除よりは救済」に重点をおき[56],こうした手法は文革期においても原則としては貫かれていた[57]。

もちろん,挑戦者の排除には無慈悲で,またほぼ全国民を「思想改造」の対象にしようとした毛沢東であったが,スターリン流のテロと人殺しは,彼にとってあくまで最後の手段であった。そこで,たとえばハンナ・アーレント

---

54) 中共中央文献研究室編,逢先知・金衝及主編(2003)『毛沢東伝 下 (1949-1976)』(北京:中央文献出版社,以下,『毛沢東伝』), 1644-1645 頁。
55) 文革期を例に取れば,給料差別の廃止要求を含むいわゆる「経済主義」への批判や経済的混乱を是正するための「一打三反」運動の展開,または鄧小平による整頓の容認等がこうした選好を示している。
56) Stuart Schram (1989) *The Thought of Mao Tse-Tung* (Cambridge: Cambridge University Press), p. 54.
57) 階級闘争を展開する際の指針として常に強調された「治病救人(病気を治して人を救う)」がその適例となる。

は,「〔毛沢東の場合〕反対者への対応は『思想の矯正』であり,それは,精神改造と再改造の入念な手続きに従うものである。……もしそれがテロであれば,それは異なる種類のテロであって,その結果がいかなるものであれ,それは人口の大部分を抹殺するものではなかった」とし,毛沢東に全体主義独裁者のラベルを貼ることに慎重である[58]。

最後に,毛沢東は無政府主義者でないことを指摘しておこう。前節の理論的考察の含意は,意思決定過程における「制約」の不在が,独裁政治における「制度」の不在を意味するものではない,ということであった。確かに,毛沢東は,レーニンやスターリンのように,国家や党内部の特定の組織に権力基盤を設けることはせず,また上述したように,決定権の独占を制約するいかなる要素にも敵対的な態度を採っていた。しかしこのことは,政策の実施を担う効率的な組織機構の重要性を彼が否定したことをまったく意味しない。また同時に,そうした体制を統制するうえで党の果たしうる役割を軽視していたわけでもない。彼にとって否定されるべきは,政策執行の過程で生じうるさまざまな形態の「官僚主義」であって,官僚制そのものではなかったのである。

この点に注目すれば,文革の発動がそれ自体,党組織に浸透していた官僚主義に対する毛沢東の極めてラディカルな対応であったということができよう。ただしその場合でも,彼が意図していたのは,党組織の再生であって,その消滅ではなかったという点は重要である。その際,再生の目標は,「イデオロギー的に純潔で,効率的かつ柔軟な,また自分と大衆の意向により応答性のある(responsive)」組織への刷新にあり,その方法は,革命精神の高揚や幹部の大幅な入れ替え(とりわけその若年化),および文革を通して進められた「精兵簡政(人員の削減と機構の簡素化)」運動などであった[59]。

---

58) Hannah Arendt (1973) *The Origins of Totalitarianism* (New York and London : A Harvest/HBJ Books), p. xxvi.
59) Harry Harding (1981) *Organizing China : The Problem of Bureaucracy, 1949-1976* (Stanford : Stanford University Press), p. 294.

執行の制度——人民解放軍と文革前夜の制度配置

次に,文革前夜の制度環境について見てみよう。ここで明確にしたいのは,独裁者の選好を体現し,かつその意思を社会に貫徹させることを目的とする執行の制度としての解放軍の性質,および共産党との関係である。とりわけ本節では,革命時代の遺産として解放軍に付与されていた複合的な役割,および党,社会との関係を,毛沢東の選好と戦略に関連付けながら検討する。

解放軍が,早い時期から統治構造の一部として,政治的,社会的に広範な役割を果たしていたことはよく知られている。それを集約しているのが,「戦闘隊,工作隊,生産隊の三大任務を同時に遂行する(三大任務)」という周知の原則である。ただ,それらの役割が建軍当初から常に一貫した内容をもって実行されてきたわけではないことは注意すべきである。事実,解放軍の役割が「三大任務」という形で結晶したのは,延安の抗日戦争時代,具体的には日本軍の包囲と封鎖によって党中央がもっとも厳しい圧迫を受けていた1942年のことであり[60],また,解放軍の工作隊,生産隊たる性質は,中華人民共和国成立以降のしばらくの間は軍隊建設の焦点としてはほとんど強調されることはなかった。この原則が再び登場するようになったのは,1950年代末,すなわち大躍進の展開とともに解放軍の生産参加が促されたときである[61]。要するに,解放軍の役割は時の政治の要求によってその実質を大きく変化させてきたのである。

前節で行った議論は,そうした「政治の要求」を独裁者の選好と戦略に求めるものであった。その観点に立てば,文革前夜において三大任務のうち,とりわけ「工作隊」の役割,すなわち「大衆を宣伝,組織,武装し,さらに大衆を助けて,革命政権を建設し,党の組織を建設させる」[62]という役割が強調されていたことは注目に値する。たとえば毛沢東は,1965年11月の地方視察で,「軍隊は,過去に三大任務を遂行していた。戦争,資金の調達,そして大衆工

---

60) 侯魯梁(2007)『毛沢東建軍思想概論』(北京:解放軍出版社),78頁。
61) John Gittings (1967) *The Role of the Chinese Army* (London : Oxford University Press), pp. 126-128.
62) 中国大百科全書軍事巻編審室編(1987)『中国人民解放軍政治工作分冊』(北京:軍事科学出版社),19頁。

作である。しかし現在，軍隊は生産を幾分やっているだけで，大衆工作に従事しなくなっている。われわれはやはり，過去の三大任務の伝統を回復しなければならない。戦争，生産，そして重要なのは，大衆工作をやることである」という発言をしている[63]。

このように解放軍の工作隊たる役割が強調された背景には，中央の党機構に対する毛沢東の不信があった。大躍進後の経済調整をめぐる周知の政策論争に加え，社会主義教育運動などに露呈された党組織の政策執行への不満が高まっていたのである。それに対し解放軍は，1960年代初頭以来，思想と組織の両面で組織内部の革命化を図り，同時に中印戦争の勝利を通じてその戦争遂行能力を立証することに成功した。その結果は，毛沢東の解放軍への傾斜であり，「解放軍に学ぶ運動」の展開などによる統治構造における解放軍の地位上昇であった。

とはいえ，こうした動きが党の権威に対する解放軍の挑戦という意味合いをもつものでないことはすでに述べた通りである。何より，党と解放軍の間には，革命期以来の「党の軍に対する絶対領導」の原則が厳存し，それがこの時期にきていきなり否定されたわけではないからである。それどころか，党の領導を保証する解放軍内の制度的基盤は，いっそう強化されつつあるように見えた。1960年代の初め以来，解放軍の基層単位における党組織の整備が急速にすすみ，また，1963年の新たな「政治工作条例」においては政治委員の権限強化が明示化されたのである[64]。

---

[63] 「在一次視察各地工作時的講話」（1965年11月）。宋永毅主編（2006）『中国文化大革命文庫 Chinese Cultural Revolution Database』第二版（香港：香港中文大学出版社，以下，CCRD）所収。大衆工作の重要性は，「軍隊要作戦也要做群衆工作」中共中央文献研究室・中国人民解放軍軍事科学院編（2010）『建国以来毛沢東軍事文稿 下巻（1957年1月-1976年2月）』（北京：軍事科学出版社・中央文献出版社），262-263頁をも参照。

[64] 川島弘三（1988）『中国党軍関係の研究（上巻）——党軍関係の法的形成と政治展開』慶應通信，86頁。1963年3月に公布された「中国人民解放軍政治工作条例」では，「政治委員と軍事指揮員は同じく部隊首長であり，部隊の工作に対して共同して責任を負う」と規定し，「両長制」の実施を明記しつつも，政治委員の職権中に，党委員会書記の兼任による職務を加え，両長制においてはなお政治委員が優位にあることを明らかにしている。

しかし，これらの措置が，党の解放軍に対する実質的な統制基盤の強化を目的としたものだったかどうかは，じつはかなり疑わしい。ひとつの根拠は，「党の軍に対する絶対領導」を支える既存の制度配置にある。革命期以来，党の解放軍に対する統制は，おおむね次の3つの経路を通じて実現されてきた。第一に，軍中党委員会，第二に，軍中政治機関（政治委員），第三に，地方党委員会である。このうち，軍中党組織と軍中政治機関はそれぞれ中央軍事委員会と総政治部，また地方党委員会は党中央委員会の領導下で，活動を行うことになっていた。しかし中央軍事委員会は党中央委員会の直接の「領導」下には置かれず別個の機構となっていたため，軍統制の仕組みはいわば二元構造となり，しかもその実質は軍事系統による統制が主となる仕組みであった[65]。このような制度配置の下では，軍内部の政治組織の強化は，軍事系統の統一性を高めること以外の意味はなかったのである。

そしてもうひとつの根拠は，毛沢東の意図である。上述したように，党機構の政策執行能力に不満を抱いていた毛沢東は，解放軍に目を転じ，おそらく最初は党幹部を刺激しようとする意図をもって軍の（再）革命化を促していたと考えられる。しかしその結果，統治体制における解放軍の位相が上昇し，また実際に，国家機構や企業単位のなかに軍の政治組織を設置するなどの措置を通じて，従来の「党の軍に対する絶対領導」の原則は希薄化したといえる。そして，1965年初頭，毛沢東が中央の党機構への本格的な攻勢を始めると，とりわけ中央書記局の機能停止によって，まずは中央レベルにおいて，党による軍の統制はそれを具現する組織的基盤を完全に失うことになる[66]。その含意は，

---

65) たとえば，1956年の党規約には，解放軍は中央委員会の「指示」を受けて工作を行うことと規定されており，そのことは，中央の国家機関と全国的な人民団体が中央委員会の「領導」の対象となっていることと対照的である。選編組（2007）『中国共産党章程彙編（従一大―十七大）』（北京：中共中央党校出版社），72頁。

66) 象徴的な事例が，総参謀長羅瑞卿の失脚である。羅は，1962年以降中央書記局の唯一の現役軍人として，党と軍の組織的結節点の役割を果たしていた。当事件の意味を党軍関係の観点から検討しているものとして，Jing Huang (2000) *Factionalism in Chinese Communist Politics* (Cambridge : Cambridge University Press), pp. 283-284 を参照。一方の中央軍事委員会の唯一のシビリアンは党書記の鄧小平であり，彼もまた失脚の運命を免れなかったことは当然である。

党からの軍の分離であり、それは毛沢東による文革発動の「組織的準備」の核心をなしていた[67]。

　もっとも、毛沢東が「党の軍に対する絶対領導」の原則を明示的に否定したわけでも、さらには、それを実現するすべての要素に手をつけることができたわけでもない。というのも、「党の軍に対する絶対領導」の原則は上に挙げたような公式のルールや組織構造のみならず、長い革命戦争を通じて形成されてきた個々人の信念や規範や慣行などの要素によって実現されていた部分も大きいからである。中国の党軍関係の特質としてよく指摘されてきた制度的共生性 (symbiosis) や、そのひとつの表現としての党軍幹部の人的つながりの中心性は、おそらくこれらの要素の重要性をとらえるものとして理解できる[68]。そしてそれらの要素は、毛沢東にとっていわば外生的な要因であり、ルールや組織構造の変更などによってすぐに変わりうるものではなかったのである。実際に、後述するように文革の「奪権」の局面における地方部隊の離反行為は、こうした意味で革命期の制度的遺産の強い粘着性を示すものといえる。

　最後に、解放軍と社会の関係に目を転じれば、特にこの時期、「軍事民主」の原則が軍内外において再び強調されるようになったことが注目される。具体的には、幹部と兵士、および解放軍と人民大衆の一体化を中心課題に、軍内の問題解決に大衆路線の方法を採用することが奨励された。たとえば、基層単位の部隊に大衆を含む革命軍人委員会を復活させ、将兵間、軍民間の距離を縮めることが目指された。社会から隔離されていた軍を、再び社会と結びつけようとする動きであった。同様の文脈で、1965年に断行された軍内の階級・勲章制度の廃止もまた毛沢東の提案によるものであったことはいうまでもない[69]。こうして解放軍は着々と、「毛主席が自ら創設し領導する革命軍隊として、プ

---

67) 廖蓋隆主編 (1989)『新中国編年史 (1949～1989)』(北京：人民出版社), 263頁。
68) 制度的共生性については、David Shambangh (1997) "Building the Party-State in China, 1949-65: Bring the Soldier Back In," in Timothy Cheek and Tony Saich, eds., *New Perspectives on State Socialism in China* (New York: M. E. Sharpe), pp. 321-322. 野戦軍体制に由来する人的つながりを中心に中国の政軍関係を分析するものとしては、William W. Whitson (1973) *The Chinese High Command: A History of Communist Military Politics, 1927-71* (New York: Praeger) を参照。
69)『毛沢東伝』1372頁。

ロレタリア独裁の最重要な道具」[70]へと転化しつつあったのである。

介入のルールの設定

ここまで見てきたように，毛沢東は，政治システムにおける自らの支配性を保ち，また，社会の変革を緩めず推進していく上での格好の道具を解放軍に見出し，組織内外の革命化を積極的に進めていった。しかし，序章で指摘した通り，解放軍の文革介入は，革命以前の解放軍の組織革新の直接の帰結として起こったものではない。解放軍の本格的な政治介入には，革命後のさらなる状況の変化と，それによる毛沢東の認識の変化が必要であった。本節では，軍介入の経緯を概観しつつ，介入の性質と範囲が当初どのように設定されていたのかを明確にする。

前章で述べたように，解放軍の文革介入が正式に発令されたのは，1967年1月23日の「人民解放軍革命左派支持の決定」（以下，「左派支持の決定」）においてである。この決定は，その草案を作成したとされる王力によれば，革命の対象，主体，方法を決めた前年8月の「プロレタリア文化大革命に関する決定」とともに，文革の展開を方向付けた最重要指示のひとつである。

伝達範囲を「すべての解放軍戦士」としたこの決定は，文革が新たな段階に入ったとの認識の下，解放軍は革命左派の側に立ち，党内の実権派に対する奪権闘争を支援すべきことを主な内容としている。「左派支持の決定」のなかには，毛沢東の次のような指示が引用されている。

> これより，真正な革命派が軍隊に支持と援助を求めれば，すべてその要求に応じなければならない。いわゆる「不介入」は虚偽であり，すでに軍は介入している。問題は介入か不介入かではなく，どちらの側に立つかであり，革命左派を支持するか，それとも保守派，さらには右派を支持するかの問題である。人民解放軍は革命左派を断固支持すべきなのである[71]。

---

70)「中共中央転発毛沢東同志給林彪同志的信」（CCRD, 1966年5月15日）。
71)「中共中央，国務院，中央軍委，中央文革小組関于人民解放軍堅決支持革命左派大衆的決定」（CCRD, 1967年1月23日：中央文献27号）。引用文の元の出所は，「対解放軍支左的重要指示」（CCRD, 1967年1月21日）。

この指示から，軍介入の当初の目的が革命左派による奪権闘争の支援にあったことが容易にうかがえる。より具体的にいえば，軍介入の決定は，奪権闘争の行き詰まりへの対応であった。奪権闘争の行き詰まりには，既存の党幹部の抵抗，および造反派大衆組織と，党幹部の子弟らを主な成員とする保守派大衆組織との対立が影響していたが，他方で，一部の地方部隊が既存の党幹部を擁護する立場をとっていたことも奪権闘争の進展を妨げていた[72]。たとえば，「左派支持の決定」に「軍隊は党内の実権派と反革命分子の隠れ場所となってはいけない」ことが強調されているのは，解放軍の行動が奪権闘争の成否を左右する重要要因として認識されていたからに他ならない[73]。そこで，態度をあいまいにする折衷主義は厳しく戒められた。たとえば，「左派支持の決定」が下達された 2 日前の 1 月 21 日，毛沢東は「軍隊は，革命派と保守派の間に立って折衷したり仲裁したりすることはできない。折衷をやるのは事実上反動路線である」と強調している[74]。

　しかし，この決定は，実際の「左派支持」の任務に当たる各級部隊，各幹部兵士の行動指針としては，極めてあいまいな内容となっていた。第一に，「真正な革命派」とは何かについての判断基準がまったく提示されていない。すなわち，そもそもどのような大衆組織の要求に応じなければならないかが不明であったのである。この点は，解放軍にいわせれば，文革期を通じて解放軍の犯したあらゆる「誤り」の根本原因にあたる部分である。

　第二に，「左派支持の決定」には，発生しうる事態への対応の仕方が具体化されていない。たとえば指示のなかには，「反革命勢力が武闘をかけてくる場

---

72) 文革初期の地方党幹部の生存戦略については，Parris H. Chang（1972b）"Provincial Party Leaders' Strategies for Survival during the Cultural Revolution," in Robert A. Scalapino, ed., *Elites in the People's Republic of China*（Seattle and London：University of Washington Press），pp. 501-539 が，いくつかの類型に分けて分析を行っている。

73) 奪権闘争の成否に解放軍の行動が決定的な役割を果たしたことについては，たとえば，席宣・金春明（2006）『「文化大革命」簡史』第三版（北京：中共党史出版社）125-126 頁；MacFarquhar and Schoenhals（2006），pp. 175-177.

74)「対解放軍支左的重要指示」（CCRD，1967 年 1 月 21 日）。折衷主義への注意は直後の軍事委員会拡大会議において軍指導部に伝達されている。「周恩来伝達毛主席在軍委拡大会議上的講和」（CCRD，1967 年 1 月 27 日）。

合，軍隊はそれに反撃すべきである」と規定されているが，具体的にどのような攻撃に対して，どのような手段を用いて反撃すべきかについての説明がまったくなされていないのである。

このような決定のあいまいさは，政策策定の緊急性の産物であった。王力の回想によれば，1月21日，毛沢東は，革命造反派支持のための部隊派遣に関する安徽省軍区の報告に，上に引用した指示を出し，林彪の同意を取り付けた。その翌日，毛沢東は，軍事委員会打ち合わせ会議を開き，ほかの軍幹部に意見を打診した。会議の場で毛沢東は，解放軍の文革参加を制限してきた既存の指示は間違いであり，廃止すべきと主張した。会場の誰も異議を唱えなかったという。そこで，毛沢東は王力に向かい「すぐにひとつの指示を作成し，いかなる人をも経由せず，私に直接転送せよ」と命じ，王力はその日のうちに草案を立案し，毛に転送した[75]。こうして発出された1月23日の決定は，政策策定の全過程を毛沢東が自らのイニシアティブで進めた結果であった。

ただ，注意すべきは，この段階における解放軍の政治関与は，造反派大衆組織への支持を意味するに留まっていたことである。毛沢東の狙いは，既存の党幹部の抵抗を排し，奪権闘争を成功させるために，解放軍による「公式」の支持表明を通じて，造反派大衆組織の活動に正統性を与えることであった。たとえば，毛沢東は，1月27日の軍事委員会拡大会議において，「断固として左派を支持し，その後は左派人民の管理と監督の下で工作を実施すべきである」とし，革命運動の主導権はあくまで左派大衆の手にあることを明確にしている[76]。

しかし，奪権後，状況は大きく変わっていく。すなわち，奪権後の権力配分をめぐり，左派組織の間で抗争が続くと，解放軍の役割を新たに設定する必要が生じたのである[77]。その作業が行われたのが，1967年2月末から北京で開かれた軍級以上幹部会議である。済南軍区26軍の軍長としてこの会議に参加した李水清は，会上の議論の焦点は政治介入の仕方と左派判別の基準に集中していたと回想している。彼によれば，「多くの軍隊同志が地方革命への参加に

---

75)　王力（2008）『王力反思録（下）』第二版（香港：北星出版社），566-567頁。
76)　「周恩来伝達毛主席在軍委拡大会議上的講話」（CCRD, 1967年1月27日）。

困惑と疑問を噴出させ」ており，その内容は，たとえば「地方の各級党組織はいつ正常の状態に戻るのか，真の左派組織をどのように判別するか，奪権活動はどのように支援すべきか，軍事管制を実施するようになれば，それはかつての工作隊による誤りを繰り返すことにはならないか，また，どのように紅衛兵を訓練させるか，指示を無視すればどうすべきか，そして工業，農業の業務はいかに行うべきか」[78]という具合に，さまざまな項目にわたっていた。

　この会議を通じて，解放軍の文革介入に関する新たな政策が策定された。まず，新たな状況認識として，「革命造反派が政治的に未成熟で，組織性を欠いていることなど，本質的弱みを有している」ことが確認された。左派勢力が分裂し，互いに権力を争っているなかでは，「打倒されたものたちに再び政権を奪われる」状況になりかねない。そこで，より多くの地域に左派支持のための部隊を派遣し，一部の地域では軍事管制を実施することが合意された。つまり，「解放軍を主力にして各方面の工作を推進し，管理するもののないすべてのところは，解放軍がそれを管理する」という方針が決められた[79]。

　そして，解放軍の具体的な任務が，左派支持から，工業の支持（支工），農業の支持（支農），軍事管制，軍事訓練といった三支両軍の形へと拡大されたのもこの会議においてであった。また，この会議では，奪権のプロセスについて新たなロードマップが提示され，それによれば，最初に権力を解放軍に引き渡し，その後，解放軍はその権力を，大衆組織，軍代表，そして革命幹部代表からなる「三結合」の組織に移転し，永続的な権力構造はその後確立していくべきである，ということが規定された。

　かくして，文革期を通じて軍介入の性質を規定する原型が作られ，その過程で，解放軍に与えられた権限は大きく拡張された。しかし，同時に，左派支持

---

77) 奪権後の政治状況の変化に関する最新の業績として，Dong Guoqiang and Andrew G. Walder (2010) "Nanjing's Failed 'January Revolution' of 1967: The Inner Politics of a Provincial Power Seizure," *China Quarterly*, 203, pp. 675-692. ここでは，奪権後の造反派大衆組織の間の権力配分をめぐる競合があったことが南京を例に詳細に分析されている。
78) 李水清口述（王緩平執筆）(2009)『李水清将軍回憶録——従紅小鬼到火箭兵司令』（北京：解放軍出版社），421-424頁。
79)「軍以上幹部会議精神伝達」(CCRD, 1967年3月)。

の原則は依然として軍介入の核心であったし，いくつかの判別基準が具体化されたにもかかわらず，それはなおあいまいなものであった。

上に述べたように，1月23日の軍介入の方針を策定する際に毛沢東は，軍介入の範囲を左派支持の支援に限定し，奪権が成功した後では軍の活動は革命左派大衆の管理と監視の下で行われると述べている。それを念頭に置けば，わずか2カ月の間に軍の役割は大いに拡大されたわけである。その後の展開を見れば，この時期，急速に解放軍の権限が拡大されていくことに毛沢東が積極的な態度を示さなかったであろうことが予想される。

しかしそれにしても，前項で検討した解放軍の性質からいえば，やはり毛沢東は解放軍に大きな期待を抱いていたのではないだろうか。先の軍以上幹部会議に対する論評として，毛沢東は，大衆に依存することを第一条に挙げながらも，次のように解放軍に対する信頼を表している。

> 軍隊に頼るべきである。わが軍隊は戦争ができるだけでなく，大衆工作を行うこともできる。それに，政策を宣伝し，生産に参加することもできる。……軍隊は地方と異なり，土地権も，財産権もないから，行けといえば行く。省〔委員会〕は地盤があるが，軍隊は地盤がない。また軍隊は，組織性と紀律が強く，動きが早い。もし瀋陽軍区の左派支持，工業の支持，農業の支持の経験を中央で各地に伝達すれば，全軍は21日以内に行動できる。もし地方〔党委員会〕であれば，行ったりきたり，動作は非常に鈍いのである[80]。

3. 文革期における軍部統治の展開

繰り返しになるが，本書の目的は，毛沢東と解放軍の関係に焦点を合わせ，文革期の軍部統治の展開を説明することである。それはすなわち，解放軍の政治介入が生み出した政治，経済，社会的帰結の全貌を細部に至るまで再現する

---

[80]「関于『三相信，三依靠』的講和」（CCRD，1967年3月）。

ことは，本書の中心課題でないことを意味する。そのかわり本書は，当該時期の中国に発生した，国内外に重要な意味を持ついくつかの事柄を中心に叙述を進めることにする。具体的には，それらの事象と軍部統治の政治状況との関連を，毛沢東の認識と行動の変化，および解放軍の動向に重点を置きつつ，できるだけ詳細な検討を加えることにする。

以下，本節では，本書が分析の対象とする時期を概観しつつ，各章の具体的な課題について述べておく。

そもそも文革について論じる場合，1969 年は，一般に「文革収拾期」と呼ばれる時期の起点と位置づけられる。その際，一方の「文革」は，既存の党政機構に対する奪権運動，および，それがもたらした統治の空白という局面を，他方の「収拾」は，地方での党組織再建をはじめとする統治機構の再構築の局面をそれぞれ意味する場合が多い。もとより，収拾とはいっても，それが革命の収束を意味するものでないことはいうまでもないし，またその具体的な展開において，全国的に統一的なパターンが現れていたわけでもない。とはいえ，1969 年の第 9 回党大会（以下，9 全大会）を主たる契機として，文革収拾の流れがまずは地方の党組織の再建から始まり，その後国家と社会の領域へと波及していったことは事実である。

そこで，本書が取り上げる第一の論点は，このような文革収拾の動きが軍介入の政治状況とどのような関連を持ちながら展開したかという問題である。党組織の再建は，果たして当初の意図に即して，地方統治における解放軍の影響力を縮小させる力学として働いたのだろうか。図 1-2 は文革の発動以来の，地方各レベルの軍指導部における人事異動の動向を示している。それを見れば，確かに 1969 年には地方の軍指導部に著しい変動が起こっている。とりわけ野戦軍[81]に集中している人事措置の背後にはいかなる現実の変化があったのだ

---

81)「野戦軍」は，本書では各軍区に所属している軍団（現在の集団軍に相応）の意味で使っている。この言葉は，当時の中央の党指導部，および解放軍の幹部によって同様の意味で使われていた。すなわち，ここでいう野戦軍は，建国初期に全国の武装体系を形成していた 5 つの野戦軍と異なるものであり，他方で，地方に所在しつつも中央軍事機構の直接の領導を受ける主力軍（main forces）として，地方軍と民兵とも区別されるものである。

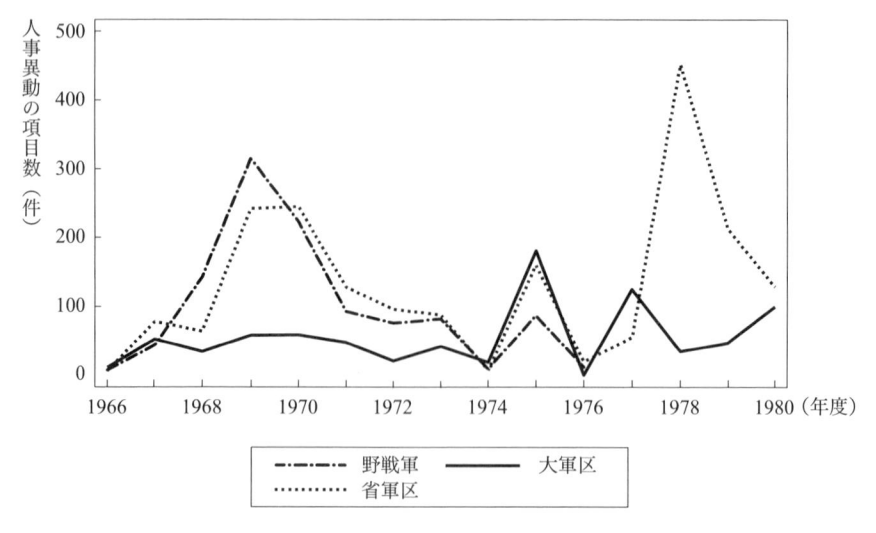

図 1-2　地方の軍指導部の人事異動（1966-1980 年度）

注 1 ）値は各軍単位指導部における年度別人事異動の合計。
　2 ）指導部とは，当該部隊の正副司令員（軍団の場合は正副軍長），正副政治委員，参謀長，政治部主任，顧問（1975 年新設）からなる当該単位の「領導班子」を指す。
出所）中国人民解放軍総政治部組織部（1995a）『中国共産党中国人民解放軍組織史資料 第五巻「文化大革命」時期（1966.5～1976.10）』（北京：長征出版社）；中国人民解放軍総政治部組織部（1995b）『中国共産党中国人民解放軍組織史資料 第六巻 社会主義現代化建設新時期（1976.10～1992.10）』（北京：長征出版社）より作成。

ろうか。

　これらの問題を検討するのは第 2 章である。第 2 章では，主として 9 全大会以降の「党組織の整頓と再建」（以下，整党建党）運動の展開，およびそれと時を同じくして発生した中ソ武力衝突の緊張という国内外の環境変化のなかで，解放軍の政治介入が具体的にどのような展開を示したかを，中央と地方の相互関係に注意しながら考察する。

　さて，当該時期の中国政治を概観する際につねに話題になるのが林彪事件である。もちろん，林彪事件の真相を解明することは本書の直接の課題でない。本書の関心は，当該事件を軍部統治の展開のなかにどう位置づけるかにあり，これが本書の取り上げる第二の論点である。具体的には，次の 2 つの問いが詳細な考察の対象となる。第一に，林彪事件，およびその背景としての林彪の権

力上昇は，解放軍の政治主導という状況とどのような関係をもっていたか，そして第二に，林彪事件の発生は，解放軍をめぐる政治状況にどのような影響を及ぼしたのか，である。

第3章では，これらの問題を文革と林彪に関する最新の資料と研究成果に依拠しつつ，検討する。その結果は，毛沢東と解放軍の関係を重視する本書の主張を裏付けるものであり，文革と林彪に関する中国当局の公式見解はもちろん，解放軍の政治介入をめぐる従来の通説とかなり異なる説明を提供するものである。たとえば，図1-2では，地方部隊の指導部の人事異動が1969年をピークに，1973年の後半まで目立った動きを見せていないことが注目されるが，このことは，林彪事件が少なくとも直接には地方統治における解放軍の地位に影響していないことを示唆している[82]。こうした解放軍内部の人事異動の動向を如何に理解すべきかという問題を含めて，試論的ながら，林彪事件の背景とその意味を論じてみたい。

次に，本書で取り上げる第三の論点は，文革収拾の政治過程，なかでもとりわけ林彪事件以後の政治展開に果たした毛沢東の役割をどう評価するかという問題である。この点，依然として研究者の間では論争が進行中である。すなわち，一方で，林彪事件以後の毛沢東の戦略的後退，もしくは傍観者的姿勢の貫徹を主張する論者もあれば[83]，他方で，政権運用はもとより政策選択においても一貫して主導的役割を果たしたとする論者もある[84]。しかし，本書の関心事である軍部統治の状況に限ってみれば，毛沢東が当初から軍介入の動向に細心の注意を払い，また，軍介入の必要性はもちろん，その問題性や矛盾についても鋭い認識を持っていたことは明らかである。したがって，焦点となるのは，解放軍の政治介入にともなう問題や矛盾が，いつどのような契機によって，不

---

82) この点自体は既存の研究にも指摘が見られる。しかし解放軍の部隊復帰の動きと関連して明確な意味づけがされているわけではない。
83) Lowell Dittmer (1987) *China's Continuous Revolution: The Post-liberation Epoch, 1949-1981* (Berkeley: University of California Press), p. 123 ; Kenneth Lieberthal (2004) *Governing China: From Revolution Through Reform*, Second Edition (New York: W. W. Norton), pp. 117-119 ; Huang (2000), pp. 325-349.
84) Teiwes and Sun (2007), pp. 5-6 ; Macfarquhar and Schoenhals (2006), pp. 431-433.

可避なものから解決すべきものへと転化し，その解決のために毛沢東が，当初どのような戦略と行動を採っていたかという問題である。

そこで，第4章では，軍主導の政治状況の是正に向けた毛沢東のイニシアティブとその帰結を検討する。そこではまず，中央軍事委員会副主席の葉剣英が政策執行を主導した初期の軍隊整頓，およびその停滞を取り上げ，軍部統治の状況がいかなる要因によって持続していたかを明らかにする。その上で，現状変更への毛沢東の意志と選好が突如として表された1973年12月の八大軍区司令員人事措置の内容と意味を，地方の統治構造の正常化過程と結びつけながら詳しく考察する。

最後に取り上げる論点は，こうして持続していた軍部統治の状況がなぜ，またいかなるプロセスを経て解消，消滅したかである。この点に関連してまず第5章では，鄧小平の主導した1975年の軍隊整頓の試みを分析する。序章で指摘した通り，1975年は，軍主導の政治状況に重大な変化が生じた年である。その点は，図1-2に示される地方軍区指導部の人事異動の規模からも容易に察知できる。結論から言えば，鄧小平は，地方統治からの撤退と連動して，大軍区指導部の全面刷新を断行したのであるが，このような成果を，鄧小平個人の権威，および彼特有の政治手法の帰結として片付けることはできない。そこで，第5章では，軍隊整頓の実施における毛沢東の鄧小平への権限委任を中心に，軍隊整頓の内容と展開，そしてその限界について考察する。

続く第6章では，鄧小平が党中央への再復帰を果たした1977年以降の軍隊整頓について検討する。そこで取り上げるのは，毛沢東不在の新しい政治状況が，鄧小平と解放軍の関係，さらには軍隊整頓の具体的な展開にどのような影響を及ぼしたかという点である。また同様の問題意識から，1979年2月に起きた中越戦争を再検討し，当該戦争の具体的な展開および帰結と，軍部統治の終息に向けた整頓の試みがどのように関係していたかを明らかにする。

最後に終章では，結論として，本書の分析内容を要約した上で，文革研究を含む現代中国政治研究，および比較政治学における独裁政治研究の近年の動向に照らしながら，本書の考察結果がそれぞれの研究分野に対して持つインプリケーションについて議論する。

第 2 章

軍部統治の形成
―論理と実体―

　本章では，9 全大会以降の新たな政治的条件の下で，解放軍が革命委員会での地位を拡大させ，再建された党委員会において独占的地位を確立していく過程を考察する。以下において，まず制度的要因の作用を検討した後で，1969年 3 月の中ソ武力衝突に端を発する対外危機の展開が解放軍の政治関与の状況にどのような影響を及ぼしたかについて論じる。

1. 党組織の再建と軍

　9 全大会を重要な転機として本格的に展開される「党の整頓と再建（整党建党）」運動は，結果からいえば，地方における解放軍の政治的影響力をさらに拡大させる力学として作用した。すなわち，革命委員会において，解放軍がまだ「優越的」地位を占めるにとどまっていたとすれば，1970 年冬から 1971 年夏のあいだに各省に成立した党委員会において，解放軍は「独占的」地位を獲得していたのである。何故，党再建運動の展開は，軍支配のさらなる強化という結果をもたらしたのだろうか。
　こうした事態の発生は，当然のことながら，党再建が始まる時点において自明のように受け取られていたわけでない。すでに述べたように，「整党建党」

の提起自体，解放軍の増大する影響力を抑制しようとする意図が内包されているものであった。そして，9全大会の雰囲気も解放軍の台頭に必ずしも友好的であったわけではない。もっとも9全大会は，党中央委員会への多数の軍幹部の進出を容認し，組織として解放軍の優越的地位を公式化する場であった[1]。しかし同時に，大会の場で，解放軍の政治主導に対する懸念がさまざまな形で表出されていたことも見逃せない。たとえば毛沢東は，大会直後の第9期一中全会において，「地方の問題は軍隊にあり，軍隊の問題は工作にある」と明言し，地方統治における軍の責任の重さを強調すると同時に，その地方工作のあり方に対する不満をもあらわにしていた[2]。そして，大会参加者からも，軍幹部の大量の「国政進出」に対する不満の声が上がっていた[3]。

なお，「整党建党」運動の展開が，本来解放軍の独走を保証するものではなかった重要な根拠は，1967年10月，党組織再建の原則として毛沢東が提示した「50字指示」にある。すなわち，「〔新しい〕党組織はプロレタリア階級の先進分子で構成されなければならず，プロレタリア階級と革命大衆を指導して階級敵に対して闘いを進めることのできる生気にあふれた前衛組織でなければならない」[4] という原則がすでに定められていたのである。特に，党再建の主役となるべき「先進分子」の意味については，1968年，いくつかの公式文書によって，「文化大革命のなかで浮上してきた優秀なプロレタリア階級」，さらには「優秀な造反派」を指すものとして具体化されていた。つまり，党再建工作における解放軍の指導的役割は，当然この「50字指示」の規定と離反する性格を帯びるものであり，実際，新たな党委員会の成立が難航し，また幾度もの方針転換を余儀なくされたひとつの理由は，この原則の解釈と実践をめぐる

---

1) Roderick MacFarquhar (1991), "The Succession to Mao and the End of Maoism, 1969-82," in MacFarquhar, ed., *The Politics of China : The Eras of Mao and Deng* (New York : Cambridge University Press) p. 249.
2) 中共中央文献研究室編（1998）『建国以来毛沢東文稿 第十三冊』（北京：中央文献出版社，以下，『毛沢東文稿13』），35頁。
3) Roderick MacFarquhar and Michael Schoenhals (2006) *Mao's Last Revolution* (Cambridge : The Belknap Press of Harvard University Press) p. 293.
4) 席宣・金春明（2006）『「文化大革命」簡史』第三版（北京：中共党史出版社），196-198頁。

混乱が相当長い期間を通じて続いていたことである。

　関連して，収拾の局面に移行しつつあったとはいえ，多数の地域における政治状況が依然として混乱を極めていたことも，党組織再建のプロセスに不確実性を与えていた。すなわち，9全大会が演出した「勝利」と「団結」のムードとは裏腹に，河南，山東，山西，内モンゴル，貴州，四川等の地域では，大衆団体間の激しい武闘が，解放軍を巻き込んだ形で，後を絶たず繰り広げられていたのである。後に補足するが，こうした大衆団体間の対立は，多くの場合駐留部隊間の分裂に転化し，解放軍が党再建過程を主導するための組織的一体性を確保するには一定の時間と条件の変化が必要であった。

軍支配の拡大──制度の展開

　しかし，これらの制約要因にもかかわらず，解放軍は，結果的に党組織再建の主導権を掌握し，新たな党委員会において独占的地位を獲得することになったのである。こうした結果が生まれたおそらくもっとも重要な原因は，この時期の党組織の再構築が，基本的には既存の革命委員会の指導の下で，具体的にはその指導部の再編を通じて進められていた点に求められる。1968年9月までに各省，市，自治区で成立していた革命委員会は，形式の上では「三結合体制」，すなわち軍代表と革命幹部代表，大衆組織代表の間の連携を原則としながら，実際は解放軍の優位の下で成立しており，その後，党組織再建に向けた指導部の改組過程を通じて解放軍の優勢はさらに拡大するようになったのである。

　もっとも，党再建過程における解放軍の役割の増大は，単に革命委員会での数的優位によって支えられていたわけではない。いうまでもなく解放軍は文革を通じてその指揮・命令系統を存続させた唯一の国家組織として，軍固有の強制力をはじめとするさまざまな権力資源を保持していた。特に，当時地方の各級国家機関や部門，生産単位に派遣されていた「三支両軍」人員は，党再建の準備を軍主導で進めるうえでいわば「実働部隊」の役割を果たしていた。たとえば，これら三支両軍部隊は，各生産単位の指導グループを糾合し大規模な毛沢東思想の学習大会を開いたりしていたが，後にこの大会は事実上の党大会準

備会合として機能していた[5]。

　ただし，この時期の解放軍の影響力の拡大を，解放軍がその圧倒的な組織資源を総動員し，意図的に勝ち取った結果としてとらえるのは，必ずしも正確な理解ではない。それはむしろ，本来「整党建党」工作で主導的役割を果たすべき造反派革命勢力が，この時期，次第にかつ体系的に政治のプロセスから排除されていった結果でもあり，その排除をもっぱら解放軍の組織的弾圧の結果と見ることはできないのである[6]。そこにはまず，9 全大会の場で文革の一応の終息が宣言されたこと，また，その制度的帰結として党の中央文革小組が解体されたことが重要な背景をなしていた。

　とりわけ中央文革小組の解体は，各地の造反派組織から見れば，まさに中央の「ナショナル・センター」が消滅したことに等しいものであった。そして，中央の援護を失った地方の大衆組織がその後の政治運動で劣勢に立たされるのは当然である。実際，この時期，一部地域における造反派大衆組織と軍部隊間の対立は，中央での話し合いを通じて問題の解決が図られ，主に既存の革命委員会の改組を通じて決着がつけられたが，その結果，造反派指導者の排除と解放軍へのさらなる権限の集中が制度的に保障されることとなった。

　たとえば，造反派指導者の王効禹がなお猛威を振るっていた山東省では，9 全大会後，中央の指示にもとづき革命委員会の再編が行われるが，その結果成立した党核心領導小組には，従来の「三結合」の 3 人体制に，済南軍区の指導幹部 4 人が加えられ，7 人中 5 人が軍幹部で占められることとなった。そこには，9 全大会直後，北京での学習会で，王効禹が中央指導部より厳しく批判されたことが大きく作用し，結局，王効禹はそれ以降，新しい革命委員会への出席を拒否し，造反派勢力は政治過程から排除されていった。そしてその後の党大会開催の準備は，事実上，済南軍区の党委員会聯席会議の形で進められることになった[7]。

---

5) 李振祥・黎原（2004）『四十七軍湖南「三支両軍」紀実』（出版社不明），223 頁。
6) そのうえ，新たな党委員会の一角を担うべき「革命幹部」の重用も，中央の期待通りには実現しなかった。特に 9 全大会以降，文革初期に失脚した「老幹部」の復活が部分的に実行されるようになったが，それを含めて従来の党政幹部の政策決定への参加は，限定的なレベルにとどまっていた。

表 2-1 革命委員会の再編，党核心領導小組の成立と軍勢力の増大

省，自治区	再編時期	党核心小組指導部（組長，副組長）
遼寧省	1970 年 3 月	**陳錫聯**，李伯秋
湖南省	1970 年 4 月	華国鋒，**楊大易**，卜占亜
山西省	1967 年 12 月	劉格平，**謝振華**
山東省	1969 年 5 月 25 日	王効禹，**楊得志，袁升平**
河北省	1968 年 3 月	李雪峰，**劉子厚，馬輝**
内モンゴル自治区	1969 年 12 月	**鄭維山，黄振棠，杜文達**
四川省	1969 年 12 月 25 日	**張国華，梁興初**，李大章
新疆ウイグル自治区	1970 年 3 月 27 日	**龍書金，蕭思明，賽福鼎**

注）太字の表記が軍代表。
出所）中共中央組織部他編（2000a）『中国共産党組織史資料』第六巻「文化大革命」時期（1966.5〜1976.10）』（北京：中共党史出版社）より作成。

9 全大会以後なお武闘が続いていた四川省に対しても，同様の解決策が採られた。省革命委員会と成都軍区党委の責任者を召集し 1969 年 11 月 5 日から 12 月 27 日の間に行った会議を通じて，中央の指導部は，「解放軍を信頼し，解放軍に頼る」ことを原則とする解決案を提示した。会議最終日の講話で周恩来は「断固として解放軍を信頼すべきことは，今回の報告で何度も触れた。解放軍こそ無産階級独裁と文化大革命の支柱であることを明確に認識し，解放軍が戦争準備工作と三支両軍工作を完遂することを積極的に支持しなければならない。この点は，四川の肝心な問題である」と強調した[8]。なお康生は，一方で四川の問題が軍の「錯誤」に一定の責任があることを指摘しつつも，「四川に希望がもたれる最大の理由は，人民解放軍に頼るからである。賛成しようが賛成しまいが，これが中央の方針である。もちろん，解放軍に依存するからといって，大衆と革命幹部に依存しないことではない。だが，解放軍は試練を乗り越えてきており，他の地方でもこの点は同じである」と述べている[9]。結

---

7) 当代中国叢書編集組編（1989b）『当代中国的山東』（北京：当代中国出版社），237-238 頁。同様のパターンは，革命委員会の構成にあたり造反派指導者の影響力が強かった黒竜江省，山西省，四川省，貴州省，湖南省などで例外なく見られる。
8)「中央首長対四川省革委及成都軍区学習班成員的講話」（1969 年 12 月 27 日），6 頁。宋永毅主編（2006）『中国文化大革命文庫 Chinese Cultural Revolution Database』第二版（香港：香港中文大学出版社，以下，CCRD）所収。
9) 同上，8 頁。

局，こうした中央指導部の雰囲気は，同時に発表された革命委員会の改組案にそのまま反映され，軍幹部 11 人を含む新しい党核心領導小組（全 15 人）が成立したが，造反派指導者の劉結挺と張西挺は，その後の「整党建党」のプロセスで事実上排除された。

このような「造反派」勢力の排除と解放軍への傾斜は，中央の文革派の勢力圏とされていた浙江省でも，同様の傾向が見られた。1969 年末，浙江省革命委員会は，党委員会の再建に向け，「ブルジョアジー宗派主義」と「無政府主義」に反対し，「民主集中制」と「組織の紀律」を強化するための整風運動を展開するが，そこで批判の対象となったのは，ほかならぬ大衆団体の指導部であった。翌年 4 月の省革命委員会の全体会議でも，造反派大衆団体の「ブルジョアジー宗派主義」が批判の的となり，党再建を妨げる最大の障害物として指弾された[10]。こうした（造反派）大衆団体への攻撃とそれに対する反発と抵抗は，党大会の準備に深刻な障害をもたらし，ようやく省党委員会が設立されたのは 1971 年 1 月のことであった。もちろん，新たな党委員会の主導権は解放軍に帰属し，大衆組織は大いにその勢力を失ったことはいうまでもない。

解放軍の内部分裂と「整党建党」

ところで，浙江省の場合注目されるのは，新たな党委員会の軍代表の出身母体がさまざまであることである。つまり，このとき常務委員会入りした軍代表の出身部隊は，野戦軍の第 20 軍，そして空軍，海軍，南京軍区，省軍区というように複数の部隊に分かれていた。

そして，党委員会の指導部が，第 20 軍と空軍出身の幹部で占められていたことは[11]，間接的ながら造反派大衆組織の影響力が残存していたことを意味する。というのも，その両部隊は，中央の軍指導部と直接のつながりを持っており，政治介入以来，造反派大衆組織を支持する立場をとってきたからである。

---

10) Keith Forster (1990) *Rebellion and Factionalism in a Chinese Province : Zhejiang, 1966-1976* (New York : M. E. Sharpe), pp. 101-103.
11) 第一書記の南萍と書記の熊應堂が第 20 軍，もう一人の書記の陳励耘が空軍出身である。

表 2-2 中央直属部隊の文革介入と省軍区の改編（1967 年 2-8 月）

省	派遣部隊	省軍区首長の交代	
吉林省	64 軍, 16 軍	何友出（64 軍副軍長）	→省軍区司令
山西省	69 軍	謝振華（69 軍副軍長）	→省軍区司令
浙江省	20 軍	南萍（20 軍政委） 熊応堂（20 軍軍長）	→省軍区政委 →省軍区司令
安徽省	12 軍, 68 軍	李徳生（12 軍軍長）	→省軍区司令
江西省	26 軍, 31 軍	楊棟梁（26 軍副軍長） 程世清（26 軍政委）	→省軍区司令 →省軍区政委
河南省	1 軍, 68 軍	王新（68 軍政委）	→省軍区政委
陝西省	21 軍, 23 軍	黄経耀（21 軍軍長） 谷鳳鳴（23 軍副政委）	→省軍区司令 →省軍区政委

出所）Harvey Nelson（1972）"Military Forces in the Cultural Revolution," *China Quarterly*, 51, pp. 469-471；中国人民解放軍総政治部組織部（1995a）『中国共産党中国人民解放軍組織史資料 第五巻「文化大革命」時期（1966.5〜1976.10）』（北京：長征出版社）等より作成。

　その結果，保守派大衆組織に近かった海軍と省軍区との間には対立構図を形成していた[12]。

　事実，このような駐留部隊間の対立は，解放軍の政治介入以来，各地域ではむしろ普遍的に生じていた現象であった。その一次的原因はもちろん大衆団体間の対立にあったが，「左派支持」の対象と方法をめぐる部隊間の対立の背景には，現地の党委員会との関係，部隊の属性，および命令系統の構造を含めた複合的な要因が介在していた。当初党中央は，直接の統制のもとにある主力軍部隊を各地に派遣することで状況の改善を図ったが，所期の成果が得られた地域はむしろ例外に属し，多くの場合現地常駐軍との間で対立を生じ，政策遂行上の混乱をさらに深める結果となった[13]。そして，9 全大会以降にもなお政局

---

12) Forster（1990），pp. 104-107.
13) Harvey Nelson（1977）*The Chinese Military System : The Organizational Study of the Chinese People's Liberation Army*（Boulder : Westview Press）pp. 38-43. 一方，数少ない成功例としては第 12 軍が派遣された安徽省の例を挙げることができる。安徽省の成功が中央指導部，特に毛沢東の関心を引きつけたことは確かで，実際，9 全大会で政治局入り（候補委員）した李徳生は第 12 軍の軍長である。李の元秘書は，その電撃的な昇進と安徽省における「三支両軍」工作の功績とを明示的に結び付けている。祝庭勛（2007c）「毛沢東為什麼選中李徳生」『文史博覧』第 8 期，を参照。

の不安が続いていた地域では，大衆団体間の派閥闘争が何らかの形で駐留部隊間の対立に及んでいた傾向が，ほぼ例外なく見られるのである。

　このような軍内部の分裂という現実は，まず当時の地方の政治状況を軍部と大衆団体間の単純な二項対立の構造でとらえることの限界を示している。だが他方で，こうした軍内部の状況は，党組織再建の展開と帰結に関するより多面的な考察を促しているように思われる。というのは，こうした軍内部の分裂状況を前提にすれば，それが政治過程に対する解放軍の統制力を弱め[14]，結果として解放軍の政治主導を制限する力学として働いた可能性を排除できないからである。しかも，党委員会における軍勢力の増大は，上の浙江省の例で見たように，内部に深刻な対立を抱えたままの「勝利」であって，「整党建党」運動を通じて解放軍がその内部分裂を解決し，かつ集団的一体性を達成できたことの反映としては解釈できないからである。

　こうしてみると，党組織再建運動における解放軍の主導的役割は，中央の積極的同意を欠いては，そもそも実現不可能なものであったということができよう。とすれば，内部に深刻な分裂を抱えている解放軍が，治安の回復，維持の役割を超えて，政治秩序再建の中心として，さらにそのための「大連合」の主役としての役割を承認されるようになったのは何故であろうか。そこで考えうるのは，軍介入の拡大の背景に，少なくとも軍内部の対立の深化および表面化を抑制し，さらには，政治過程における解放軍の役割の増大を正統化させる別の状況なり力学が存在していた可能性である。そして，まさしくそれを可能にした状況が，党再建運動の展開と時を同じくして発生していたのである。9全大会直前の3月，黒龍江省珍宝島（ダマンスキー島）での武力衝突に端を発した中ソ危機の緊張がそれである。

---

14) この点と関連して，軍主導の地方統治が露呈していた構造的問題については次節で詳述する。

2. 対外危機と戦時体制の圧力

危機の発生と展開——「69 年危機」の実状

　まず，珍宝島事件の発生そのものについては，最近の研究が，事件の背景にかかわるいくつかの事実を明らかにしている。第一に，この事件は，決して偶発的な「衝突」ではなかったということである。すなわち，少なくとも最初 (3 月 2 日) の武力衝突は，中国側の周到な「仕掛け」の結果であり，そのための作戦計画は，中央レベルですでに承認が得られ，作戦部隊の構成と訓練が事前に行われていた[15]。

　そして第二に，この事件には，対外的に「適度な」危機を作り出し，国内動員の梃子にしようとする毛沢東の政治的意図が色濃く反映されていた[16]。全面内戦の局面を過ぎたとはいえ，各地で解放軍がらみの「武闘」が後を絶たぬなか，「一定」の対外危機の造成は内部団結の名分として有効に使えるはずであった。少なくとも，大衆組織に配られていた (もしくは奪取されていた) 武器・装備を回収するための理由としては十分であった[17]。

　ただし，紛争の拡大に対しては，早い段階から明確な自制が図られていたことも確かである。2 回目の衝突があった 3 月 15 日以後，現地部隊は兵力の大部分を珍宝島から引き上げ，間歇的な砲撃を続けることにとどまっていた。その背景には，3 月 15 日の中央文革小組との打ち合わせ会議において，毛沢東が，これ以上直接の戦闘は必要でなく，「準備」の姿勢に転じることを指示していたことがあった[18]。すなわち，毛沢東にとってみれば，この時点で状況はすでに終了していた。このことは，9 全大会直前の準備会議で，彼が事件に対

---

15) 沈志華主編 (2008)『中蘇関係史綱』(北京：新華出版社), 388-389 頁。
16) Yang Kuisong (2000) "The Sino-Soviet Border Clash of 1969," *Cold War History*, 1, p. 30 ; Lyle J. Goldstein (2001) "Return to Zhenbao Island : Who Started Shooting and Why It Matters," *China Quarterly*, 168, p. 997.
17) 大衆組織に分配・略奪されていた武器・装備の返還命令が全国的に出されたのは，危機がエスカレートする以前の 5 月のことである。
18) 「在中央文革碰頭会上的談話」(CCRD, 1969 年 3 月 15 日)。

するソ連政府の「無関心」に触れながら，事件の思い通りの「帰結」に満足感を表していたことにも示されている[19]。

しかし，事態はその後，毛沢東の予想とは大きく異なった方向へと発展していく。5月頃から流布し始めたソ連の中国核施設空爆の「噂」に加えて，8月新疆でのソ連の報復攻撃は，年初めの一連の武力衝突にソ連政府が少なくとも無関心でいるわけではないことを，毛沢東と中央の指導部にはっきりと認知させた。

危機の拡大にしたがい，中国国内では戦争準備が急速に進んだ。8月28日，国境地域の各省・市・自治区の革命委員会と軍部隊に発出された「中国共産党中央委員会命令」(「中央文件」第55号) は，戦争準備に向けた軍民団結と各部隊の準備態勢の強化を呼びかけている。その前日の27日には，中央軍委辦事組が作成した「全国人民の防空工作を強化することに関する報告」が中央軍委の名義で全国に下達された。この報告にもとづき，中央では総参謀部に事務機構を置く全国人民防空領導小組 (組長周恩来) が設置され，各省・市・自治区及び大中都市における防空指導小組の成立と大衆動員を指導，監督することになった。

ところが，まだこの段階では，戦争準備の重点が，敵の侵入に備えての思想準備と組織整備に置かれており，軍事面で具体的な措置が採られていたわけではなかった。そのなかで特に注目されるのは，戦備体制構築の大前提として，各地で派閥闘争の即刻の解消，とりわけ「武闘」の無条件停止が求められ，同時に，軍内部の団結，軍政団結，ならびに軍民団結の強化が強く訴えられていたことである。なかでも特に強調されていたのは，駐留部隊に対する大衆団体の攻撃・批判の厳禁，そして違反行為に対する厳しい処分であった[20]。

そうしたなか，全面的な軍事動員へと状況が一転したのは，9月11日の周恩来・コスイギン会談の後であった。会談直後，沈静化の兆しを示した事態は，9月16日，中国の核施設への攻撃意図が報道されるや否や急激に硬化し

---

19) 王永欽 (1997)「1966-1976年中美蘇関係紀事」『当代中国史研究』第4期，119頁。
20)「中国共産党中央委員会命令」(CCRD, 1969年8月28日) ；鄭謙 (1999)「中共九大前後全国的備戦高潮」『中共党史資料』41, 167-171頁。

た[21]。その後の一連の政治局会議で多数を占めた意見は、「ソ連にはそもそも外交を通じた紛争解決の意思がなく、当面の交渉はあくまで攻撃準備に必要な時間を稼ぐための煙幕に過ぎない」、というものであった。そこで政治局は全面戦争を想定した非常措置の採用を決定し、中央軍委は緊急工作会議を招集、具体的な対応策を論議することとなった。

　そして9月30日、翌日の国慶節にソ連が奇襲攻撃をかけてくる可能性が高いと見た林彪は、北京に所在するすべての飛行機の撤去、滑走路への障害物の設置、空港警備隊の重武装などを指示した。しかし予想された奇襲攻撃は生じず、次の攻撃予想日として、ソ連の交渉団が北京に到着する10月20日が浮上した。そこで、前もってすべての党・政・軍幹部を地方に分散させる措置が採られ、さらに10月18日には、蘇州に着いていた林彪が、全軍非常態勢の発動と、軍事物資の生産拡大などを含んだ「六条指示」（翌日に「林彪副主席第一号命令」として全軍に下達）を出した。いよいよ事態は、「戦備」から「戦時」へと突入していったのである[22]。

　このような極度の緊張状態は、翌年の初めから徐々に緩和されていったが、少なくとも1970年の初めまでは、軍事工作がすべての政治・経済工作に優先される状況が続いた。具体的な工作の中心は、防空施設の構築と軍事訓練、民兵組織の整備であったが、同時に、大規模な都市人口の分散が図られたことは注目に値する。たとえば、1969年10月末から年末にかけて、北京、上海、広州、長春、鄭州等の都市部の高校が合併され、学生・教員ともに農村に送られた。また、青海省革命委員会は、11月、廃止された党と国家機構の18部局の幹部2500名を地方に「分散」させることを決めている。同時に、防空施設の工事にも拍車がかかり、湖南省の主要都市では、12月中旬の段階で合計160万人を収容できる施設が完成されていた[23]。

---

21) Lorenz M. Luthi (2012) "Restoring Chaos to History : Sino-Soviet-American Relations, 1969," *China Quarterly*, 210, p. 392.
22) 楊奎松（1999）『毛沢東与莫欺科的恩恩怨怨』（南昌：江西人民出版社）、448-451頁。
23) 鄭謙（1997）「60年代末中国備戦秘聞」邱石編『共和国重大事件和決策内幕　第一巻』（北京：経済日報出版社）、642頁。

「69 年危機」と解放軍

　以上，危機の発生と展開を簡略に検討してみたが，ここでの関心事はもちろん，これが軍介入の政治状況にどのような影響を及ぼしたかである。まずいえるのは，この時期の対外危機の発生が，社会の統制と経済の運用におけるさらに大きな権限を解放軍に集中させる条件を作ったことである。前述したとおり，戦争準備の重点は社会紀律の回復と大衆の思想統一に置かれ，その実践のなかで解放軍の役割はいっそう強調されるようになった。さらに「戦時状態」に入ると，新たに都市人口の分散，防空施設の構築，民兵組織の建設といった大事業がもっぱら解放軍の管理・監督の下で行われるようになった。もっとも，このような行政の独占は，各地で「リストラ」されていた党政幹部がこの時期「戦略的分散」の名目で大量に下放されたことに一因があるが，いずれにせよそれが社会に対する解放軍の優位をほぼ確実なものにしたということは明らかであろう。

　一方，軍内部に目を転じれば，この時の対外危機は，次の 2 つの結果をもたらした。そのひとつは，軍内部の紀律強化を含む，解放軍の戦闘力向上への要求である。こうした要求は，危機が拡大し，全面的軍事動員が始まったことをきっかけに，本格化した。解放軍の戦備体制にさまざまな欠陥が露呈したからである。問題の根源は，当然ながら，解放軍の政治活動にあった。地方の常駐軍はもちろん，対外防衛を本務とする野戦軍も地方工作に精力を注いでいるなか，解放軍の戦備体制が実戦の要求に応えられるはずがなかった。とりわけ深刻だったのが部隊の「分散」状況であった。当時成都軍区副司令官の王誠漢の回想によれば，「〔当時〕部隊は，『三支両軍』に専念していたため，分散の程度がひどく，ある軍は約 310 以上の地域に分散していた。その結果，幹部の在席率が低下し，中隊幹部の在席率が 50％に満たないところも多数存在した」という[24]。

　こうした状況への対応として，軍区レベルでは，主に部隊任務の再調整を通じて地方工作を縮小し，戦備工作により多くの時間と資源を割く方法が採用さ

24）王誠漢（2004）『王誠漢回憶録』（北京：解放軍出版社），505 頁。

れた。さらに，軍幹部の組織指揮能力，および部隊の戦闘力を向上させるための戦術訓練と野営訓練が，1970年前半から，各軍区の基幹部隊と野戦軍部隊を中心に実施され，それは同年11月毛沢東の指示により，全軍レベルへと拡大された[25]。

こうした戦闘態勢の再点検とともに，中ソ危機が解放軍にもたらしたいまひとつの影響は，それが，地方工作における軍内部の分裂を緩和，少なくとも封印する役割を果たしたということである。その意味で特に注目すべきは，10月の全面的軍事動員をきっかけとして，地方工作に当たっていた野戦軍が国家機関や生産単位から撤退し，作戦地域へと移動するようになったことである[26]。表2-3からは，戦時体制に移行する1969年後半から1970年の前半にかけて，多数の野戦軍部隊がその所属軍区を変えていることが確認できる。その移動経路からして，この時の主力軍団の再編がソ連軍の侵入に備えるものであったことは明らかである。しかしより重要なのは，この移動と合わせて，野戦軍部隊の政治介入が，基本的には解消のプロセスに入ったことである。

たとえば，湖南省で三支両軍工作に当たっていた第47軍は，1969年10月，中央軍委から「全国戦略予備隊に編入し，適切な時期に指定地区に進駐する」ように命令され，新たな作戦任務に向け体制を整えることを決めている。具体的な措置としては，軍団傘下の3個師団を支左単位と生産基地から撤退させ，それぞれ長沙，衡陽，岳陽等の鉄道沿線地域に配置，戦争準備の任務に当たるようにした[27]。同じく福建省で活動していた第28軍も，全国戦略予備隊への編入が決定され，省各地に分散されていた兵力を糾合し作戦地域の山西省に移動している[28]。

ただし，地方工作からの野戦軍の撤収は，必ずしも順調には進まなかったようである。第47軍の場合，中央から最初に指令を受けた1969年10月から最終的に湖南省を離れる翌年5月までは，およそ7カ月の時間が経過している。

---

25)「在北京衛戍区関于部隊戦備野営拉練総結報告上的批語」『毛沢東文稿13』155-156頁；「中共中央関于全国野営拉練的通知」(CCRD, 1970年12月10日)。
26) 黎原（2009）『黎原回憶録』（北京：解放軍出版社），356-359頁。
27) 同上，357頁。
28) 宋清渭（2009）『歳月紀実──宋清渭回憶録』（北京：解放軍出版社），108-110頁。

表 2-3 野戦軍の軍区間移動 (1967-75 年)

野戦軍部隊	年 月	移動経路 (軍区)
第 21 軍	1967 年 2 月	北京 → 蘭州
第 38 軍	1967 年 3 月	瀋陽 → 北京
第 50 軍	1967 年 6 月	瀋陽 → 成都
第 13 軍	1968 年 11 月	昆明 → 成都
第 27 軍	1969 年 8 月	南京 → 北京
第 43 軍	1969 年 10 月	広州 → 武漢
第 54 軍	1969 年 10 月	昆明 → 武漢
第 28 軍	1969 年 10 月	福州 → 北京
第 19 軍	1969 年 10 月	蘭州軍区に成立
第 11 軍	1969 年 11 月	昆明軍区に成立
第 47 軍	1970 年 5 月	広州 → 蘭州
第 49 軍	1970 年 5 月	広州 → 蘭州
第 20 軍	1975 年 5 月	南京 → 武漢
第 1 軍	1975 年 5 月	武漢 → 南京
第 46 軍	1975 年 7 月	瀋陽 → 済南
第 68 軍	1975 年 7 月	済南 → 瀋陽

出所) 中国人民解放軍総政治部組織部 (1995a)『中国共産党中国人民解放軍組織史資料 第五巻「文化大革命」時期 (1966.5〜1976.10)』(北京：長征出版社) より作成。

撤収のあり方をめぐって部隊間の意見が一致しなかったのが原因であった。とりわけ問題となったのは，三支両軍活動に携わっていた野戦軍幹部の処理をどうするかであった。論争は，全員の残留を主張する第 47 軍司令部を，広州軍区指導部が厳しく批判する展開となり，結局，副軍長，副政治委員，副参謀長，政治部副主任を含む 1090 名の指導幹部を省軍区に引き渡し，その指導下で地方工作を継続させることとなった[29]。このような第 47 軍の「経験」は，その後，他省における野戦軍の撤退にも広く適用されたようであるが，もし事実ならば，地方工作に関与していた野戦軍部隊の指導幹部の多くは省軍区に編成替えされた可能性が高い。そこで，第 1 章で指摘した 1969, 70 年の野戦軍指導部の集中的な人事措置は，このような事情が反映された結果と見ることもできよう[30]。

いずれにしても，野戦軍の「原状復帰」は，地方工作における軍内部のひと

---

29) 李振祥・黎原 (2004), 332-339 頁。
30) 省軍区における人事異動とこれとは大部分が連動している。

つの主要な対立軸が解消されたことを意味していた。もちろん一部の野戦軍幹部は引き続き地方工作に携わることを許されたが、その職位は一応省軍区に編制されるようになり、その結果として、政策実行上の対立が部隊間の衝突、ひいては大衆団体間の代理戦に拡大される可能性は著しく減少したといえる。同時に、いわゆる「多中心主義」による指導の重複・分散という問題も改善され、三支両軍人員の間の政策の調整と統合はより円滑になった可能性も指摘できる。そして、このような部隊間対立の解消は、党組織再建のプロセスにおいて軍の交渉力をさらに強化させる方向で働いたことと考えられる。

「69年危機」と毛沢東

　最後に、対外危機の緊張が解放軍をめぐる政治状況に与えた影響を、その後の展開を含めて理解するには、この時期の毛沢東の情勢認識の検討が欠かせない。そこでまず指摘しておくべきなのは、この際、中ソの軍事的対立と「戦時体制」への移行は、当初毛沢東が想定していた「危機」の枠を大いに超えた展開であったことである。すでに述べた通り、1969年3月の事件発生から相当の期間、毛沢東はソ連の対応について非常に楽観的な見方をしていた。それが、新疆でのソ連の軍事行動によって「誤認」であったことが判明し、9月以降全面的軍事動員へと傾いていったわけである。しかし、戦争間際の緊張が走っていた9月中旬から10月末の間を除いて、毛沢東が実際どれだけソ連の侵攻——彼の用語を借りれば「大打」——可能性を「実感」していたかは疑問である。事実、攻撃の可能性がもっとも高いと見られていた10月に何の衝突も生じなかったということは、ソ連の意図と行動に対する毛沢東の当初の認識が結果的には正しかったことを証明するものであった。

　そもそも毛沢東にしてみれば、最優先順位はあくまで革命の継続にあり、実際にそのことによって「戦争は抑止できる」はずであった[31]。そこで外部の脅

---

31) 「世界大戦の問題についてはただ2つの可能性しかありえない。ひとつは戦争が革命を引き起こすこと、もうひとつは革命が戦争を抑止することである」『関与世界大戦的両種可能性』（CCRD, 1969年年初）。同様のスタンスは70年初頭においても観察できる。

威とは，革命の遂行に必要な国内の団結を引き出せる限りにおいて有効であり，また，戦争準備は必要だが，その焦点は，物質的なものより人民大衆の思想統一を主とする精神的準備に置かれるべきであった[32]。ところが，現に目の当たりにしているのは極度の対外的緊張と軍事動員体制であり，そうした状況の下では，革命の継続に支障が生じるのはもちろん，全面的な戦争準備による政治・社会・経済構造の歪曲は必至であった。実際，経済構造への軍事化の影響は，すでに1968年の国家財政支出に占める軍事費の比率が朝鮮戦争以来最高値の26％を記録していたところに現出しており[33]，1969年の軍事支出は，全国的な戦争準備のあおりを受け，前年対比34％の増加という建国以来最大の増加を示していた[34]。

　毛沢東の情勢判断に影響したもうひとつの要因は，危機の軍事化とともに前面に登場した林彪の存在であった。すなわち，このまま軍事的緊張が続けば，戦時体制運用の実質的責任者たる林彪の権威と影響力は軍内外で必然的に上昇するはずであった[35]。同時に，地方における解放軍の政治支配が既成事実として進んでいるなか，林彪の指揮する戦時体制の持続は，政治の軍事化を収拾不可能な方向，つまり自らの統制の効かないところに導いていく可能性を内包するものであった。こうした毛沢東の心境が表出された最たる例が，全軍非常体制を宣布した例の「林彪副主席第一号命令」をめぐる騒動である。すなわち，「第一号命令」に対する毛沢東の神経質な反応，およびその後の命令撤回の背景には，全軍「運用」の権限が林彪に事実上集中することによって，政治の軍

---

32)「在中共九届一中全会上的講話」『毛沢東文稿13』38頁。
33) 当代中国叢書編集組編（1989a）『当代中国軍隊後勤工作』（北京：中国社会科学出版社），304-305頁。
34) 房維中主編（1984）『中華人民共和国経済大事記（1949-1980年）』（北京：中国社会科学出版社），454-455頁。
35) もちろん林彪がこの時期に実際どのような意図をもっていたかは別次元の問題である。ただ，後に詳しく論じるように，この時期の林彪の行動から，中国当局の見解が想定する「政権簒奪への陰謀」を読み取ることはほとんど不可能である。たとえば，張雲生（1988）『毛家湾紀実──林彪秘書回憶録』（北京：春秋出版社）では，1969年9月から10月にかけ，林彪がやや突如として軍備強化への熱意を示したのは，革命戦争期の経験に由来する軍運用への責任意識があったためという解釈がなされている。

事化が自らの統制範囲を超えてさらに進むことへの懸念が働いていた可能性を指摘できるのである[36]。

　ちなみに，類似した観点から，この直後から始まる対米接近の模索を，解放軍に対する毛沢東の問題認識と直接に結び付けているのが，マックファークァーとショーンハルスである。彼らの議論によると，ソ連の脅威に起因する構造的圧力は確かに重要だったが，決定的に毛沢東を対米接近へと動かしたのは，上記の「第一号命令」により改めて自覚させられた軍支配の政治状況だった。つまり，極端な軍事的緊張を解消し，それによって政治のさらなる軍事化を防ぐためには，脅威そのものを軽減，または中和させる方法以外に根本的な解決策はなかったわけである。その根拠として彼らが注目しているのが対米接近のタイミングである。すなわち，もしソ連の脅威が対米姿勢転換の「直接」の原因であったならば，転換のタイミングはソ連攻撃の脅威が極点に上がっていた9月ないし10月になったはずである。だが，実際毛沢東がアメリカのシグナルに反応を示し始めたのは，ソ連の脅威がすでに低下し始めていた1969年12月，本格的には1970年初め以降のことであった[37]。

　この仮説は，特にその後の国内状況の変化に照らし合わせてみれば，説得力がいっそう増してくる。つまり，一方で脅威そのものを緩和させる外交的手段が模索されていたのと同時に，国内においては，戦備活動の中心を軍事的動員から政治的動員に移行させようとする動きがいち早く始まっていたのである。具体的には，軍事工作の優先性を訴えながらも，たとえば1970年2月に始まる「一打三反」運動[38]や，工農業増産運動のような政治・経済工作の遂行に，より多くの比重が置かれるようになった。そして，こうした戦備活動の重点変

---

36) この点に関連し，1971年8月の地方視察中の毛沢東の次の発言は示唆に富む。「〔林彪らが〕いっているのは，人民解放軍は私がそれを作り領導するが，林〔彪〕が指揮するものであるということだ。これは，作り出したものは指揮できないといっているのか」「在外地巡視期間同沿途各地負責人談話紀要」『毛沢東文稿13』246頁。
37) Macfarquhar and Shoenhals (2006), pp. 320-323.
38) 「一打三反」運動とは，主に経済，財政上の混乱状況への対応として，「反革命破壊活動の打倒」と，「汚職窃盗，投機売買，無駄遣いへの反対」に関する3つの中央文件にもとづいて，1970年2月から全国的に展開された運動を指す。中共中央文献研究室編（1997）『周恩来年譜1949-1976（下）』（北京：中央文献出版社），347頁。

更を正当化するため，国際情勢の再定義を熱心に行っていたのは，他ならぬ毛沢東であった。年初めから毛沢東は，外国の訪問者との会見等を通じて，「世界の主要な傾向はいまや革命にある」という見解を明らかにし，こうした情勢認識はすぐに全国に共有されていった[39]。そして，同年8月に開かれた第9期2中全会の際には，戦争準備は，最重要案件の憲法改定と経済計画に追加される形で議題に上がっていただけであった[40]。

以上の考察から，1969-70年の対外危機の発生と展開が，軍介入の政治状況と密接に関連し，また重要な影響を及ぼしていたことは明らかであろう。しかし客観的状況のみを見るならば，それが，解放軍の政治介入をめぐる力学のなかで，どの方向の可能性を強化し伸ばすものであったかは定かでない。すでに述べたように，危機の発生による戦備活動の要求は，社会に対する解放軍の影響力を強化させ，解放軍がすでに獲得していた権力関係上の優位を固着化する機会を提供した。だが同時に，危機の軍事的要求は，解放軍の過度な政治介入状況に対する反省を促し，さらには一部軍の政治からの退出をもたらしたこともすでに考察したところである。

しかし，毛沢東の観点からすれば，中ソ危機によって現出した諸状況は，解放軍の政治介入を全体的に縮小の方向に向かわせ，解放軍の原状復帰を推進していくうえで，新たな動機と機会を付与するものであった。そもそも，1969年後半の対内的・対外的緊張が，翌年の初頭以来急速に鎮静化していったことは，危機の軍事化と林彪の浮上を媒介とした，国内の政治状況に対する毛沢東の危機感が働いた結果である。そして，その危機感の根底に，政治体制の軍事化というより「固い」現実が横たわっていたとすれば，危機の平常化に伴い，軍支配の政治状況を何らかの形で緩和または解消しようとする動きを本格化したとしても決して不思議でない。そして実際に，中ソ危機の沈静化にしたがい，解放軍に対する毛沢東の攻勢は，周到に展開されていくのである。

---

39) 鄭謙（1997），649-654頁。
40) 汪東興（1997）『毛沢東与林彪反革命集団的闘争』（北京：当代中国出版社），327頁。その代わり，重点議題になっていた2つの事項は，憲法改正と経済計画である。

3. 軍部統治の構造——領導の分散

　先に述べたように，毛沢東は，9全大会の場で地方統治への解放軍の取り組みに対する不満をあらわにしていた。だが，この時の毛沢東の不満が，解放軍による地方統治の具体的にどのような側面に向かっていたのかは定かでない。しかし，その不満の内容は，戦時動員体制の緊張が和らぐ1970年の半ば以来，徐々に明確になっていき，同時に，解放軍に対する批判の度合いは高まっていった。

　そこでまず，毛沢東が解放軍に対する不満を表出していた9全大会の前後の時点で，解放軍の地方統治は実際どのような問題を露呈していたかを検討してみよう。

　すでに述べたように，1967年初めの政治介入以来，解放軍の地方統治への参加は，三支両軍に総称される諸任務に集約されていた。革命左派組織の支持（「支左」），農業の支持（「支農」），工業の支持（「支工」），および軍事管制，軍事訓練の任務がそれである。そのなかで，とりわけ地方統治の問題と関連してもっとも中核的な任務と認識されていたのが，革命左派を支援するという「支左」，すなわち左派支持の任務である。

　第1章で触れたように，軍介入の初期，左派支持の任務は，軍部隊が大衆団体の「革命性」を測定し，どの大衆団体を支持するかを自ら決めなければならないという政治的判断の問題を伴い，その判断における数々の「錯誤」が毛沢東を含む中央の指導者を激怒させる事態が発生した。しかし「全面内戦」の混乱が沈静化し，軍主導のもと政治秩序の再構築が準備，執行されていく段階において，左派支持の任務は，それが内包する意味とともに，問題の構造も大いに複雑化させていった[41]。

　たとえば，1969年2月，福州軍区の司令官で，福建省革命委員会主任を兼ねていた韓先楚は，この時期支左工作に表れていた問題を，「思想」と「組織」

---

41) 当時地方工作に参加していた多くの軍人の回顧では，「支左」は「三支両軍」とほぼ同一の，もしくはそれを包含する概念として使用されている。

の欠陥として整理している。第一に，思想上の問題として韓が挙げているのは，いわゆる「路線闘争」の原則に対する支左部隊の認識不足である。すなわち，「部隊のある同志は支左工作に当たり路線闘争の問題を提起しようとしない。自らもいわず，他人にもいわせない。それをいったら『派閥性』を刺激するからだという。その原因は，毛主席理論の理解が不十分だからである」。ところが，こうした認識不足は，工作の実践におけるより深刻な問題を生み出す。すなわち，大衆路線原則の揺れである。「大衆を信じ，大衆に依存し，大衆を保護することは，毛主席の革命路線の主要な内容であり，路線闘争を貫徹する根本的な手段である。ところが，部隊のある同志は，大衆を信じず，自分だけを信じ，また大衆路線を歩まず，すべてを独断で決めようとする。そこでは，教育と説得は少なく，強制と命令がものをいう」[42]。こうした「大衆からの遊離」への警告は，軍指導部に対してさらに厳しく発せられている。「ある幹部は驕る気持ちになり，すべてにおいて自分が正しいと判断し，大衆を尊重せず，地方幹部を尊重しない。低姿勢で大衆から学ばねばならず，謙虚な姿勢で工作に臨まなくてはいけない」。

　要するに，ここで批判の対象となっているのは，介入当初から指摘されてきた，大衆団体の革命運動に対する誤った理解や対応のみならず，もしくはそれより本質的な問題として，軍の思想的欠陥に起因する高圧的な工作態度，およびその帰結としての軍と大衆，地方幹部との間の関係悪化であった。

　第二に，支左工作に現れた組織上の問題は，一言でいえば，「領導の分散」としてとらえることができる。「領導の分散」の制度的根源は3つある。すなわち，(1)支左系統と革命委員会の間の分散，(2)駐留部隊指導部と革命委員会の間の分散，(3)駐留部隊間の分散である。まず(1)に関しては，「部隊の支左機関が手配した仕事を革命委員会は把握しておらず，革命委員会が手配した仕事は実行されない」として，実際の工作が革命委員会のコントロールを受けず部隊の支左機関と各地区，単位の支左事務所の指揮で行われていることが指摘されている。こうした革命委員会の相対化は，(2)によってさらに促される。

---

42)「韓先楚在福建県以上革命委員会負責幹部会議上的講話」(CCRD, 1969年2月3日)。次の引用も同じ資料に拠る。

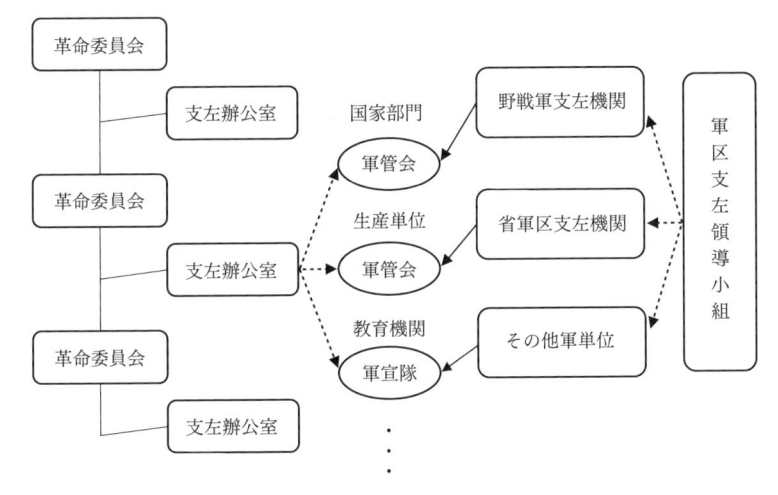

図 2-1　軍主導下の地方統治構造が示す領導の「多中心」

出所）「韓先楚在福建県以上革命委員会負責幹部会議上的講話」(CCRD, 1969 年 2 月 3 日)；王誠漢（2004）；関海庭（1999）「革命委員会始末」張化・蘇采青主編『回首「文革」下』（北京：中共党史出版社）等により作成。

つまり，「駐軍指導機関は，革命委員会と協力し，それを支持しなければならない。軍隊機関は，革命委員会よりランクが上級，同級を問わず，革命委員会を指揮，領導できる立場にない。各級革命委員会は上級革命委員会にのみ責任を負い，その領導を受ける」とあえて原則を確認しているが，これが駐留軍指導機関，ひいてその頂点にある大軍区指導部の実質上の優越的地位を示唆しているのはいうまでもないだろう。しかし，(1) と (2) が組み合わさった結果生じるのは，地方統治体制の分散というより，革命委員会の形骸化とその帰結としての部隊の支左系統，そして軍区指導部への権限の移行ないし集中といったほうがより正確かもしれない。だが，この意味で「領導の統一」を困難にしていたのが，(3) の問題，つまり駐留部隊間の分散であった。この点は前節でも触れているが，具体的には，「多くの地区・単位の支左人員は多数の〔異なる〕部隊から集められてきており，相互理解ができず，観点も一致していないため，指導の分散が生じている」状況を指している。つまり，仮に政策方針の決定が軍区の支左系統によって一律に行われたとしても，それは執行の段階にお

いて，各地区と単位に派遣されている支左部隊の行動の一体性を保証できるものではなかったのである。

結局，このような「統一領導の欠如」の結果は，「いくら大量に支左人員を投入しても，工作を成し遂げることが困難で，かつその悪影響が部隊建設や戦争準備工作にも及んでいる」という政策遂行上の非効率と，軍本来の任務への支障に他ならなかった。

もっともこれらの問題は福建省の経験にもとづくものであるが[43]，当時地方統治の業務に参加していた軍幹部らの回顧録を参照する限り，程度の差こそあれ，問題の構造は他の地域においても共通していたようである。たとえば，同じ時期，成都軍区の副司令官として四川省の支左業務を指揮していた王誠漢は，革命委員会が成立し，その主要ポストを軍の指導幹部が掌握していくなか，支左活動の内容が文革前期と比べ大きく変わっていたという点を強調している。王によれば，新たな任務の内容は次の4つである。「第一に，地方の需要と要求にもとづき支左部隊と人員を派遣する，第二に，支左人員と地方革命委員会間の協力を促し，地方統治の業務が革命委員会の手配によって進行することを保証する，第三に，支左人員を組織し重大事件と重要単位の問題について調査を行う，第四に，支左人員の組織管理と思想指導を徹底的に行う」[44]。つまりここでも問題の核心は，地方の各級革命委員会と軍の支左系統の間の関係，そして個別部隊の紀律と思想状況に集約されているのである。加えて王誠漢は，地方統治遂行の実行上の混乱が，党中央の指示によって1969年12月に再成立した軍区支左領導小組が当省の支左工作に対する「統一領導」の権限を掌握することで大いに改善されたと述べているが，ここに問題の一端が部隊間調整の困難による「領導の分散」にあったことが窺えよう[45]。

他方で，王誠漢は，支左人員の思想状況と工作態度について，「自惚れやあせりの情緒が普遍的に存在し，思想作風の建設に大きな障害をもたらした」と

---

43) ただし，福建省は，台湾に面している戦略的要衝であり，その点で，地方工作への参加においても，「部隊工作」とのバランスが常に意識されていた地域として，軍活動の中心が地方工作へ向けられることへの制御が作用していた地域であった。
44) 王誠漢（2004），490頁。
45) 同上，501-502頁。

厳しい評価を下している。ただ，彼は，これらの問題が，単に毛沢東思想の理解不足から発生したというよりは，解放軍をめぐる当時の政治状況，すなわち解放軍が事実上の「執権の地位」に就いていた状況とより密接な関連をもっているとの見解を示している。つまり，「全〔四川〕省19の地区，市，州の革命委員会ないし党の核心領導小組のトップをすべて軍の同志が占め，また，211の県および県級区の革命委員会のうち193カ所，核心領導小組でいえば202カ所を軍隊の同志が領導している」状況にこそ，大衆と党政幹部に対する強圧的な工作態度が生まれる源泉があったと指摘しているのである。もちろんこうした見解は，その後強化されていく解放軍の「思想的変質」への批判と軍内の整風運動を念頭においているものであるが，当時の状況に対する率直な意見表明として興味深い[46]。

部分的ながら，以上の検討から浮かび上がる軍主導下の地方統治の状況をまとめると，次の4点に整理することができる。第一に，革命委員会の形骸化と解放軍の支左指導機関への権限集中，第二に，政策実行における軍指揮の重複と分散，第三に，個別支左人員の思想的弛緩と特権意識の芽生え，そして第四に，全体の傾向として軍民・軍政関係——軍と人民大衆・党政幹部との関係——の悪化である。

小　括

以上，本章では，9全大会以降の新しい政治的条件の下で，解放軍の政治介入の状況にいかなる変化が生じたかについて検討を加えてきた。具体的には，9全大会をきっかけとして全国展開した地方党組織の再建運動が，当初の意図通り，地方統治における解放軍の影響力を縮小させるものとなったかという論点について本章は，実際の帰結はおよそその逆であったこと，すなわち，解放軍は革命委員会での地位をさらに強化させ，再建された党委員会において独占

---

46) 同上，492頁。

的地位を築いていたことを明らかにした。さらに本章では，こうした帰結を生じさせた理由として，第一に，毛沢東と解放軍の統治権限の委任関係そのものに変更がないなかで，対立関係をなしていた造反派勢力が弱体化していたこと，第二に，中ソ武力衝突に端を発した極度の対外的緊張と戦備体制の圧力が地方統治における解放軍の影響力を持続させる力学として作用していたことを指摘した。

つまり，本章の分析が明らかにしているのは，軍部統治の持続と強化という状況を，権力獲得を意図した解放軍の組織的努力の産物と見なすことは難しいということである。すでに考察したように，解放軍は，各地への部隊派遣の結果，調整の利いた統一的政策執行が困難になり，実際，少なからぬ地域において，地方の派閥闘争と結びついた形で，駐留部隊間の分裂と対立が常態化していた。軍内部のこうした状況を考えれば，地方党委における解放軍の独占的地位の獲得が，党中央の一定の支持や同意を抜きにして可能であったとは考えられない。

結局，こうした解放軍の状況は，統治の現場において深刻な「領導の分散」状態をもたらし，政策執行上の効率性を著しく阻害する要因となった。9全大会以後，党組織の再建運動を主導し「安定と大連合」の新たな局面を創出することを期待されていた解放軍は，その「統治能力」の不在を著しく露呈していたのである。

第3章

軍部統治と林彪,林彪事件

　前章では,解放軍の政治関与の拡大を,地方の統治構造の変容,および対外危機の発生という文脈において検討してみた。続いて本章では,毛沢東の情勢認識の変化に影響したと指摘した「林彪要因」について,さらに掘り下げて検討してみることにする。というのは,解放軍の政治介入の拡大をめぐっては,それが中央での林彪の権力拡張と密接なかかわりをもっているという主張が,通説のごとくなされてきたからである。具体的には,(1)解放軍の政治介入は,当時「軍権」を掌握していた林彪と,彼を中心とした中央の軍指導部の政治的意図の産物であり,(2)その結果として出現した軍主導の政治状況は林彪勢力の影響力をさらに増大させ,ついには「政権奪取への陰謀」に至らせる直接の原因を提供した,という説である[1]。

　しかし,これらの主張を含むいわゆる「権力政治説」が,統治機構に占める軍隊幹部の比率からして軍部統治の実際とうまく相関していないということは,序章においてすでに確認した通りである。そこで,本章では,上記の主張の妥当性を,文革と林彪に関する近年の研究成果,および解放軍の内部文献をふくむ複数の新資料を用いてさらに深く吟味してみる。

　ただし,本章は,いわゆる「林彪事件」[2]の真相の解明を直接の課題とするものではない。ここでの目的は,軍介入の拡大と,林彪を中心とする中央の軍指導部との関係を再検討することで,軍部統治の構造と動態に関する本書の視

点の妥当性を検証することである。すなわち，文革期軍部統治の展開を毛沢東による制度選択の結果としてとらえる本書の仮説が正しければ，林彪はあくまで毛沢東と解放軍をつなぐ代理人の1人にすぎず，したがって林彪や中央の軍指導部は全国的な軍部統治の状況を統制できる独自の資源と権限を有していたわけではなく，またそうした兆候は毛沢東によって徹底して制されていたはずである，ということが観察可能な含意として予想される。本章ではこの点を明確にすることを一次的な関心とする。その上で最後に，林彪事件の意味と意義について考えてみる。

1. 林彪勢力と軍介入の拡大

林彪の選好

上記の主張のなかでまず，解放軍の政治関与の拡大を，中央での「林彪集

---

1) この説は，文革と林彪に関する中国の公式見解はもちろん，解放軍の政治介入に関する従来の多くの研究で広く踏襲されている。たとえば，中共中央文献研究室編，逢先知・金衝及主編 (2003)『毛沢東伝 下 (1949-1976)』(北京：中央文献出版社，以下『毛沢東伝』)，1557頁；席宣・金春明 (2006)『「文化大革命」簡史』第三版 (北京：中共党史出版社)，234頁；川島弘三 (1989a)『中国党軍関係の研究 (中巻)』慶應通信，第5章；William L. Parish, Jr. (1974) "Factions in Chinese Military Politics," *China Quarterly*, 56 p. 690. 一方で，ヨッフェは，これとは別の観点から両者の関連を論じている。すなわち，地方での軍勢力の膨張は，中央の林彪勢力の意向とはおよそ反対の方向で進行したものであり，それがもたらしたのはむしろ，地方の軍指導部と林彪勢力との対立で，さらには林彪勢力の軍内部における孤立であった，という議論を展開している。Ellis Joffe (1973) "The Chinese Army after the Cultural Revolution : The Effects of Intervention," *China Quarterly*, 55 p. 468. 両説のうち，実際の状況により近接していると考えられるのは後者であるが，その場合でも，少数の逸話的事例を除いて，地方の軍指導部と林彪勢力との明確な対立を裏付ける証拠は，今のところ見当たらない。なお，仮に林彪勢力に対する不満が広く軍内部に存在していたとしても，地方の軍隊幹部たちが，中央の林彪勢力に対抗できるほどの一体化した勢力を形成していたかどうかは，当時の軍内部の分裂状況からして，はなはだ疑問に感じられる。
2) ここでいう「林彪事件」とは，1971年9月13日に発生した，共産党副主席の林彪による，クーデター未遂，そしてその後の亡命未遂事件をさす。中国現代史の最大の謎とも呼ばれ，事件の真相は今なお不明のままである。

団」の政治的意図の産物と見る部分について検討してみよう。端的には，そうではない，ということが結論になる。具体的にいえば，林彪は，地方での軍介入の拡大には最初から消極的な姿勢をとっており，実際，地方統治機構の再建をめぐる政治過程にはほとんど関与していなかった。他方，林彪勢力の組織基盤であった軍委辦事組は，軍の地方統治の展開に影響を与えうる政治的，制度的資源を欠いていた。

　まず，林彪についていえば，彼が文革に対して終始消極的な態度をとっていたということは，近年の研究に見られるひとつの共通見解である[3]。とくに重要なのは，林彪のこうした「受身で傍観者的」姿勢が，後継者としての地位が公式化した9全大会以降さらに顕著になったという点である。たとえば，9全大会の直後に中央へ抜擢され，党，国家，軍の重要政策の立案に関与していた紀登奎[4]は，中央の政策過程における林彪の「不在」を次のように語っている。

　　〔中央に来て〕一定の時間が過ぎてから，私は，中央で討論するいかなる問題についても，この副統帥の方の意見を聞くことができないことに気づいた。毛沢東の意見は多く，各方面の問題について彼の指示を聞くことができた。しかしこの副統帥は，農業，工業，財務，政治のいかなる問題についても意見がなかった。私は不思議に思った。この副統帥の方は一体いかなる問

---

3) たとえば，Frederick C. Teiwes and Warren Sun (1996) *The Tragedy of Lin Biao : Riding the Tiger during the Cultural Revolution, 1966-1971* (Honolulu : University of Hawaii Press), pp. 19-55 ; Frederick C. Teiwes and Warren Sun (2007) *The End of the Maoist Era : Chinese Politics during the Twilight of the Cultural Revolution, 1972-1976* (New York : M. E. Sharpe) pp. 33-34 ; Jin Qiu (1999) *The Culture of Power : The Lin Biao Incident in the Cultural Revolution* (Stanford : Stanford University Press), pp. 79-92 ; 王年一・何蜀・陳昭 (2004)「林彪是"文化大革命"中的特殊的観潮派，逍遥派」丁凱文主編『重審林彪罪案（上）』（ニューヨーク：明鏡出版社），13-46 頁；高文謙 (2007)『周恩来秘録』（上村幸治訳）文藝春秋，314-316 頁。
4) 紀登奎は，文革収拾期を通して解放軍を含む統治機構の再建に重要な役割を果たしたが，後に「新四人組」と称され，権力の上層部から引き下ろされた人物である。彼の権力上昇と没落過程については，David M. Lampton (with the assistance of Yeung Saicheng) (1986) *Paths to Power : Elite Mobility in Contemporary China* (Ann Arbor : Center for Chinese Studies, University of Michigan), pp. 46-72 に詳しい記述がされている。

題を考えているのか。中央の文献を見ると、林彪のコメントは常に「主席の意見にまったく同意する」という字句であった。私は考えた。おそらく彼は重大な軍事戦略問題について考えているのだ。しかし軍隊工作にかかわってからも、事情は変わらないことを発見した。中央と軍委で戦備、訓練、科学研究、軍事工業、そして軍隊の政治工作について議論するときに、この副統帥からいかなる指示も、いかなる意見をも聞くことができなかった。さらに不思議であった。この副統帥の方は、一体何をしているのだろうか[5]。

もっとも、林彪が文革、とりわけ解放軍の政治介入の問題に最初から非関与の姿勢でいたわけではない。前章で述べたように、軍介入の初期の段階における一連の重要指示は、林彪の手によって作成されたものである。ただし、それらの文書の目的は、一次的には解放軍の安定であり、その次が奪権闘争への解放軍の支援であった。つまり、林彪の考え方は、革命が解放軍に波及することをできる限り防ぎ、解放軍の安定を保持することが優先であり、そうしてはじめて、「左派支持」の任務を効率的に遂行することができる、ということであった。

こうした組織防衛重視の姿勢は、たとえば、1967年7月、各地で発生した銃器の略奪事件に林彪が示した反応によくあらわれている。「事態を深刻に受け止める必要はない」と伝えた毛沢東に、林彪は、再度武器の略奪を厳格に禁止する指示を出すことを要求している[6]。当時、各地での銃器略奪が実は毛沢東が構想していた革命左派の武装化計画による武器供与であったことを林彪がどこまで察知していたかは定かでないが、毛沢東の意見がはっきりしたところでその再考を求めたのは、林彪としては極めて異例なことであった[7]。

こうした林彪の姿勢は、1967年後半から1968年にかけて、全国的に革命委員会が成立し、解放軍の政権参加が現実となってからは、解放軍の自制への要

---

5) 紀坡民（2003）「昇職辞職──听父親紀登奎談往事」（『南方週末』2003年7月23日）。
6) 張雲生（1988）『毛家湾紀実──林彪秘書回憶録』（北京：春秋出版社），129-130頁。
7) Michael Schoenhals (2005) "'Why Don't We Arm the Left?' Mao's Culpability for the Cultural Revolution's 'Great Chaos' of 1967," China Quarterly, 182, pp. 284-285；王力（2008）『王力反思録（下）』第二版（香港：北星出版社），571-572頁。

求として表れている。革命委員会内部での「大衆組織代表」と「軍代表」の対立，または現地部隊と革命委員会の対立を調整する場において，林彪は一貫して，解放軍は「政府を擁護し，人民を愛する（擁政愛民）」べきこと，すなわち，革命委員会を尊重し大衆の意見を支持すべきことを主張している[8]。

要するに，こうした林彪の言動から，解放軍の政治支配に向けた何らかの意図や計画性を読み取ることは難しい。また，かりに林彪がそのような意図をもっていたとしても，彼の管轄下にある中央の軍事機構が，軍主導の統治システムを生み出し，かつそれを運用できる独自の政治的・制度的基盤を有していたかどうかは，かなり疑問がある。

そうした疑問が生じる理由は，第一は実際の軍介入の様相である。すでに見てきたように，軍の文革介入は，必ずしも毛沢東と中央指導部が当初期待していた結果を生み出していなかった。それどころか，多くの地域においては，現地の混乱をさらに増大させる要因として作用した。たとえば，「左派支持」の執行過程における地方部隊――特に省軍区――の離反，主力部隊の投入によりかえって構造化された内部分裂，そして革命委員会の構成をめぐる部隊間の軋轢に至るまで，軍介入の実態は，各級部隊の行動を調整すべき中央軍事機構の統制力を疑わせる展開を示したのである。

中央軍委辦事組の影響力

しかし，より直接の根拠は，すでに活動を停止していた中央軍委常務会にかわり，軍領導機構として機能していた軍委辦事組，またそれを組織基盤とした林彪勢力の影響力である。そこで，この点に関する中国当局の見解を要約すれば，次のようになる。「林彪集団は，軍委辦事組という特殊な組織を通じ，軍委常務会を空洞化させ，軍権のかなりの部分を掌握した」[9]。

まずは，「林彪集団は，軍委辦事組という特殊な組織を通じ，軍委常務会を

---

8)「接見六十九軍幹部時的講話」(1968 年 4 月 9 日)；「関于旅大地区的三点指示」(1968 年 5 月 8 日)；「関于加強軍隊組織紀律性的指示」(1968 年 5 月 28 日) 以上，宋永毅主編 (2006)『中国文化大革命文庫 Chinese Cultural Revolution Database』第二版（香港：香港中文大学出版社，以下，CCRD）所収。

表 3-1　中央軍委辦事組の成立と改組

職　位	1967 年 8 月（発足）	1968 年 4 月	1969 年 4 月
組　長	楊成武（総参謀長代理）67.9-	黄永勝（総参謀長）	黄永勝
副組長	呉法憲（空軍司令員）	呉法憲	呉法憲
成　員	葉群（林彪事務室主任） 邱会作（総後勤部部長） 張秀川（海軍副政治委員） 李天煥（第二砲兵政治委員）67.11- 劉錦平（民航総局政治委員）67.11-	葉群 李作鵬（海軍政治委員） 邱会作 謝富治（北京軍区政治委員）68.11- 温玉成（北京衛戍区司令員）68.11-	葉群 劉賢権（蘭州軍区副司令員兼青海省軍区司令員） 李天祐（副参謀長） 李作鵬 李徳生（南京軍区副司令員兼第 12 軍軍長） 邱会作 温玉成 謝富治

注）括弧内は，任命時の軍内職責。
出所）中国人民解放軍総政治部組織部（1995a）『中国共産党中国人民解放軍組織史資料 第五巻「文化大革命」時期（1966.5〜1976.10）』（北京：長征出版社），3-7 頁より作成。

空洞化させ」たという部分から見てみよう。ここで確認したいのは，第一に，軍委辦事組という組織自体，最初から林彪勢力に牛耳られていたわけではないこと，続いて第二に，軍委常務会の活動を停止させ，その機能を軍委辦事組に統合させたのは，毛沢東本人であることである。

　表 3-1 は，軍委辦事組の人員構成を見たものである。それによると，林彪勢力がまとまった形で軍委辦事組に集結したのは 1968 年 3 月以降であることが確認できる。つまり，それまで軍委辦事組を指揮してきたのは楊成武であり，他にもいわゆる「林彪系」に属さない李天煥と劉錦平が構成員となっていたのである[10]。組織改組の直接の契機となったのは，1968 年 3 月の「楊（成武），

9）李可・郝生章（1989）『「文化大革命」中的人民解放軍』（北京：中共党史資料出版社）111 頁；軍事科学院軍事歴史研究所編（2007）『中国人民解放軍八十年大事記』（北京：軍事科学出版社），366-367 頁。

10）最近では，楊成武の軍委辦事組入りを周恩来の提案によるものとする記述も見られる。たとえば，尹家民（2003）「『軍委辦事組』始末」『党史博覧』第 11 期，16 頁。しかし楊の合流は，彼が既存の軍委辦公会議のメンバーであったこと，そして総参謀長代理という彼の職位からして自然な手順と思われる。

余（立金），傅（崇碧）事件」である。事件直後に毛沢東から，「今後の軍委辦事組は林彪副主席が直接管轄する。軍委とは辦事組のことであり，軍委常務委は開かなくてもよい」と，軍委常務会の活動中止と，軍委辦事組への権限移転の命令が出されたのである[11]。

したがって問題は，「楊・余・傅」事件の発生，なかんずく軍委辦事組組長の楊成武解任の背景である。そこで，楊成武の解任を林彪勢力の策略の結果とする議論には疑問な点が少なくない。林彪勢力の関与を主張する張雲生は，楊の解任にとりわけ葉群（林彪の妻で林彪事務室主任）の不満が重要な要因となったと指摘しているが，そもそもなぜ葉群が楊成武に不満をもつようになったのか，また林彪はそれにどのように関与していたかについての説明は必ずしも釈然としない[12]。

一方，楊の排除を軍内部の派閥争いの結果ととらえる見解もある。それによると，楊成武の解任は，「華北」系統の楊を，「四野」系統の林彪勢力が排除しただけの話になる。しかし，楊の事例を含めて，こうしたいわば「野戦軍モデル」による説明は，すでにいくつかの研究が指摘しているように，内戦末期に成立した野戦軍体制を必要以上に固定的なものとしてとらえる問題を内包している[13]。楊の事例でいえば，革命の大半を通じて彼は林彪の部下であったし，1945年以降には確かに聶栄臻の下に入っていたが，1948年の東北作戦には林彪部隊とともに作戦を遂行している。こうした複数の「山頭」にまたがる軍歴は，じつは楊に代わって軍委辦事組の組長となる黄永勝の場合も同様であり，彼は軍歴のもっとも長い期間を聶栄臻の下で過ごしていたのである[14]。

そこで，やや異なる視点から事件をながめているのが王年一である。王は，当事件の主な背景として，当時全国で現れつつあった「右傾翻案（右からの巻

---

11) 中国人民解放軍軍事科学院編（2007）『葉剣英年譜 1897-1986（下）』（北京：中央文献出版社），976頁。
12) 張雲生の回想によると，葉群の楊成武に対する不満は，林彪に対する楊の不敬にその原因があったという。他方，林彪に関しては，人事をめぐる彼と楊の意見の不一致を示唆するエピソードが断片的に紹介されているだけである。張雲生（1988），133-136頁。
13) Teiwes and Sun (1996), pp. 92-95.
14) 肖思科（1992）『超級審判』（済南：済南出版社），537頁。

き返し）」の潮流に対する毛沢東の危惧に注目する。「彼〔毛沢東〕は，この状況は座視できないとし，ひとつの『典型』をつかみ，処理することに同意した」という。すなわち，楊成武がその「典型」として犠牲になったという見解である[15]。このような主張は，1967年後半から1968年初めにかけて，楊成武が軍の「左派支持」任務を指揮する立場にあり，その過程で彼の採ったいくつかの措置が毛沢東の不興を買っていたという楊成武自身の証言によって裏打ちされている[16]。

こうしてみると，林彪勢力の組織基盤の強化には，毛沢東が直接に関与していたことがわかる。言い換えれば，毛沢東は，林彪勢力によって造られた既成事実を承認したのではなく，自らの革命プログラムの実行のため，それを妨げている（と思われた）中央軍指導部内の人的・制度的障碍を排除する手段として軍事辦事組への権限集中をはかったのである[17]。こうした毛沢東の行動は，当時革命委員会の設立をめぐる厳しい交渉が各地で山場を迎えており，その鍵を握っている地方部隊の行動を制御する意味からすれば，かなり合理的な措置であったように思われる。

さて，それでは組織改編の結果，軍委辦事組が「軍権のかなりの部分を掌握した」という主張はどうだろうか。そもそも「軍権のかなりの部分」とは具体的に何を意味するのだろうか。その実質について，たとえば川島は，「軍委辦事組は，従来の単なる事務機構のみにとどまらず，ときには政策，方針決定機関としての役割をもつ強力な機構となった。〔改行〕しかもその上に，事実上消滅した総政治部の職権の大部分を掌握し……それにより政治工作の最重要部分である幹部管理工作を掌握して全軍人事を操作しうるようになった」とし，軍委辦事組への「三大権力」，すなわち「政策を決定する権力，政策を執行す

---

15) 王年一（1989）『大動乱的時代』（河南：河南人民出版社），286-290頁。
16) 楊成武（2005）『楊成武回憶録』（北京：解放軍出版社），145-148頁。同時に楊は，「三支両軍」活動を管轄する立場からこの時期中央経済部門の領導機構となっていた国務院業務組に参加している。程振声（2002）「関于『文革』中国務業務組的若干情況」『党的文献』第3期，62頁を参照。
17) この点に関連して楊成武への批判は，彼が上部の指示を無視して，「二月逆流」で批判された中央軍委の元帥らに政策関連の書類を送り続けていたことに向けられた。実際，事件後，常務会の活動停止とともに書類の発送も中止された。

る権力，幹部を任用する権力」の集中を論じている[18]。

しかしながら，「政策を決定する権力」は，当然のことながら，最終承認権をもつ毛沢東にある。しかもすでに述べたように，軍の一挙手一投足が地方での革命運動に重大な影響を及ぼしていた時期に，毛沢東が軍に関連する政策や方針の決定を軍内部の一個の組織に委ねていたとは到底思えない。たとえそれが自ら手をつけて再編，強化させた組織であったとしても，である。

一方，「政策を執行する権力」は，その実質的な権限はあくまで地方の各級部隊に分散して存在するのであって，中央の軍事機構は適切な手段を使って地方部隊を既定の政策方針に従わせることができるだけである。つまり重要なのは，中央機構に，政策を執行させる有効な権力手段が備わっていたかどうかである。そこで，ひとつの鍵となるのが，川島が3つ目の権力として取り上げた「幹部任用の権限」，つまり人事権である。それでは，軍委辦事組はどれだけの人事権を有していたのであろうか。

表3-2は，文革期の軍隊幹部任免制度の変容を示している。全般的な特徴としては，地方軍区の人事権が拡大されていること，また，師団級以上の高級幹部任免の権限，および任免の手続きが時期ごとに激しく変動していることが挙げられる。軍委辦事組についていえば，確かに1968年4月の組織改組によって広い範囲の人事権が与えられたことが確認できる。すなわち，川島の指摘通り，軍委辦事組は既存の軍委常務会と総政治部が行使していた人事権を併せ持つようになったのである。しかし，その権限の範囲は，1969年4月の調整によってすぐに縮小される。その結果，肝心の軍級以上幹部の任免過程に軍委辦事組は関与できなくなっている。さらにその権限さえも，翌年8月（9期2中全会）以降になると消滅し，その代わり周恩来が軍高位幹部の任免に直接関与するようになったことが見て取れる。

つまり，表3-2に即していえば，軍委辦事組が人事権を「掌握」していたとすれば，それは1968年4月から9全大会までの1年余りの期間にかぎることであり，軍委辦事組は，党委員会の再建に向けた政治運動が全国的に始まろう

[18) 川島（1988），262-263頁。

表 3-2 文革期の軍隊幹部任免（権限と手続き）

		1966 年 5 月	1967 年 5 月	1968 年 5 月	1969 年 4 月	1970 年 8 月	1972 年 5 月
大単位級（大軍区，中央総部）	正職	中共中央審査，批准	中央軍委常委討論→副主席同意→主席批准→中共中央命令・公布	軍事辦事組提案→主席，副主席，総理批准→軍事辦事組命令・公布	主席，副主席，および政治局常委 3 名批准	主席，副主席，総理（同年 10 月以降は康生参加）	主席批准
	副職		中央軍委討論→副主席批准→中共中央命令・公布				
軍 級	正職					副主席，総理（10 月以降は康生参加）	中央軍委批准
	副職						
師団級	正職	総政治部党委審査→軍委辦公会議討論→総理批准，命令・公布	総政治部党委討論→中央軍委常委批准→総政治部命令・公布	軍事辦事組織批准，命令・公布	軍事辦事組織批准，命令・公布		
	副職		総政治部幹部部審査→総政治部党委批准→国防部長命令・公布				各軍種，軍種兵種，各総部党委批准
連隊級	正職	各軍種兵種，各総部党委批准	各軍区，軍種兵種，各総部党委批准	各軍区，軍種兵種，各総部党委批准	各軍区，軍種兵種，各総部党委批准	各軍区，軍種兵種，各総部党委批准	海軍艦隊，軍区空軍
	副職						軍，省軍区
大隊級	正職						
	副職						師，軍区分

出所）総政治部幹部部・軍事科学院軍制研究部編（1988）『中国人民解放軍幹部制度概要』（北京：軍事科学出版社），110-112 頁より作成。

とする時点ではすでに人事権のかなりの部分を失っていたのである。そして，党委員会の設立が最終段階に入った 1970 年の半ば以降は，その過程に関与できる実質的な権限を失っている。

林彪勢力と経済の軍事化

　もっとも，通常の場合，中央機構が地方に対して使用可能な権力資源は人事権に限らない。他にも，資源配分の権限，とりわけ財政配分の権限がある。そ

こで,従来より林彪勢力の膨張を説いてきた論者たちは,経済領域における彼らの影響力の増大に焦点を当ててきた。その根拠としてよく挙げられるのが,国防工業管理の軍事系統への一元化であり,また,1969年後半以降の軍事工業投資の飛躍的増大である[19]。とりわけ前者と関連して注目されてきたのが,1969年12月,軍委辦事組のもとに設置された「国防工業領導小組」である。

国防工業の管理に林彪自身が実際どれだけ積極的に関与していたかはともかく[20],ここでの問題は,経済管理における林彪勢力の影響力の増大が地方部隊との関係にどのような変化をもたらしたかという点にある。結論からいえば,軍事工業全体が林彪勢力の管轄下におかれたことは事実だとしても,それによって林彪勢力が地方の各単位部隊への統制力を強化させえたとは見えない。それには2つの理由がある。第一に,経済分野への権限の拡大は,それを実行する中央の組織体制の強化を伴っていなかった。強化どころか,国防工業を主管する中央の軍事機関としての総後勤部は,この時期大幅な組織縮小を経験している。その背景にあったのが,当時地方と中央の統治機構に対して進行していた「精兵整編(人員の削減と機構の簡素化)」運動である[21]。一例を挙げれば,全国的な軍費の配分と管理を統轄する総後勤部財務部は,1969年10月の機構再編により,従来の7処1室(予算計画処,賃金財務処,事業財務処,装備財務処,基本建設財務処,企業財務処,会計処,辦公室)の組織編制が2処(予算財務処,企業財務処)に縮小され,しかも独立の部署ではなくなり,軍需,物資,

---

19) 経済管理分野における林彪の勢力膨張をその意図の酌量を含めてもっとも精緻化した形で論じているのが,Jurgen Domes (1976) *China after the Cultural Revolution : Politics between Two Party Congresses* (London : C. Hurst), chs. 4-5 である。日本での研究としては,丸川知雄(1993)「中国の『三線建設』(II)」『アジア経済』34-3, 76-79頁に同様の議論が見られる。他方,この点は最近の中国側の研究にも踏襲されている。たとえば,史雲・李丹慧(2009)『難以継続的「継続革命」——従批林到批鄧,1972-76』(香港:香港中文大学出版社),248-252頁。

20) 本節の前半で論じた林彪の選好からすれば,彼が軍事工業の管理に独自の政策的,政治的思惑をもっていたとは思えない。

21) この「精兵整編」運動の文脈を重視すると,国務院の国防工業関連部門の廃止と軍委辦事組への一元化はそのひとつの政策的帰結としてとらえることもできる。しかしこの点は,林彪勢力と経済政策との関連についてかなり踏み込んだ議論を行っているTeiwes and Sun (1996) も十分な注意を向けていない。

油料部とともに供給部へと部署ごと合併されている。幹部の数でいえば，既存幹部の 71％が減少し，幹部と一般職員を合わせてわずか 38 人が全軍の財務管理の業務に当たっていたのである[22]。

こうした，権限の拡大と組織の縮小という矛盾した状況を成り立たせていたのが，第二の理由である経済の分権化である。この時期，大軍区に相応する 10 の経済協作区および各省において一定の完結性をもった産業構造を形成することが目標とされ，その実現のために大規模な地方分権が行われた。その結果，1965 年には 1 万以上あった中央直属企業が，1970 年の権限委譲ののちは，民生部門でわずか 500 余の企業，機関が残るのみとなった[23]。軍事工業企業についても，中央の軍事工業部門の縦割り支配から段階的に各省の革命委員会と大軍区の管轄下に下ろしていくこととなった。たとえば，1971 年 4 月にはまず第一歩として中央各部，大軍区，省政府による 3 重管理が実施されたが，この体制は，大軍区がその傘下に軍区内の各省の幹部を組織した大軍区国防工業領導小組をおき，これが大軍区内の軍事工業の建設と生産の実施に大きな権限をもっていたところに特徴がある[24]。

さらに重要なのは，企業の下放と同時に，財政の分権化も進行していたことである。ただし，軍隊財政の分権化は，じつはこの時期に始まったものではない。というのは，文革直前の 1965 年，軍隊の財政運用において，従来の「条条専政」から「党委当家」へと政策の大きな転換がなされていたからである。すなわち，中央の業務部門による垂直的な財政管理（条条専政）が批判され，各級部隊の党委員会による一元的な管理（党委当家）に方針が変わっていたのである[25]。

もちろん，これは財政運用権限の地方移転であり，中央の軍事機構にはまだ

---

22) 総後勤部財務部・軍事経済学院編（1991）『中国人民解放軍財務簡史』（北京：中国財政経済出版社），700 頁。
23) 丸川（1993），81 頁。
24) 総後勤部生産管理部軍隊生産経営史料叢書編審委員会（1996）『中国人民解放軍生産経営史料叢書 軍隊生産経営大事記（1949-1995）』（北京：解放軍出版社），107-108 頁。
25) 魯祝好主編（1995）『中国軍事経費管理』（北京：解放軍出版社），6 頁。こうした政策転換を先頭に立って執行していたのが総後勤部部長の邱会作であった。

(年)

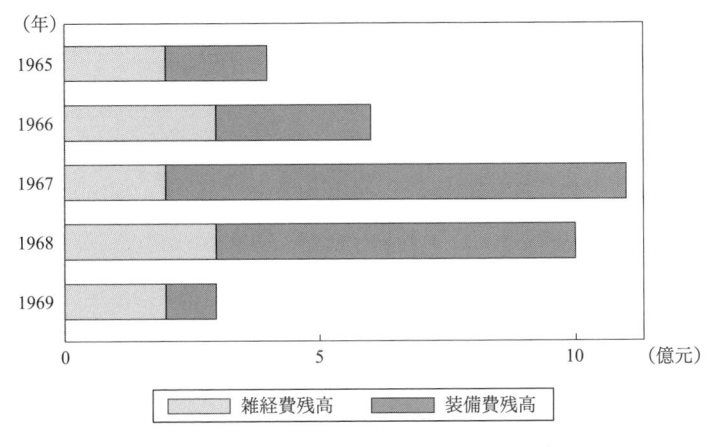

図 3-1　国防費残高の国庫返納（1965-69 年）
出所）総後勤部財務部・軍事経済学院編（1991）『中国人民解放軍財務簡史』（北京：中国財政経済出版社），761 頁；魯祝好主編（1995）『中国軍事経費管理』（北京：解放軍出版社），107-109 頁より作成。

財政配分の権限が存在していたのではないかという反論がありうる。しかし，ここで興味深い事実は，1960 年代末から 1970 年代初めにかけて，地方の部隊，とりわけ大軍区が抱えていた財政上の問題は，財源の「不足」ではなく，財源の「使い残し」の遙増であったという点である[26]。実際に，図 3-1 を見ると，特に装備費（装備購入費と装備修理・維持費）のうち少なからぬ額が使い切れずに国家に返納されていることが分かる[27]。装備費の残高問題は 1974 年から装備費に限って費用運用の方針を既存の請負制から特別支出制に変えることで解消されていったが，それまで装備費の流用は地方部隊に一般的な事情として存在していた。

こうした状況のなか，1970 年 4 月には，地方の企業単位や人民公社への徴税権が地方の統治機構に移譲され，財政管理における地方の裁量はさらに拡大

---

26) 総後勤部財務部・軍事経済学院編（1991），707-710 頁。事実，このような経費の「使い残し」の処理は，中央の総後勤部でも問題になっていた。たとえば，張震（2003）『張震回憶録』（北京：解放軍出版社），120 頁。
27) 装備費の残高発生の理由は主に国防工業分野の生産停滞にあった。

された[28]。地方の統治機構が軍主導の下にあったことを考慮すれば，このような措置が財源調達における地方部隊の自立度をいっそう高めるものであったことは容易に想定できる。中央からの投資の誘致を地方が競い合うような状況は，当時は存在していなかったのである。

他面，一部の論者は，経済分野への権限拡大により，林彪勢力が財政や物資調達の面で中央依存度の高い主力部隊，または各軍種・兵種部隊への統制力を強めた可能性を示唆している[29]。しかし，それらの部隊への影響力は，既存の指揮命令系統の特質によるものであって，経済的権限強化の産物ではない。同時に，第2章第2節においてすでに考察したように，中ソ危機を契機に主力部隊の多くはその兵力を地方工作から戦備工作に移動させており，その限りでいえば，林彪勢力は地方の政治状況への影響力を低下させていたという解釈もできるのである。

つまり，以上の検討が明確にしているのは，地方での軍部統治の形成過程における林彪とその「一派」の影響は，その意思と能力ともに，極めて限定的なものであったということである。これは，軍主導の政治展開が中央の権力関係の反映ではないという本書の命題を確認させると同時に，軍を中核とした当時の統治構造を，たとえば中央の林彪勢力と地方の大軍区からなる一種の「連合体制」，もしくは「勢力均衡体制」と特徴付けてきた既存の見方に大きな疑念を呈するものである。

前章において考察したように，地方の統治構造，さらにその中核にあった軍内部の状況は，大軍区の統制のもと各級部隊間の政策調整が統治の現場で緊密に図られる，そうした秩序だった状態ではなかった。さらに，中央の軍事機構は，形骸化かつ弱体化され，多くの権限が地方部隊に移譲されていた[30]。結

---

28) 国務院批准財政軍管会『関于下放工商税収管理権的報告』（CCRD, 1970年4月13日）。

29) Harry Harding (1992) "The Chinese State in the Crisis" in Roderick MacFarquhar, ed., *The Politics of China : The Eras of Mao and Deng* (New York : Cambridge University Press) p. 112 ; Parris H. Chang (1972a) "Regional Military Power : The Aftermath of the Cultural Revolution," *Asian Survey*, 12-12, p. 1009.

30) こうした中央の軍事機構の無力化にこそ，後に述べる軍の整頓を遅延させた重要な一因がある。

局，結果として形成されたのは，各級部隊が統治の実質的な権限を分有する，いわゆる「多中心」の統治構造であった。そしてそれにわずかな組織的凝集性と，政策執行の正統性を与えていた根拠は毛沢東の権威のみであり，林彪勢力でも，中央の軍事機構でもなかったのである。

2. 軍部統治の形成と林彪事件

国家機構の軍事化──実体と論理

　それでは次に，軍の地方統治の強化を林彪勢力の膨張につなげる議論はどうだろうか。軍主導の地方統治は，果たして林彪勢力の「政権簒奪の陰謀」をもたらした要因となったのだろうか。より広範な問題として，地方の政治状況は，中央の権力関係にどのような変化をもたらしたのか。

　これまで見てきたように，地方部隊への林彪勢力の影響力が限られていたとすれば，軍の地方統治への関与が増大したからといって，それが林彪勢力の実質的な権力基盤にならないことは明らかであろう。だが，1969年以降の軍の政治関与の深化は，地方の統治機構でのみ進行した現象ではなかった。党中央への軍の躍進はすでに述べた通りであるが，ほかに国家の領域でも，軍の関与は拡大されていった。具体的には，中央の国家機構において軍事管制を行っていた軍幹部は，このとき各部門に成立した革命委員会の中心ポストにつき，その地位を「制度化」していたのである。さらにそれは，大がかりな機構縮小と既存幹部人員の削減を伴った展開でもあり，その結果，それぞれの政策領域における軍幹部の影響力はかなり強化されたということができる。

　では，こうした国家領域への軍関与の深化は，林彪の影響力，ひいては地方での軍の動向とどのような関連があったのか。まず確認すべきは，革命委員会の成立や機構再編そのものは，すでに述べたように，革命の遂行に適合した統治機構の創出という毛沢東の考え方に即した制度展開であって，林彪勢力とは何の関係もない。そこで，彼らが影響力を発揮できる余地があったとすれば，それは各部門の責任幹部の人選のみである。そこで以下では，主に国家の経済

部門に焦点を当て，軍支配の内実を簡略に見てみよう。

表3-3は，中央経済機構の再編と再編後の革命委員会主任（部長）を調べたものである。まず，任命時点の所属を見れば，幹部の出自が一様でないことは目瞭である。そこで，機構再編前の所属単位を基準にとれば，次の3つの人事パターンへと分類することができる。第一に，既存の国家幹部の留任である。このパターンに当てはまるのは，国家計画委員会の余秋里と対外経済連絡部の方毅の2人である。とりわけ9の経済部門を従える国家計画委員会の主任に余秋里が留任されたことは注目される。もっとも，余秋里は1955年に中将の階級を授与された軍人であるが，1950年代後半から経済分野，とりわけ資源開発の分野で活躍をしてきており，そもそも林彪と軍歴を交えない軍人である。

第二に，中央の軍事機関および直属部隊から派遣された軍幹部である。もっとも多い人数を構成するこのパターンには，国家基本建設委員会，燃料科学工業部，交通部，軽工業部，財政部，商業部，農林部が当てはまる。そのほとんどが該当部局に進駐していた軍事管制委員会の責任幹部であり，経済部門の属性から，総後勤部からの派遣幹部が多いのが特徴である。たとえば，財政部の主任（部長）になった殷承禎は，総後勤部の元財務部（1969年10月の組織再編によって供応部に合併）部長であり，交通部には総後勤部運輸部部長が派遣されている。少なくとも総後勤部から派遣された幹部についていえば，かなり自然な人選のように思われる。

そして第三に，地方の部隊から抜擢された幹部である。冶金工業部の陳紹昆，第一機械工業部の李水清，水利電力部の張文碧，対外貿易部の白相国がそれらである。一見無原則的に見えるこれらの人事にはどのような要因が介在していたのだろうか。この点でまず注目されるのは，それぞれの幹部が携わっていた地方工作の内容である。たとえば，冶金工業部部長となった陳紹昆は，文革介入以来，中国最大の製鉄工場の位置する遼寧省の鞍山市で「左派支持」の工作に当たっており，当市の革命委員会主任を兼任している[31]。同様に，対外貿易部の白相国は，当時広東省珠江地区の革命委員会の主任であった。

---

31) 中共遼寧省委組織部他編（1995）『中国共産党遼寧省組織史資料（1923～1987）』（瀋陽：遼寧省新聞出版局），346頁。

表 3-3 中央経済機構の再編と軍事管制の固定化（1970 年 6 月）

再編前	再編後	革命委員会主任（部長）	在任期間
国家計画委員会 国家経済委員会 国務院工交事務室 全国物資委員会 物資部 地質部 労働部 国家統計局 中央安置事務室	国家計画委員会	余秋里（国家計画委員会主任）	-80.3
国家建設委員会 建築工程部 建築材料部 中央基本建設政治部	国家基本建設委員会	李良漢（工程兵副政委）	-71.10（71.10から谷牧）
冶金工業部	冶金工業部	陳紹昆（瀋陽軍区副政委）	-77.6
第一機械工業部 第八機械工業部	第一機械工業部	李水清（済南軍区副司令員）	-75.9
石油部 化学工業部 石炭部	燃料化学工業部	尹文（総後勤部副部長）	-71.9（71.9から康世恩）
水利電力部	水利電力部	張文碧（安徽省軍区政治委員）	-74.12
鉄道部 交通部 郵便電信部の郵便部門	交通部	楊傑（総後勤部運輸部）	-74.12
紡績部 第一，第二軽工業部	軽工業部	毛洪祥（海軍後勤部副部長）	-73.7
財政部 中国人民銀行	財政部	殷承禎（総後勤部供応部）	-75.1
商業部 糧食部 営業販売合作総社 中央工商業行政管理局	商業部	範子瑜（総後勤部第二物資部部長）	-77.9
対外貿易部 国際貿易促進会	対外貿易部	白相国（広州軍区政治部副主任）	-73.11
農業部 林業部 農業開拓 水産部 国務院農林事務室 中央農林政治部	農林部	沙風（装甲兵副司令員）	-78.1
対外経済連絡委員会	対外経済連絡部	方毅（対外経済連絡委員会主任）	-77.1

注) 括弧内は，任命時の軍・政府内職位。
出所)「中共中央同意国務院"関于精簡合併各部，委，建立党的核心小組和革命委員会的報告"（概要）」（CCRD，1970 年 6 月 22 日）；中共中央組織部他編（2000）『中国共産党組織史資料 第六巻「文化大革命」時期（1966.5〜1976.10）』（北京：中共党史出版社），80-97 頁；中共中央組織部他編（2000b）『中国共産党組織史資料 第七巻（上）社会主義事業発展新時期（1976.10〜1997.9）』（北京：中共党史出版社），273-325 頁；中国人民解放軍総政治部組織部（1995a）『中国共産党中国人民解放軍組織史資料 第五巻「文化大革命」時期（1966.5〜1976.10）』（北京：長征出版社）より作成。

もっとも，該当部門とはまったく無関係な人事もあった。済南軍区から第一機械工業部に移った李水清がその典型である。李水清は，当時の人事異動について次のように語っている。

　　これはまったく想像もしなかった出来事であった。以前の仕事で一機部〔第一機械工業部の略称〕と関係をもったことはほとんどなく，当時私が知っていたのは，それが自動車と各種機械の製造を管轄しているということだけだった。突然部長になれといわれ，しかもそれが総理の指名で決められたということを聞き，いろいろな思いが沸き起こった。これは臨時措置として一定期間仕事をすることなのか，それとも長期間続くことなのか。軍隊で半生を過ごしてきたのに，こうして私を地方に転業させるのか。……率直にいって，軍服を脱ぎ，地方の見慣れないところに行き，まったく新しい環境で工作をするというのは，私の望んでいたことではなかった[32]。

　もちろん彼は軍服を脱ぐことも転業させられることもなかったが[33]，突然の人事配置に当惑している様子はよく伝わってくる。李が述べているところによれば，この人事は，1970年2月の中央計画会議の場で，周恩来から当会議に出席していた済南軍区首脳部に伝えられたという。実際に，中央に呼ばれた李水清が人事措置に関する済南軍区の意見を伝えたのは周恩来であり，また直接に不満を述べていたのは，総政治部主任の李徳生であった[34]。

　そもそも，政府機構とりわけ経済部門における軍事管制には，最初の段階から周恩来がその運用に深く関与していた。たとえば砲兵副司令官にして石油部の軍事管制委員会主任となった欧阳毅は，「石油部の軍管工作は，周総理，李富春副総理の直接の領導下にあり，工作中の重大な問題はすべて総理に報告し，李副総理の同意と批准を求めるようになっていた」と述べている[35]。具体

---

32) 李水清口述（王緩平執筆）(2009)『李水清将軍回憶録——従紅小鬼到火箭兵司令』（北京：解放軍出版社），454頁。
33) このような懸念は，当時中央政府の軍事管制状況について彼が情報をもっていなかったことを示唆して興味深い。
34) 李水清口述 (2009)，455頁。
35) 欧陽毅 (1998)『欧陽毅回憶録』（北京：中共党史出版社），387頁。

的には,「運動方面の問題は総理, 李富春, 李先念副総理に指示を求め報告し, 業務の面で余秋里, 谷牧に指示を求めることになっていた」のであり, 軍管会はその指示通りに動いていたという[36]。

事実, 欧陽毅の言葉から浮かび上がってくるのは, 1967年後半以来, 経済各部門の活動を取りまとめていた国務院業務組の存在である。周恩来を組長に, また上の引用に出てくる李富春, 李先念, 余秋里, 谷牧等を主要成員としていた国務院業務組は, 経済分野の政策執行の一環として, 軍事管制の活用と運用を取りまとめていた。実際, 国務院業務組には, 発足当時から, 総参謀長代理の楊成武が, 解放軍の地方工作を管理する責任者として参与していた。楊の失脚後には, 国務院国防工業部門の軍事管制を仕切っていた粟裕が, さらに1969年6月からは, 李徳生がそれぞれ「軍代表」として国務院業務組の活動に参加している[37]。こうした国務院業務組の役割を, 軍事管制を直接行った幹部たちの陳述とつき合わせてみれば, 1970年6月の機構再編と軍幹部人選はその大枠が業務組での協議によって決められた可能性が極めて高いものと考えられる。

いずれにせよ, 確かにいえるのは, このときの軍事管制の固定化に林彪勢力の関与はほとんど見られないことである。もちろん, 当時の軍幹部らが, 林彪とのかかわりを否定し, 周恩来との関係を強調することはある意味当然であり[38], それを鵜呑みにするのはナイーブにすぎるとの指摘もありうる。しかし, 上述したように, 軍事管制を含む経済部門の政策過程を領導していた国務院業務組は組織的実体として存在しており, その活動に林彪勢力の直接の関与は確認できないのである。

さらに, 表3-3の在任期間に示されるように, このとき派遣, 抜擢された軍幹部の大部分が林彪事件を生き延びていることも注目される。すなわち, 事件直後にポストを外されているのは国家基本建設委員会の李良漢と燃料化学工業部の尹文だけであり, またそのなかでも実際に「隔離調査」を受けているのは

---

36) 同上, 408頁。
37) 程振声 (2002), 61-66頁。
38) 同様の意味で, 周恩来の役割を過大評価することにも注意が必要であろう。

後者のみである[39]。後述するように，林彪批判は1974年半ばまでつづくわけだが，そのなかでこれらの幹部はほとんど批判の対象にあがらなかった。

　ちなみに，これらの軍隊幹部は，配置後，実際にどのような活動を行っていたのだろうか。すでに述べたとおり，このときの軍幹部の人選に一定の政策的考慮が働いていたならば，政策過程への実質的関与は当然予想される。ところが，軍隊幹部に求められていたのはそれだけではなかった。ここでは，該当部局とまったく無縁であった先の李水清のケースがよい参考となる。中央配置後の仕事に対する彼の回想である。

　　当時の一機部と八機部では派閥性の蔓延が業務の進行を妨げていた。話し合っても意見の差が縮まらず，誰にも服従しようとせず，いたるところで張り合っていた。見るからに，部署合併への抵抗は，両部間の警戒心と両派閥間の対立に由来していた。……このような複雑な局面においては，きっぱりと果敢に行動するしかなかった。主要な矛盾をつかみ，果断に解決する，そして各方面の抵抗を取り除き，総理の指示にもとづき両部の同志に無条件に合併を受け入れさせる。この問題の解決に，軍人の気迫と作風は大いに効果を発揮した。着任して半年足らずして，両部は順調に合併を実施し，両派閥の対立感情は著しく弱まった[40]。

　つまり，李水清の一機部長任命の根本的理由は，彼がこの部局の派閥争いにまったくの局外者としていかなる利害関係をももっていなかったことである。そうした条件の下で，はじめて「軍人の気迫と作風」を発揮し，「無条件に合併を受け入れさせる」ことが可能だったのである[41]。もちろん，彼が成し遂

---

39) 余秋里の最近の回顧録によれば，軍事管制への直接の関与が示唆されており，そこからみれば，尹の人事についても，それは余秋里の提案によるものである可能性が高い。雷厲（2006）『歴史風雲中的余秋里』（北京：中央文献出版社），234-237頁。
40) 李水清口述（2009），460-462頁。
41) 先に引用した李水清の言葉にも表れている通り，当時，中央の政府機構に対する軍事管制は，軍幹部の間でひどく評判の悪い仕事であった。軍事管制先の派閥闘争に巻き込まれる可能性もさることながら，それが元の部隊における立場に響くことへの懸念があったからである。そうした軍事管制の微妙な立場は，欧陽毅の回想が興味深く伝えてくれる。欧陽毅（1998），384-390頁。

たのは派閥闘争の一時的な「休戦」であって，対立の原因を排除した上での「大連合」ではなかったことは注意すべきであろう。

このように，派遣された軍隊幹部の一次的な役目は，「大連合」の実現，正確には派閥闘争を停止させ組織合併を実行させることであった。しかし，いったん合併がなされると，次は該当部局の責任者として，生産の再開，拡大に積極的に取り組んでいくことが求められていた。そこで，生産拡大の方策として軍幹部らがよく採っていた措置は，総指揮部等の機構をもうけ，組織の軍事化をはかることであった[42]。

要するに，人選の具体的な内容，軍管活動への指揮命令権の所在，および配置された軍幹部に求められていた役割を考えれば，このときの軍関与増大の原因を，林彪勢力の膨張，またそれによる中央の権力関係の変化に帰すことはできないのである。そこには，地方での政治展開同様，既存の軍事管制の継続という側面もあれば，組織再編や生産促進といった政策的契機も重要な要因として作用していた。そしてより根本的には，政策執行の主体として解放軍の有する制度上の地位が国家機構の運営における関与を受け入れさせたのである。

林彪事件は何だったのか——独裁政治と権力継承の問題

このように考えてくると，いったい林彪事件とは何だったのか，という疑問に突き当たらざるを得ない。そこで，事件の直接の原因を毛沢東の追い込みに求める近年の大方の見解に説得力があることは事実である。しかしそこには，そもそも何故毛沢東は林彪を追い込んだのかという，より本質的な問題への視点が抜け落ちている。本章で見てきたように，「政権簒奪の陰謀」はもとより，その影響力の「膨張」さえもその実体が疑わしいものとすれば，何故，林彪は排除されなければならなかったのだろうか[43]。

この疑問に確かな答えを示すのはもちろん容易でない。毛沢東の状況認識，

---

42) たとえば，粟裕伝編写組（2007）『粟裕伝』（北京：当代中国出版社），510 頁。
43) 林彪事件に関する近年の多くの研究は，この点を明確に論じていない。毛沢東の意図については，早い時期から「林彪陰謀説」に異議を唱え，最近の著作では林彪事件に関する中国当局の見解を共産党政権誕生以来の最大の歴史的捏造と呼ぶことを躊躇わないテイウェスとスンにおいてもほとんど議論がされていない。

さらにはその心理状態に関する信頼できる情報が不足しているからである。だが，いくつかの仮説を考えることは可能だろう。ただしその際前提となるのは，状況判断の主観的側面である。すなわち，影響力の想定には，現在の客観的な勢力分布のみならず，その将来の推移に対する主観的な予測が重要なはたらきをすることである。また，状況判断に影響する要因として，たとえばある種の雰囲気の影響も看過できない。「まわりが軍人ばかりである」というような心理的不安がその一例である[44]。

そこで，もし林彪勢力の膨張を論じることに一定の意義があるとすれば，それはこうした主観的，心理的要因を考慮に入れるときであろう。すなわち，毛沢東の林彪勢力への攻勢は，現に実在する脅威を対象としたというよりは，将来の情勢変化に対する一種の予防策としての性格を強く帯びていたように思われる。実際に，毛沢東にとって林彪勢力の膨張を予感させる徴候はいくつか現れていた。前章で指摘した対外危機と軍事動員体制がそのひとつであり，もうひとつの徴候は中央の権力関係の微妙な変化であった。特に後者の点で注目されるのが，文革グループのイデオローグ，陳伯達の林彪陣営への傾斜である。陳伯達の具体的な意図がどこにあったかはともかく，陳の鞍替えに毛沢東は素早く反応し，厳しい対応をとっていたのである[45]。

ところで，林彪事件の発生には，軍の政治関与や中央の派閥闘争といった特定の政治的文脈ではとらえきれない側面，すなわち，一般に独裁政治に内在する「権力継承のジレンマ」という側面が存在することが指摘できよう。権力継承のジレンマとは，独裁者と公式の後継者の間に発生する相手に対する不信のスパイラル，具体的には，後継者による暗殺や追放，失脚への恐怖と，独裁者の変心に対する懸念とが生み出す相互不信の増幅を意味する[46]。

---

44) 1969年末頃から，まわりに軍人が多くなったことに毛沢東がしばしば不快感をあらわにし，また，皆が軍服を着ていることに対して自らは特別な場合以外には平常服を着ることにしていたという毛の主治医の陳述は，この点で極めて興味深い。李志綏 (1995)『毛沢東の私生活（下）』（新庄哲夫訳），文藝春秋，288頁。
45) Roderick MacFarquhar and Michael Schoenhals (2006) *Mao's Last Revolution* (Cambridge : The Belknap Press of Harvard University Press), pp. 365-366.
46) 政治経済学の観点から権力継承の問題を明晰に論じているものとして，Gordon Tullock (1987) *Autocracy* (Boston : Kluwer Academic) ch. 8 を参照。

実際に，公式の後継者として林彪の地位が党規約に明記される 9 全大会以降表面化していく毛沢東と林彪の間の確執，特に国家主席問題をめぐる毛の林に対する疑心暗鬼は，そうした権力継承のジレンマを反映することになる。その論理によれば，林彪事件は，独裁者による後継者の否定にその本質があるということができる[47]。

　とすれば，毛沢東は，なぜ「後継者」林彪を否定したのだろうか。別の言葉でいえば，毛は林彪への権力移譲，ひいては林彪統治下の中国にどのような危険を見ていたのだろうか。先に挙げた独裁者の不安要素のなかで，たとえば暗殺や追放は，毛がその危険を真剣に考えていた痕跡は見当たらない。考えられるのは，失脚に準ずる影響力の喪失，さらには自らの政治的遺産が否定される可能性である。特に第 1 章で述べたように，文革の遺産を守ることは晩年の最大の政治的課題ともいえるほど，重要な意味をもっていた。

　そこでまず，影響力喪失の面からいえば，林彪への権力継承は，独占すべき軍統制権の分有，さらには喪失をもたらす可能性を内包していた。第 1 章で論じたように，毛沢東は，人民解放軍を自らのイデオロギーの宣伝と実践に忠実な組織にすべく，直接の軍統制を妨げる制度的，人格的夾雑物を取り除くことに細心の注意を払ってきた。それは制度的には軍を党の統制から切りはなすことを意味し，その過程で党と軍にまたがる，あるいは国家と軍をつなぐ制度的立場にあった多数の軍幹部が犠牲になった。文革初期に失脚した羅瑞卿は前者の典型であり，本章で記述した楊成武が後者の例である。極端にいえば，毛沢東は人民解放軍を自らの巨大な親衛部隊に改造し，そうであり続けるように試みたのである。

　そのなかで，現に林彪の有する軍統制の実権は恐るべきものではなかったが，軍人としての林彪のゆるぎない威信と合わせて[48]，いまや彼は公式の後継者となり，しかも全国的な軍事動員体制を指揮している。このような状況の推移に毛沢東が少なくとも自覚的であったということは，林彪へ攻勢を強めてい

---

47) この点を裏付ける研究として，王年一・何蜀・陳昭（2004）「毛沢東逼出来的『九・一三林彪出逃事件』」『当代中国研究』第 2 期；何蜀・王年一（1998）「我們対汪東興這本書有不同看法──『毛沢東與林彪反革命集団的闘争』読後」『百年潮』第 8 期。

くなかで,「人民解放軍は毛主席が創設,領導し,林副主席が指揮する」とい
う宣伝文句をしきりに取り上げ,「領導するのは指揮できないというのか」と
不満を表していたところに現れている[49]。

　そして第二に,林彪領導下の統治体制が,文革の遺産を継承し,さらに発展
させていくうえで適合した体制であるかに対する疑念が指摘できる。現在の趨
勢が続くならば,軍を中核とする統治構造が確立し,中国の政治体制は限りな
く軍政に近いものになることが予測できる。もちろん,解放軍が文革イデオロ
ギーの継続的遂行に相応しいという意味で革命的な組織であり,同時に統治の
執行に効率的な組織であるならば,9全大会の際に述べているように,「軍事
官僚体制」への批判など,毛沢東にとって深刻な問題にならなかったはずであ
る。しかし,前章で見てきたとおり,政治介入以降の解放軍の行動,とりわけ
統治機構の再建過程に表された解放軍の選好は,生産の停滞に示される実質的
な統治能力の不在とあわせて,新しい政治秩序の創出と維持に必要な資質が解
放軍に備わっているかについて深刻な疑問を投げかけるものであったといえ
る。こうした統治組織としての解放軍への懸念は,次章でまた述べるように,
林彪事件の前から,毛沢東がすでに提起していたものである。すなわち,林彪
への権力継承という新しい政治環境のもと,軍の問題は,もはや「工作の問
題」にとどまらず,「制度の問題」として前面に登場したのである。

　もっとも,こうした懸念が毛沢東の頭のなかにどのような順番であらわれ,
また,いつの時点で結びつき始めたかを知るすべはない。しかし,統治組織と
しての軍の台頭は,中央における林彪の地位上昇では説明できない,正確にい
えば異なる政治的・社会的現実をその背景にしていたことは本章を通じて論じ
てきたとおりである。したがって,問題への対応として林彪勢力の排除と,軍

---

48) 軍内における「軍人」林彪の威信は,林彪とのいかなる個人的,政治的結びつきをも
　　否定する元広州軍区司令官の丁盛さえも認めているところであり,鄧小平も林彪事件
　　後の「林彪批判書」のなかで林の軍事的資質は高く評価している。丁盛の論評につい
　　ては,丁盛(2009)『落難英雄——丁盛将軍回憶録』(香港:星克你出版有限公司),
　　245-247 頁。鄧小平の林彪評価については,「鄧小平給毛沢東的信」(CCRD, 1972 年 8
　　月 3 日)。

49) 中共中央文献研究室編(1998)『建国以来毛沢東文稿 第十三冊』(北京:中央文献出版
　　社),232 頁。

の政治支配の解消とでは，それぞれ異なる戦略による異なるプロセスが必要であったはずである。そして実際に，林彪勢力の排除は，単純にいえば，軍による政治の独占を是正するプロセスの重要な要素ではあったが，両者は完全に重なりあっていたわけでもなければ，それが後者の過程を規定したわけでもなかった。あえていうならば，林彪勢力の駆逐が中央の権力関係の再編という性質を持っていたとすれば，地方における軍支配の解消は，統治の実質的担い手を変更する，制度選択の問題をその本質としていたのである。

しかし，毛沢東は，この性質を異にする2つの問題を結びつけ，両者の解決を同時にはかろうとする。すなわち，林彪らへの攻撃を軍全体に対する批判に，そして解放軍の統治活動上の問題点を林彪らへの批判に巧みに関連付け，活用したのである。もっとも，毛沢東がこれらの問題に具体的にどのような優先順位をつけていたかは定かでない[50]。重要なのは，実際において両者がそれぞれ異なる問題性を抱えており，とりわけ地方の政治状況は，中央でのそれをはるかに超える複雑性を内包していたということである。そしてそうした事実は，統治の現場からの解放軍の退却が，事件前から施されはじめたさまざまな方策にもかかわらず容易にすすまず，結局は，毛沢東個人の権威に依存する強引な手段の採用を余儀なくされたところに如実に現れているのである。

小　括

以上，軍部統治の形成と林彪（勢力）との関連を検討し，その上で，林彪事件のもつ意味について考えてみた。簡単にまとめれば，解放軍の政治関与の拡大と，林彪勢力の影響力との間に直接の因果関係はなく，仮にその間になんらかの関係があったとすれば，それは，軍主導の政治状況が毛沢東の情勢判断に影響した可能性であり，それは総じて林彪勢力の凋落を促すヴェクトルとして

---

50) この点について，マックファークアーとショーンハルスは，林彪の排除は再建された党組織における軍勢力排除の前提条件であったと述べている。Macfarquhar and Shoenhals (2006), p. 326.

作用した，ということであった。

このように考えると，林彪事件が発生し，その結果林彪勢力が消滅したからといって，軍主導の政治状況に大きな変化が生じることは論理的に予想しにくい。そして実際に，林彪勢力の消滅による直接的な結果は，軍内部の部分的な人事措置を除いて，極めて軽微なものであったということができる[51]。

しかし，それにもかかわらず，林彪事件を「文革の重大な転換点」[52]に位置づける中国共産党の公式の評価は，結論のみをとればそれ自体間違っていない。注意すべきは，林彪事件の転換点たる所以である。つまり，林彪事件の画期性は，事件の背後にある政治状況の重大さにあるのではなく，事件発生の突発性，およびその衝撃的な結末に起因するということである。具体的にいえば，林彪事件の真の重要性は，公式的後継者の突然の墜落死という結末にあり，さらにいえば，それが毛沢東に与えた衝撃に存在する。

ところで，前節の議論が正しければ，毛沢東は林彪の後継者たる地位がもたらす情勢変化の可能性に脅威を感じ，それを否定しようとしたのだから，林彪の死がなぜ衝撃だったか不思議に思われるかもしれない。しかし，林彪の突然の死は，やはり毛沢東にしてもほとんど予期できなかった出来事だったと思われる。そもそも林彪の権力基盤の脆弱性を考えれば，彼の後継者たる地位を否定するために，劉少奇の場合と同じようなやり方は必要でなく，また，文革の「新生物」としての林彪の象徴的地位を考えれば，彼を死に追い込むことは決してのぞましいことでもなかった。実際に，林彪に中央委員の資格を維持させるなど，より穏健な退場の手順を案じていたふしもある[53]。要するに，毛沢東は，林彪を「消滅」させようとは思っておらず，その意味で，それが突発的な形をとって現実となったことにまったく無防備の状態にあったのである。

結局，林彪事件のあと，1972年を通じて，毛沢東は，健康状態の悪化もあいまって，政治の一線から事実上身を引くことになる。そして，政治活動を再

---

51) 第1章の図1-2は，事件後の軍内部の人事措置さえも小幅なものにとどまっていたことを示している。
52) たとえば，『毛沢東伝』1605頁。
53) 王年一・何蜀・陳昭（2004），363頁。

開させる 1972 年末以降にも，毛沢東は，林彪事件が自らの権威と文革の正統性に与えたダメージを修復し，その拡大を抑制することに多くの政治的資源を費やさざるを得ない状況におかれていた。その一方の帰結が政策の部分的調整であり，1972 年の経済，外交，および幹部政策に生じた著しい変化は，政治危機に直面した毛沢東の戦略の修正によるところが大きいといえよう。林彪事件が文革の転換点たる所以はまさにここにある。

　さて，それでは，林彪事件の発生――正確には事件による毛沢東の「自重」は，軍部統治の状況にどのような変化をもたらしたのだろうか。林彪事件を「すべての始まり」ととらえる従来の多くの研究では，当該事件をきっかけに，統治領域への解放軍の関与は終焉を迎え，軍隊の幹部・兵士は迅速，かつスムーズに兵舎へ戻った，ということになっている。しかし，こうした（公式）言説は，林彪事件の性質に対する誤解同様，文革期における解放軍の政治介入の本質を見誤った結果起こった誤解である。詳しい議論は次章にゆずるが，結論を少し先取りしていえば，林彪事件の発生は，軍部統治解消の出発点であるどころか，その以前から準備され，すでに始まっていた軍退場のプロセスをむしろ複雑にし，遅延させる重要な要因として作用していた。

第4章

軍部統治の持続
―毛沢東のジレンマ―

　第1章で論じたように，制度の運用は独裁者にとって決して容易な事柄ではない。自らと選好を共有する，またそのように作り上げた組織に政策執行の権限を移譲しても，統治の現場で不測の事態の発生は必至であり，また，組織の代理人との間に生じる情報の格差は独裁政治の制度的条件によってさらに増大する。もちろん，独裁者であるだけに，問題解決のために採りうる手段は豊富にある。代理人の逸脱行為への厳しい制裁（の威嚇）をはじめ，新たな監視機構の設置，ひいては執行の制度の全面的再配置に至るまで，独裁者には複数の選択肢が与えられている。しかし，それぞれの方策が常に使えるわけでも，また期待した成果が常にもたらされるわけでもない。選択肢ごとに相応のコストがかかることはもちろん，独裁者の行動の帰結は，制度との相互作用によって決まるからである。

　本章では，制度の運用に当たって独裁者の直面するこれらの問題が，軍部統治の現状に対する毛沢東の認識と行動にどのような形で現れていたかを考察する。すなわち，毛沢東は軍部統治という現状の何を具体的に問題視し，その解決のために当初どのような方策を採っていたか，また，前章で触れた林彪事件は，こうした毛沢東の認識と行動にどのような変化をもたらしたのかを検討し，最後にその帰結について述べる。

1. 軍部統治の弊害――問題の認識へ

思　想

　軍部統治のもたらした問題のなかで，もっとも早い段階から毛沢東の注意を引いていたのが，軍隊幹部の作風，すなわち工作態度の問題であった。この点について毛沢東は，すでに 9 全大会の際に改めて注意を喚起しているが，ただこの時の「軍は慎重であるべきである（軍要謹慎）」という要求は，その焦点をあくまで軍隊幹部の権力行使の態様に置いたものであり，解放軍の思想状況そのものを直接問題視しているものではなかった。すなわちそれは，革命委員会の成立にもかかわらず，地方の安定がなお解放軍の強制力のうえに成り立っている現実を認めたうえで，その強制力の慎重な行使を求めているだけであった。つまり，ここで「軍の問題」はまだ「工作の問題」として語られていたのである。

　ところが，1970 年に入ると，解放軍の作風に対する批判は，内容的にも，その対象においても，範囲を拡大していった。まず内容の面では，政策実行上の「驕りと焦り」が，軍内部の思想的状況と結び付けられて――すなわち思想的動揺の最たる表現として――大いに取り上げられるようになった。たとえば，1971 年 1 月，毛沢東が直接に全軍への発出を要請した済南軍区政治部の「軍謹慎指示」の状況報告書では，1970 年を通じて，解放軍に対する批判が軍の思想と行動のどのような問題に及んできたかが具体的に示されている[1]。

　当報告書が批判の標的としているのは，一言でいえば，軍幹部の権力意識である。軍幹部，とりわけ戦争時代から功績をあげてきた「老幹部」の権力感情は，次の 3 つの形態をとる。第一に，自らの正しさを過信する態度である。そのような工作態度は，物事の両面性を重視せず，「自負」を装っているが，じつは「官僚主義」の一表現であり，つまるところ単なる私的利益の追求に他な

---

1) 「轉発済南軍区政治部学習貫徹毛沢東『軍隊要謹慎』指示状況報告的批語」中共中央文献研究室編（1998）『建国以来毛沢東文稿　第十三冊』（北京：中央文献出版社，以下，『毛沢東文稿 13』所収），200 頁。

らない。第二に,「指導者の優越性」への信念である。こうした態度は当然ながら,大衆路線の原則と背馳するものであり,よって,毛沢東の革命路線から遊離し,資本主義や修正主義につながるものである。第三に,従来の功績への安住である。ここでの「功績」のなかには,建国以前の革命闘争中の「戦功」だけでなく,文革中の路線闘争中に上げた「新功」も含まれる。「戦功」と「新功」の重荷を脱ぎ捨て,人民のために新たな手柄を立てる姿勢で臨むことが求められているのである[2]。

この報告書に対し,毛沢東は,「この件は非常に宜しい。理論と実践が調和された観点から問題の本質をはっきり論じている。われわれ軍と地方は,長年,この方面での思想的錯誤に対する整風を行ってこなかった。今こそ,自己教育を実施できる極めて良い時期に来ている」と書き記している。そして,当報告書が添付された中央文件の下達を皮切りに全軍に向けた「反驕慢自慢」の教育運動が始まることとなった[3]。ここに軍の作風に対する批判は,全軍を対象とする政治教育運動へと発展していったが,すでにそれは,1970年の中頃になると,個別の部隊・単位を超えて軍区全体を対象としたものへと拡大されていた。すなわち,1970年6月から,いくつかの軍区を「試点」にして,左派支持の工作会議を開催させ,地方の統治業務に携わっていた幹部人員の作風と思想状況の再点検を行わせており,上記の済南軍区の報告書はその活動の直接の産物であった[4]。

この全軍規模の政治教育運動は,1972年1月,前年の毛沢東の指示にもとづいた「解放軍が全国人民に学ぶ運動」へと発展・集約されていく。ここに至って軍に対する批判はひとつの頂点に達したということができる。この運動は,「全軍の革命的自覚を高揚させ,軍政・軍民間の団結を増進し,人民解放

---

2)「中共中央,中央軍委,軍委総政治部関于貫徹執行毛主席一月八日重要批示的通知(中発[1971]3号」1971年1月11日)。宋永毅主編(2006)『中国文化大革命文庫 Chinese Cultural Revolution Database』第二版(香港:香港中文大学出版社,以下,CCRD)所収。

3) 総政治部組織部編(2002)『中国人民解放軍組織工作大事記1927-1999』(北京:解放軍出版社),215頁。

4)「在南京軍区等単位伝達九届二中全会精神状況摘要上的批語」『毛沢東文稿13』133-134頁。

軍をして祖国防衛の偉大な歴史的使命の遂行にその役割を発揮させる」ためのもので，「全軍幹部兵士は，全国人民から学ぶという自覚を高揚させ，一切の機会と方法を利用し，謙虚に労働者階級，貧中下農，地方幹部と革命知識人から学習し，また常に人民大衆の意見を求め，批評を聞き，その監督を受けなければならない」といった内容となっている[5]。つまりこの運動の特徴は，運動の射程が個別の軍幹部ではなく軍全体に及んでいること，さらには，幹部人員の具体的な行動の変化を促すだけでなく，軍と国家・社会との関係そのものを是正しようとする意図を表していることである。かつて「全国人民が解放軍に学ぶ運動」が，軍の政治的上昇の基盤をつくるうえで重要な役割を果たしたとすれば，「解放軍が全国人民に学ぶ運動」が当初どのようなメッセージを軍に向けて送っていたかは容易に察知できる[6]。

　以上に見てきたように，1970年の半ば以降，解放軍の行動と思想に対する批判は，著しくその先鋭さを増してきていた。ところで注意すべきは，これらの動きは，たんに軍攻撃のためのレトリックとして準備されたものというよりは，現実の政治経済の要求を反映するものであったという点である。特に解放軍の強圧的な工作態度が何故この時期中央の関心を惹くようになったかについては，文革収拾期の政治経済の新しい局面との関連で，次の3点を指摘することができる。第一に，この頃，にわかに革命運動の中核的部分をなすようになった「促生産」，すなわち生産力増大運動との関連である。そこでは，生産増大の負担が，農村と企業の生産活動にかかわっていた軍幹部の強圧的な態度を生み出し，または軍単位間の競争を煽っていた可能性が考えられる。第二に，革命委員会の拡大とともに大きな争点として浮上していた「幹部解放」の問題である。すなわち，文革初期に失脚した党政幹部の復活に対する解放軍の立場と行動が中央の関心を惹きつけていたのである。そして第三に，1968年末以降，文革が都市部から農村部に拡大されることによる人的被害の急増が挙

---

5)「解放軍総政治部関于認真貫徹執行毛主席関于解放軍学全国人民的指示的通知」(CCRD，1972年1月1日)。
6) 劉志青 (2003)「論『九一三』事件後『解放軍学全国人民』活動」『当代中国史研究』第3期。

げられる。特に，省級革命委員会が少なくとも外見の上では「三結合形式」を維持していたのに対して，県単位で成立し始めた革命委員会での解放軍の地位はさらに独占的なものとなり，その意味で，農村部における革命運動の成果をめぐり，解放軍に対する注目度は高まっていた[7]。

組　織

　上述したように，解放軍の行動と思想の問題が，文革収拾期の具体的な懸案と密接な関係をもっていたとすれば，次に取り上げる解放軍の政治主導の組織面の問題は，地方統治の全般的なあり方を規定し，ひいては政治体制の性格にかかわる問題であった。しかしおそらくその理由によって，問題のこの側面への対応には，より慎重で漸進的なアプローチが採られていた。

　解放軍の工作態度の問題同様，軍介入の拡大がもたらした組織上の問題についても，比較的早い段階から問題の指摘はなされていた。統治の「多中心」の批判がそれである。たとえば，1969 年元旦の『人民日報』，『解放軍報』，『紅旗』の共同社説は，「いわゆる『多中心』理論は，ブルジョアジー階級の宗派主義と個人主義の反動的理論である。それは毛沢東思想にもとづいた革命階級の団結を破壊し，プロレタリアート階級革命路線の実行を妨げるものである。もしすべての部門と単位が自らをひとつの中心と主張し，全国に多数の『中心』ができるならば，それは中心がないことに等しいであろう」と指摘していた。もちろんここでは，多中心構造が生まれる原因を解放軍に特定しているわけではないが，第 2 章で検討した地方統治の現状から，かかる「多中心」批判の矛先が解放軍に向けられていることは明らかであろう。

　さて，この「多中心＝無中心」論が，再び公式の論説で登場したのは，全国の省，市，自治区において新しい党委員会が成立した 1971 年 8 月のことであった[8]。しかし同じ「多中心」であっても，この時点では，その内包する問

---

7)「韓先楚在福建省以上革命委員会負責幹部会議上的講話」(CCRD, 1969 年 2 月 3 日), 2 頁；Andrew G. Walder and Yang Su (2003) "The Cultural Revolution in the Countryside : Scope, Timing and Human Impact," *China Quarterly*, 173, pp. 98-99.

8)『人民日報』1971 年 8 月 27 日。

題性が根本的に異なっていた。つまり，従来の「多中心」が，主に領導の分散から発生する，統治の不在ないし非効率をその内容としていたならば，地方党委員会が再発足を果たした今，「多中心」の組織構造は，「党の一元化領導」に反する矛盾性を帯びるようになったのである。たとえば，広州軍区党委員会が1971年7月15日から31日まで開催した三支両軍工作会議では，政治思想教育の成果を点検する一方で，「地方の各級党委員会の成立という新しい状況に応じて，三支両軍人員に対する組織指導と管理問題を提起し」たが，ここで問題となっていたのは，新しく成立した地方の党委員会が三支両軍人員に「尊重されず支持されていない」という状況であった[9]。この会議の記録は，中央に報告され，直ちに8月20日，「この紀要が指摘した問題は，三支両軍の当面の状況に合致しており，改善措置も比較的良い。真剣に研究し，執行することを願う」という指示が付いた形で全国に下達された[10]。

　この広州軍区党委員会の報告を特に重視し，それに対する指示のなかに「真剣に研究せよ」という言葉を書き加えたのは毛沢東であった。そして，毛沢東が真剣な研究を求めている対象が，「三支両軍の組織指導と管理問題」であろうことは，一方の思想問題がすでに具体化されていたことから，明らかである。そして，その問題状況については，1971年8月中旬から9月12日の間に行った地方視察の際に，毛沢東自ら，地方の軍司令員に向け説明を行っている。「広州軍区が書いたあの文書に，私は同意と書いた。そして，中央の指示に，『真剣に研究せよ（認真研究）』の四文字を付け加えた。皆さんに重視してもらうためである。地方党委員会がすでに成立しているならば，当然地方党委を中心とする一元化指導を実行しなければならない。もし地方の党委員会がすでに決定したことを，さらに部隊の党委員会に持っていって議論するならば，それはさかさまではないか」[11]。

　しかし，この「さかさま」の状況が容易に改善されないだろうということ

---

9) 李可・郝生章（1989）『「文化大革命」中的人民解放軍』（北京：中共党史資料出版社）241 頁。
10) 『毛沢東文稿 13』241 頁。
11) 『毛沢東文稿 13』227 頁。

は，毛沢東自身，誰よりもはっきり分かっていた。この講話が，軍の政治介入における問題をさまざまな観点から論じ，さらには集まった地方の軍司令官に対し，異例の強い口調で「軍務」への専念を要求しているのは，そのために他ならない[12]。まず毛沢東は，「指導の逆転」の問題を強調するために「三大紀律八項注意」の紀律を持ち出し，なかでも特に「三大紀律」の第一条，つまり一切の行動は党の指揮に従うべきとする項目がはっきり自覚されていないことを指摘した。同時に，「現在〔わが軍隊は〕文ばかりして武をやらず，文化軍隊に成り下がっている」といいきり，軍事工作の強化に力を入れることを求めた。

さらに毛沢東は，解放軍の統治能力そのものに対しても厳しい評価を下している。「私は，軍隊のこれまでの疾風迅雷の作風に賛成する。しかし思想問題の解決は，疾風迅雷とはいかない。事実を並べ立て，道理を説明しなければならない」と述べることで，複雑な政治および経済の事柄を指導するうえで，解放軍は最良の組織ではないことを示唆したのである。そして解放軍の分裂状況に繰り返し触れながら，解放軍の統一のための「整頓」の必要性をはじめて提起しているのもこの講話であった。

論点は多岐にわたっているが，この講話が解放軍に向けて発しているメッセージは明快なものであった。すなわちその趣旨は，新しい政治的条件の下で，解放軍の制度的役割を「政務」から「軍務」へと集中させること，つまりは政治からの退場を要求していることであった。そしてその過程が，軍主導の組織構造の解体を必然的な要素とするであろうことは，統治からの解放軍の撤収を正当化する最大の根拠が地方の党委員会の成立に求められていることからも明らかである。

なお，解放軍の役割変更を根拠付けるものとして，軍事工作がないがしろにされている現実とともに，解放軍が地方統治の実行，とりわけ思想的改造とい

---

12) 1971年8月のこの毛沢東の談話は，それが公表された時点からして（1972年3月），主に林彪に対する批判の文脈でとらえられがちだが，注意深く読めば，全体的な論調はむしろ，林彪攻撃を装った，軍の政治介入に対する念の入った批判として理解できる。

う革命事業の中核的任務の遂行に適切な組織ではないことを指摘しているところは，毛沢東の判断が単なる原則の再確認ではなく，実際の政治状況の観察にその基準を置いていることをうかがわせて特に興味深い。

2. 初期の軍隊整頓

三支両軍の終了

　以上，解放軍による地方統治の執行および組織構造と関連して，統治の現場では実際にどのような問題が発生しており，またそれに対しては当初，どのような批判と指摘がなされてきたかを毛沢東の言動を中心に検討してきた。そして，それらの批判と指摘を総括した形で，いよいよ解放軍の三支両軍活動を基本的に終了させる方針が降りたのは1972年8月であった。同月21日，中共中央，中央軍委名義で下達された「三支両軍の若干の問題に関する決定（草案）」は，大きく次の3つの点を盛り込んでいる。

　第一に，地方党委員会への領導の一元化である。つまり，「現地の一級党委員会による党政軍の各方面に対する一元化領導を実行する。省軍区，軍分区，県人民武装部の軍事機構は，同級の党委員会の領導を受ける。各地に駐留中の野戦軍は，地方関連の各種工作の遂行に当たって，必ず所在省，市，自治区の党委員会の領導を受ける」ことを改めて確認した。

　第二に，解放軍の地方統治任務の終了である。この点に関して草案では，まず「軍事管制を実施しているすべての地方と単位は，党委員会の成立後，直ちに軍事管制を終了させ，その人員は，少数を除いて，部隊に撤収する」と述べたうえ，その統制機構として各級支左領導機関およびその事務機構を，地方各級党委員会の成立とともに即時解消することを指示している。なお，その後の「地方の各種工作の支援は，部隊の政治機関がその責任を負う」ことをも明記している。

　そして第三に，幹部配置に関する事項が盛り込まれている。つまり，「地方党委員会の人員構成を調整し，一般工作の経験を有する地方幹部を主要な指導

ポストにさらに多く配置し，引き続き地方に残って工作に当たる軍幹部は，省軍区，軍分区，県人民武装部の主要幹部を除いて，原則的に軍職を兼任しない」こととなっている[13]。

こうした内容から，この「草案」が，政策執行の根拠を，前年度の地方視察の際に表明された，解放軍の原状復帰に関する毛沢東の発言に置いていることは明らかである。そして，個別の政策措置の内容も，すでに軍内部で対応策が議論され始めていた軍部統治の組織上の問題を取り扱っており，さして目新しい項目が加わっているわけでもない。そこで，「草案」の内容それ自体より関心が惹かれるのは，「草案」がその後どのように執行されたかという問題である。すなわち，この「草案」の通達をもって，各地の国家機関，部門，単位の三支両軍人員は迅速に部隊に戻り，また軍部主導の統治機関は解体され，結果として統治の権限は意思決定とその執行の両面において，軍から党へと完全に移行されたかどうかの問題である。もちろん，その通りになった，というのが中国共産党の現在の公式見解である。

しかし，当時の状況を伝える発言や関連研究からは，こうした意味で三支両軍の終了が正確にいつの時点で全国的な実現を見たのかが，まったく不明であるといわざるを得ない。たとえば，鄧力群は，地方の党組織はもとより，国家機関がすでに活動を再開し，しかも数多くの党政幹部が仕事に復帰していた1975年の時点においても，多くの地域では依然として軍部隊に党活動の具体的な指示を仰ぐような状況が続いていたと述懐している[14]。また，三支両軍に触れている最近の研究でも，解放軍の部隊復帰が「草案」の下達以降どのように進行し，また具体的にいつの時点で終了したかという点に関しては，おおむね明確な叙述を欠いており[15]，若干の記述がされているところでも，見解の著しい相違が確認できる。

具体的には，軍事管制以外の三支両軍活動に関しては，すでに1969年の9

---

13)「中共中央・中央軍委関于征詢対三支両軍問題的意見的通知」(CCRD, 1972年8月21日)。
14) 鄧力群 (2000)『国史講談録 第三冊』(北京：中華人民共和国史稿), 325頁。
15) たとえば，李可・郝生章 (1989), 242頁；鄧礼峰 (2001)「『三支両軍』述論」『当代中国史研究』第8期, 45頁。

全大会を前後にした時点で終了し，1972年の「草案」は国家機構および企業に対する軍事管制の処理を目的としたという指摘もあれば[16]，他方では，解放軍の復帰には，「草案」の通達以後も「数年」の時間が費やされ，なかでも特に「省一級指導部に参加していた軍幹部までが全部部隊に戻ったのは，『文革』が終息した後のことである」と指摘するものも存在する[17]。

いずれにしても，解放軍の部隊復帰が，「草案」に現れた党中央の意図を満足させるほどの進展を示せなかったことは，解放軍をめぐるその後の動向からしてほぼ確実であるが，ここではさしあたりその執行の困難を生み出した要因として次の3点を挙げておくことにしたい。

第一に，延べ6年間にわたる解放軍の政治関与，とりわけその後半期における解放軍による統治機能の全面的代行が地方政治に与えた影響である。それは，解放軍の原状復帰の文脈では，部隊の撤退による統治の空白をいかに埋めるかという実質的な問題として現れていた。なかでも，諸般の事情により失脚した党政幹部の復帰が遅れていた地域では，三支両軍人員の撤退もそれだけ遅延されざるを得なかった。もちろん，この問題に対しては，当初三支両軍人員の一部をそのまま地方に残留させ，引き続き地方の統治業務を担当させる方策が探られていたが，第2章で述べた，47軍の経験が示唆するように，残留人員の選定および，地方統治機構への再配置作業にはかなりの時間が必要であった。

関連して第二に挙げられるのは，少なからぬ地域において，解放軍の部隊復帰を許せるほどの治安状況が依然として回復されていなかったことである。このような事情は，たとえば「草案」のなかに，「特別の必要がある地方と単位では，外部的に軍事管制の名義を保持することができる」との留保をつけていることからも確認できる[18]。

そして第三に指摘できるのが，林彪事件の影響である。一般に林彪事件は，

16）趙国勤（1999）「試析『三支両軍』的実践活動及其客観作用」張化外編『回首文革——中国10年文革分析與反思』（北京：中央党史出版社），823-824頁。

17）劉随清（2006）「『三支両軍』的初衷及其両重性」『中共党史研究』第5期，95頁。

18）「中共中央・中央軍委関于徴詢対三支両軍問題的意見的通知」（CCRD，1972年8月21日）。

政治からの解放軍の撤退を促す重大な契機を提供したという見方をされるのが通常である。だが，実際の状況はそう単純ではなかった。視点を軍全体の動きに広げれば，林彪事件の発生は，当面の結果としては解放軍の原状復帰をむしろ阻害する要因として作用したともいえる。それは具体的には，次の２つの意味においてである。ひとつは，事件の発生が，解放軍の活動の中心を三支両軍の総括から批林整風運動の推進に向けさせたという点である。そしてもうひとつは，事件がもたらした衝撃により，毛沢東が国政全般における一定の妥協を迫られたことが指摘できる。ただそのいずれも一時的後退の性格をもっているものであり，軍をめぐる政治状況は，1973年になると，また新しい局面を迎えることになるのである。

解放軍の影響力の残存

　ところで，統治の現場からの解放軍の退却を妨げていたのはこれらの要因に限らない。問題の複雑さは，ここで仮に解放軍の部隊復帰が「草案」通り履行されたとしても，それだけでは解放軍の政治関与を実質的に終わらせることにならなかったことに存在した。なぜならば，「草案」に含まれた機構の廃止および，幹部人員の撤収のみでは解消されない，地方の権力構造の現実が残っていたからである。前節で見てきたとおり，解放軍は，革命委員会に続いて，新しく成立した党委員会でも最大の勢力をなしており，しかもその中核的ポストを独占していた。そうした状況下で，意思決定の場を軍から党へと一元化したとしても，それが直ちに政治における軍の影響力の実質的排除につながらないことは当然であった。このような，原則としての「党の一元化領導」と，実体としての党委員会における軍勢力の残存との矛盾が解消されない限り，「草案」の執行それ自体は現実に対する初歩的対応以上の意味をもち得なかったのである。

　しかしそれにもかかわらず，林彪事件の衝撃が体制全体に走っていたこの時期，総政治部と中央組織部の主導下で，三支両軍問題の解決案が作成され，全国的に「急いで」通達されるようになったのは，統治の現場からの強い要求があったからにほかならない。その要求のひとつは，地方の各級党委員会におけ

る党政幹部と軍隊幹部との対立が，いまや座視できない状況になっていたことに起因する。このことは，とりわけ林彪事件以後のいわゆる「極左批判」のなかで党政幹部の復活が進んだことにより，すでに党委員会の中枢を掌握していた軍隊幹部との間でトラブルが増えたことから発生した問題である[19]。

もうひとつは，生産の現場からの要求である。経済計画と生産管理の領域における軍隊幹部の専門性の欠如は，解放軍が各企業単位の指導に当たって以来，しばしば中央での議論の対象になってきたが，いざ経済調整が重視される局面になると，放置できない問題として浮上した。たとえば，葉剣英は，三支両軍任務の終了の理由を説明する場で，特に経済的合理性の問題を取り上げ，次のように述べている。「三支両軍は今や新しい情勢にあり，継続するのは不利である。現に一部の工場の生産がうまくいかず，軍隊幹部を元の老幹部に交代させたら生産が好転し始めた。軍隊の三支両軍人員は，もう席を譲るべきである。これもまた紀律であり，物事が行き詰まったら変化することである」[20]。

いずれにしても，地方の党委員会が実質的に解放軍の影響力の下にある状況では，三支両軍人員の撤収に強いモメンタムを与えるには根源的限界があったと考えられる。そして，政治に残留していた軍勢力の中心にあったのが，文革収拾の過程を通じて地方の権力構造の頂点に立つようになった地方軍区の首脳部，なかでもとりわけ軍区司令員たちであった[21]。

3. 地方の権力構造の解体

文革の制度化と解放軍の撤退

すでに述べたように，解放軍の原状復帰に精力的に取り組んでいた毛沢東に

---

19) 陳沢（1997）「『批林整風』運動始末」邱石編『共和国重大事件和決策内幕 第一巻』（北京：経済日報出版社），778頁。
20) 中国人民解放軍軍事科学院編（2007）『葉剣英年譜 1897-1986（下）』（北京：中央文献出版社，以下，『葉剣英年譜』），1027頁。
21) たとえば，中共中央文献研究室編（1997）『周恩来年譜 1949-1976（下）』（北京：中央文献出版社，以下，『周恩来年譜』），543, 560頁。

とって，林彪事件は，思わぬ後退を余儀なくさせるものであった。自らが選んだ後継者の死という事態が，文革の正統性，ひいては自らの権威にもたらしうるダメージを最小限に抑えることが優先されたからである[22]。その結果は，政局の面では「極左思想」の批判として，政策の面では経済調整と幹部解放の進展という形で現れた。それは解放軍に対していえば，たとえば「二月逆流」の際に厳しく批判された元帥たちに対する宥和的態度に象徴されるように[23]，軍全体を攻撃の対象にすることを難しくする状況を作り出していた。そして，幹部解放の流れは軍にも及び，文革初期に失脚していた古参幹部のうち175名が，1972年から1973年にかけて復活を果たしている[24]。

解放軍に対する慎重な姿勢は，事件直後から始められた部隊内の「批林整風」運動の展開にも反映されていた。すなわちこの運動は，軍内に存在する林彪勢力の影響を徹底して排除することを目標としながらも，その対象は最初から限定されていた[25]。また，組織体制への影響においても，軍上層部の改編よりは，中隊を中心とする基層レベルの組織再建に重点が置かれていた[26]。毛沢東が海軍に向け直接注意を促しているように，運動の焦点はあくまで「批林」であり，「整風」は付随的な意味以上のものではなかったのである[27]。

しかし，よく知られているように，1972年を通して展開された「極左思想」

---

22) 林彪事件が毛沢東に与えた直接のダメージとして，林彪の死去により地方における軍内派閥を統制するひとつのチャンネルを喪失したという点を指摘する研究も存在する。Huang Jing（2000）*Factionalism in Chinese Communist Politics*（Cambridge : Cambridge University Press）p. 325.
23) 特に1972年1月，陳毅の追悼会への出席は毛沢東の態度変化を全国的に知らせるきっかけとなり，その後，各地で失脚していた党，軍幹部より解放を求める手紙が中央に届いた。
24) 謝国民（1995）「175位将軍的『解放』」安建設主編『周恩来的最後歳月，1966-1976』（北京：中央文献出版社），307-320頁。
25) すでに毛沢東は，「林彪の『死党』〔親玉や集団のために死力を尽くす仲間の意味〕は100人を超えないであろう」と判断していた。祝庭勛（2007a）『李徳生在動乱歳月——従軍長到党中央副主席』（北京：中央文献出版社），260頁。
26) 陳立旭（2005）「『文化大革命』中的『三結合』」『党史文苑』第3期，10頁；鐘徳濤・柳青（2005）「軍隊『批林整風』運動述略」『中共党史研究』第3期，62-63頁；劉志青（2009a）「『批林整風』運動中的軍隊基層建設」『軍事歴史研究』第3期。
27) 『毛沢東文稿 13』319頁。

の批判は，同年12月，毛沢東が林彪の路線を「極左」から「極右」へと再定義することによって，急速にその勢いを失った。この姿勢転換の要因としては，ひとつには，「極左」批判の高まりが文革の全面否定につながることに対する憂慮があった。そしてもうひとつに，この頃，明らかに衰弱の様相を示していた毛沢東の健康状態が彼の状況認識に影響した可能性をも指摘することができよう。健康状態への不安が，自らの人生のなかで「取り上げる価値のある2つの事業」のひとつたる文革の成果を守り，それを維持させるための体制作りに毛沢東を動かしたのである。この時期の毛沢東が，文革に対する「将来」の評価に異常な関心を示していたことも，こうした事情と無縁ではなかろう[28]。

もっとも，こうした毛沢東のなかの優先順位の変化が，革命の流れを再び「奪権」と「全面内戦」の局面へと還流させる意図を内包していたわけではない。文革に対する不満のうねりは，「批林整風」運動のなかでありありと感じ取られていたはずだからである[29]。

毛沢東の関心はむしろ，文革の収拾の局面，すなわち統治体制の再建過程のなかで，文革の成果なるものを如何に体制化し，持続性をもたせるかにあったといえる。そのための必要条件が，一方では，「党の一元化領導」の下での団結であり，他方では，文革の成果を継承していく後継の養成であった。もちろんそのことは，少なくとも9全大会以降において一貫していたが，党委員会の再建という政治的環境の変化，および自らの健康状態による時間的制約への自覚により，この時期にきて急激に具体性を帯びてきたのである。1972年8月の王洪文の党中央への引き上げ，そして10全大会で改正された党規約のなかに，党指導部選出の新たな条件として「老・中・青の三結合の原則」が追加されたことなどは[30]，その具体的なあらわれであった。

---

28) 中共中央文献研究室編，逢先知・金衝及主編（2003）『毛沢東伝 下（1949-1976)』（北京：中央文献出版社，以下，『毛沢東伝』），1644-1645頁。
29) 「批林整風」運動の際に，各地で噴出した文革へのさまざまな不満については，「王洪文在中央読書班的報告」（CCRD, 1974年1月14日）を参照。
30) 選編組（2007）『中国共産党章程彙編（従一大－十七大)』（北京：中共中央党校出版社)，87頁；『周恩来年譜』614-615頁。

かかる文革の制度化の試みのなかで，解放軍の政治からの排除は，いわば重要な前提条件をなしていた。それは第一に，「党の一元化領導」を実現するための前提であった。現に各地で党委員会が成立しているなか，軍事機構による政治指導の継続は，「党の一元化領導」に対する明白な違反であった。

第二に，解放軍の撤退は，再建中の統治体制を革命の継続に適切な形態へと整備するための条件でもあった。革命の成果を守り，堅持していくための組織は，イデオロギー的純粋性はもちろん，簡素な体制をもって社会からの要求に柔軟に対応できる効率性をもちあわせていなければならない。しかし解放軍は，こうした意味で，革命事業の遂行にふさわしい組織ではなかった。すなわち，介入初期の保守派大衆団体への支持に表れていた組織の保守性から，政治主導の局面で明らかになった統治能力の欠如，さらには介入全期間を通じて露呈した深刻な内部分裂まで，文革期の解放軍の政治介入は，国家運営をはじめ，革命事業の遂行を任せるうえで，解放軍がもはや信頼できる組織ではないことを経験的に証明した。かつて「紅にして専である」理想の組織として党と人民のモデルとなりつつあった解放軍は，イデオロギー的純潔さはもちろん，実践的統治能力に関しても，毛沢東に深い失望感を与えたのである。

後者の点をさらに敷衍すれば，政治からの解放軍の退出は，統治理念や毛沢東思想の自明の帰結というよりは，むしろ，解放軍による地方統治が生み出した政治・経済上の種々の問題に対する党中央の政策的・制度的対応であったということができる。そもそも毛沢東の建軍思想に即していえば，政治経済活動への参加はそれ自体解放軍の重要な役目であり，容易に批判，否定しうる性質のものではない。実際，「批林整風」運動のなか，解放軍の政策執行上のさまざまな「誤り」が批判の的となりながらも，三支両軍そのものに対しては慎重な評価がなされていたことは，こうした観点からすれば当然のことであった。三支両軍は「毛主席の英明な決定」であり，その終了は，あくまで革命の新たな現実との不整合という観点から正当化されていたのである[31]。

そして実際に，「党の一元化領導」の原則は，解放軍を退場の方向に導くう

31）『葉剣英年譜』1027 頁。

えで確かに強力な手段ではあったものの,それを振りかざすだけでは,解放軍の部隊復帰を促進するには限界があった。先に指摘したような,解放軍の政治支配が地方に残した影響の大きさはもとより,そもそも再建されたばかりの党組織が,「党の一元化領導」を実現できるほどの体制を整えていたわけではなかったからである。そこで,毛沢東は,党委員会が指導力を取り戻すまでの間,党の機能を分担できる「軍以外」の組織の再建に乗り出す。結果として1973年は,全国政治協商会議の再開を含め,労働組合,共産主義青年団,全国婦女連合といった,公式の社会団体の復活を見た年となった[32]。

民兵の再建

そうしたなか,解放軍をめぐる制度環境の変化として特に注目されるのが,民兵組織の再建運動である。1973年9月29日の『人民日報』,『解放軍報』の共同社説は,新たな民兵の建設を呼びかけている。新たな民兵組織には,野戦軍と地方軍に並ぶ武装力量としての戦略的役割とともに,「プロレタリア階級独裁を強化し,資本主義の復活を防止する重要な力量」としての役割が賦与された。またそこでは,党による民兵工作の「一元化領導」が強く求められ,民兵工作に対する解放軍の役割は相対化されていた[33]。こうした,階級闘争における民兵の役割,および党の「一元化領導」の強調は,1969年後半の中ソ危機の際に,民兵組織の建設,強化が主に解放軍の管理の下で行われ,しかもその役割については,もっぱらソ連の侵略に対する防衛の役割が強調されていたこととは著しい対照をなしている[34]。もちろん,民兵工作への解放軍の関与が完全に否定されたわけではなく,民兵の戦略的役割も言及されていたが,民兵活動の中心は明らかに,「意識形態」上の闘争を含む階級闘争への参加におか

---

32) 制度の再配置を通じて統治体制における軍の支配的地位を相対化しようとする試みは,各級党機構の再建が軍主導の下で進行していた1970年初め,毛沢東が突如として国家機構の再建を急ぐべきとの意思を表したことにも見ることができる。汪東興(1997)『毛沢東与林彪反革命集団的闘争』(北京:当代中国出版社),141頁。
33)『人民日報』(1973年9月29日)。
34) 同様に,1970年8月に開催された全国民兵工作会議においても,民兵訓練の重点は階級闘争ではなく,愛国心の高揚におかれていた。当代中国叢書編集組編(1989c)『当代中国民兵』(北京:中国社会科学出版社),66頁。

れていたことは注目に値しよう。

　もっとも，この民兵再建の呼びかけからは，社会管理における解放軍の役割を弱体化させようとする目的以前に，武装した労働者組織を民兵化することで，文革の生み出した「新生物」を制度化しようとする意図が鮮明に現れている。加えて，そもそも労働者を中心として民兵組織の再建が可能な地域が，少数の大都市に限定されていた点を考えれば，この呼びかけはそれ自体，統治システム全般における解放軍の地位に打撃を与えることを直接の意図とするものではなかったともいえる。

　しかし，労働者を主軸に民兵を組織していく構想自体，軍統制の下で農民を基盤とした組織建設を主要な特徴としてきた従来の民兵モデルからの明確な離脱であることは否めない。少なくとも労働組合の指導者には，民兵と解放軍の分離は，かかる構想に内包された暗黙のメッセージとして受け取られていた。実際に，民兵管理の主導権をめぐって労働組合と現地部隊が先鋭な対立を続けていた上海では，1973年後半以降，民兵指導部における現役軍人の数は劇的に減少していった[35]。こうした傾向に，現地の軍隊幹部が深刻な懸念を示していたことはもちろんである[36]。

　だが，事態は解放軍にとってさらに不利に展開していった。1973年11月，民兵再建における上海の経験が，広い範囲で研究，実践されるべきモデルとして全国に紹介されたのである。同月19日に国務院と中央軍委の名義で発布された「『上海城市民兵状況調査』の通知」は，「平時における都市の管理と戦時における都市の防衛を必ず労働者階級に依存すべき」ことを強調し，「上海の経験」を，「都市における革命的秩序を維持する」上で「手本とすべき重大な経験」と位置づけている。特に注目されるのは，戦時中の都市防衛における民兵の「中核的役割」を保障し，解放軍には「民兵との協調」のみが期待されて

---

35) Elizabeth J. Perry (2006) *Patrolling the Revolution : Worker Militias, Citizenship, and the Modern Chinese State* (Lanham : Rowman & Littlefield), pp. 241-243.

36) 具体的には，武装した労働者を軸とした民兵組織の再建（いわゆる「上海モデル」）が，軍統制の下に，農民を主とする民兵を組み込む従来の武装体制の根本的否定であるという批判がなされていた。同上，pp. 263-271；李文卿（2002）『近看許世友（1967～1985）』（北京：解放軍文芸出版社），221-223頁。

いるところである[37]。あわせて，民兵工作を含め，軍事を掌握し全国の武装力を統制する「党」の役割が再三強調されていることはいうまでもない。

要するに，こうした民兵再建運動の全国的拡散は，文革の成果を体制化し，その執行を当分担うべき解放軍の規律づけという毛沢東の意図を考慮せずしては説明が難しいものである。しかし，こうした毛沢東の意図が，当初の期待通りの成果を挙げたとは考えにくい。新しい民兵組織の再建自体，伝統的に農民を基盤とした民兵の組織・管理に責任を担ってきた解放軍との衝突は必至であった。

八大軍区司令員相互異動

ところが，毛沢東の関心が文革の誤りの修正からその成果を守り，さらにはそれを堅持していくための体制の構築に移っていたこと，そしてそのための最優先課題が軍部統治の現状変更に設定されていたことをもっとも明示的な形で表していたのが，1973年12月に断行された軍区司令員の人事措置である[38]。当事者である司令員たちはもとより，軍全体を震撼させたこの前例のない人事措置は，しかし毛沢東が自ら政治局会議を主宰し政策の動機を説明し[39]，その後4日間にわたって政治局委員を含め，急遽召集した全軍区の司令員，政治委員への説得に当たっているほど，きわめて念の入った措置であった。

政策の要点は，全国八大軍区司令員の相互異動にあるが，そこに含まれている意図を把握するうえで重要なのは，異動時の条件である。そのひとつは，司令員のみの異動になっていたことである。つまり現軍区の政治委員は異動せず，随行人員も10人以内に限定されていた[40]。そしてもうひとつの条件は，異動とともに，各司令員の省級党委員会における職位（8人中7人が第一書記，

---

37)「国務院，中央軍委転発『上海城市民兵状況調査』的通知」(CCRD, 1973年11月19日)。

38)『毛沢東伝』1672-1678頁；『葉剣英年譜』1067-1070頁；「関于大軍区司令員対調等問題的談話要点」(CCRD, 1973年12月12日)。

39)『周恩来年譜』によれば，1973年に開かれた20回の政治局会議のなかで，毛沢東の住居で開かれた会議（3回）を除いて，毛沢東が主宰した政治局会議はこのときのみである。

40)『周恩来年譜』564頁。

表4-1　全国11軍区司令員と人事異動（1973年12月）

軍区司令員	中央での職位	地方での職位	軍職就任年度	移動経路（軍区）
陳錫聯	政治局委員	遼寧省委第一書記	1959.3-	瀋陽→北京
李徳生	政治局常務委員	安徽省委第一書記	1971.1-	北京→瀋陽
許世友	政治局委員	江蘇省委第一書記	1954.3-	南京→広州
丁盛	中央委員	広東省委第一書記	1969.7-	広州→南京
楊得志	中央委員	山東省委第一書記	1955.3-	済南→武漢
曾思玉	中央委員	湖北省委第一書記	1967.7-	武漢→済南
韓先楚	中央委員	福建省委第一書記	1954.3-	福州→蘭州
皮定鈞	中央委員	甘粛省委書記	1969.11-	蘭州→福州
王必成	中央委員	職位なし	1971.6-	留任（昆明）
秦基偉	中央委員	職位なし	1973.7-	留任（成都）
楊勇	中央委員	職位なし	1973.6-	留任（新疆）

出所）Paul H. B. Godwin（1976）"The PLA and Political Control in China's Provinces : A Structural Analysis," *Comparative Politics*, 9-1, pp. 1-20；星火燎原編輯部編（2006）『中国人民解放軍将師名録』（北京：解放軍出版社）；『中華人民共和国職官志』（1993），578-582頁より作成。

表4-1参照）は解消され，新しい地域での兼職は禁止するということである。ただその代わり，中央の職位と軍内職位の維持は保障されることが強調された。

　他方，政策の動機について，毛沢東が繰り返し述べていたのは，同一地域（軍区）での長期勤務がもたらす弊害である。それは一方では，「長くやると，ずるくなる」といった問題であり，他方では，「政治委員がその役割を果たせず，司令員が最終的に物事を決める」という問題であった。特に後者の点は，人事異動の意図が，軍区司令員への過度な権限集中を解消することにあったことを示唆しているが，それがたんに軍内の意思決定過程における司令員と政治委員との関係に限られる問題でないことは，上記の省党委員会での兼職禁止条項にも現れていた。

　ところで，同一地域での長期在職という問題が，はたして今回の人事措置全体を貫くレゾンデートルになりえたかという点については，もう少し詳細な検討が必要である。すなわち，表4-1に見られるように，今回異動の対象となった司令員のうち，「同一地域で長らく仕事をしている」という基準に合致するといえるのは，実際，陳錫聯，許世友，楊得志，韓先楚の4人だけである。残りの4人は，在職期間が一番長い曾思玉でも，文革発動後に現職についてい

る。要するに，この人事異動の真の意図が，同一地域での長い勤務による諸般問題の解消にあったとしたら，その意図は，その条件に該当する上記の4人の間の異動で十分に達成されたはずである。しかるに実際の政策は「新しい」司令員4人を加えた8人の間の相互異動に帰着したわけである[41]。

こうした名分と実質の乖離は，しかし留任となった3人の司令員の異動時期と地方での職位とを合わせて考えると，それほど不思議なことではなくなる。すなわち11軍区全体の観点から見れば，今回の人事措置は，すでに「開始」されていた司令員の全国的な異動を，基本的に「完了」させる意味合いをもっていたということができる。さらにいえば，この八大軍区司令員の相互異動は，大きくは解放軍の原状復帰過程の一環として，具体的には，解放軍の政治介入がもたらした軍区司令員への権力集中とそれに象徴される地方の権力構造，さらにそれを支えていた制度的条件の是正を，全国的規模で行うことを直接的な目標としていたのである。そして，軍区司令員たちが「率先」して，「省軍区，軍分区，人武部がまたこのようにするであろう」というように，全国的な広がりを見せるという計算であった。

一方，この人事異動については，それを軍内における「批林」運動の延長線上で把握する向きも存在する。たとえば，程中原と夏杏珍は，八大軍区司令員異動の真の動機を，その最大の犠牲者ともいうべき李徳生の例を挙げながら次のように説明している。すなわち李の左遷は，彼に対して提起されていた林彪との関連疑惑に対する毛沢東の対応であり，他の司令員に対しても同様の理由で同様の方策が採られていたという説である[42]。

しかしこうした見解は，その後の「批林批孔」運動の展開からいわば逆算されたものであり，政策公表の時点での状況を正確に反映するものとは思えな

---

41) 長期在職の問題が人事異動の包括的な説明になっていないことは，毛沢東自身，公に認めている。1973年12月21日の中央軍委成員との談話のなかで，毛沢東は，「〔瀋陽の〕陳司令，済南の楊得志同志，南京の許世友同志，これらの同志は，ひとつの地方でとても長くやっている。だが，ここの李徳生同志，曾思玉同志，丁盛同志はそんなに長くやってはいない。あなたたちは率先するのだ。そうすると，省軍区，軍分区，人武部がまたこのようにするであろう」と述べている。『毛沢東伝』1675頁。

42) 程中原・夏杏珍（2002）『歴史転折的前奏——鄧小平在1975』（北京：中国青年出版社），9-10頁。

第 4 章　軍部統治の持続 ── 135

い[43]。何より，この説に対する反論は，李徳生本人の状況認識から提出されている。李徳生は，司令員人事に現れた毛沢東の考え方について，「今回の司令員人事は，その重要な目的のひとつを，軍隊が『三支両軍』に参加して以来形成してきた諸々の矛盾を解決することに置いている」と把握している[44]。1970年4月以来，前年度12月に活動を再開した総政治部の主任として，三支両軍人員に対する政治思想教育運動を主導し，また中央組織部とともに，地方の統治機構からの解放軍の撤収工作に取り組み，1972年8月の「草案」の立案に深くかかわっていた李徳生から見て，解放軍の部隊復帰が計画通りに進展せず，また地方の党委員会と部隊の党委員会，そして党政幹部と軍隊幹部との間の対立が解消されていない状況が，毛沢東にどのように認識されていたかは誰よりもはっきり分かっていたはずである。毛沢東からすればまさしく，「地方が喧嘩をしていたら，その原因は軍隊にある」というような状況に他ならなかったのである[45]。

　もっとも，このような観点から毛沢東の意図を受け止めていたのは李徳生だけではない。12月12日，毛沢東談話後の政治局の模様はそのことを伝えるに十分である。政治局会議では，「主席が行った指示の実行は，遅らすべきでない。軍事機構は，党の一元化指導の下にあることを絶対に保障しなければならない。軍は，思想上，組織上，政治上において，変化してもらわなければならない。三支両軍の人員は部隊に撤収したが，矛盾はまだ解決されずに残っている。やはりみんな帰って真剣に検証すべきである」という議論がなされていたようである[46]。

　ところで，この人事異動には，それ以外にも注目すべきところがいくつか存在する。第一に，司令員の人事異動案とともに，鄧小平の政治局，軍事委員会入りが公表されたことである。両者の関連については，従来からいくつかの見

---

43) この人事異動が仮に特定の司令官をターゲットにして行われたという仮説が妥当ならば，政策公表の時点でそのターゲットにもっとも近かった人物は，李徳生ではなくむしろ許世友であっただろう。
44) 祝庭勲（2007a），363頁。
45) 『毛沢東文稿 13』227頁。
46) 祝庭勲（2007a），362頁。

解が提出されている。たとえば，高皋と厳家其は，司令員の人事措置は，そもそも鄧小平の提案によるものと主張し[47]，他方，マックファークアーは，鄧小平の軍事委員会入りは，毛沢東が司令員たちに提示した一種の「補償」であり，彼らを安心させ，政策の確実な履行を確保するうえで「必要不可欠な」措置であったとの見方を提示している[48]。これらの，異なる解釈ではあるが，いずれも司令員人事と鄧小平との関連を示唆する立場に対して，テイウェスとスンは，司令員の人事措置は毛沢東の全面的なイニシアティブによるものであり，実行の手続きは周恩来と葉剣英に任され，政策の作成と実行の過程に鄧小平は一切関与していないと反駁する[49]。もちろん，政策措置の「提案」そのものに関しては，毛沢東自身，それが自分のものでないことを示唆する発言をしているが，実際の提案者が誰にせよ，それはあくまで毛沢東の心中を十分推し測ったうえでの提案であるというのである[50]。

　この点に即していえば，確かに最近の中国側の資料や研究からは，司令員人事の立案，および実行手続きをめぐる議論の段階で，鄧小平の関与を示唆する証拠は見当たらない[51]。だが，政策過程に鄧小平が実際に関与していたか否か，または鄧小平の復帰が政策実行を担保する交渉材料であったかどうかはともかく，重要なのは，軍区司令員の大移動と鄧小平の復職が同時に公表された

---

47) 高皋・厳家其 (1986)『文化大革命十年史，1966-1976』(天津：天津人民出版社)，529頁。
48) Roderick MacFarquhar (1991) "The Succession to Mao and the End of Maoism, 1969-82," in MacFarquhar, ed., *The Politics of China : The Eras of Mao and Deng* (New York : Cambridge University Press), pp. 290-291.
49) Frederick C. Teiwes and Warren Sun (2007) *The End of the Maoist Era : Chinese Politics duning the Twilight of the Cultural Revolution, 1972-1976* (New York : M. E. Sharpe), pp. 21, 140.
50) この人事措置の立案に誰がかかわっていたかは，諸説が存在する。12月12日の政治局会議で毛沢東は，この措置は葉剣英の意見を取り入れたものであると述べているが，12月15日の談話ではこの政策が「河南人の提起」によるものといい，紀登奎の関与を示唆している。「関于大軍区司令員対調等問題的談話要点」(CCRD，1973年12月12日)。
51) 他方で，この案は，葉剣英のみならず，周恩来と王洪文とも事前協議を経ている――つまり鄧小平は参画していない――と指摘するものもある。程中原・夏杏珍 (2002)，6頁。

という事実，さらにはそのような場面を作り出している毛沢東の意図である。各軍区司令員と政治委員たちの前で毛沢東は，鄧小平を次のように紹介している。「ここで鄧小平という1人の軍師を紹介する」，「われわれは現在，1人の総参謀長を招いている。何人かは彼を怖がっているが，彼の仕事のやり方には果断さがある。彼の一生は誤りが3で功績が7である。あなたたちの古き上司であり，私が彼の復帰を要請し，また政治局もそれを要請した」[52]。つまり，ここで鄧小平は単に党の組織活動に復帰しているだけでなく，司令員たちの「上司」として中央での「軍務」を命じられているのである。鄧小平の復職と解放軍との関連は，すでに1972年8月，鄧小平からの手紙に対する毛沢東のコメントのなかに，鄧小平と劉少奇とを区別すべき理由のひとつとして，鄧の軍歴，つまりは革命戦争時の「戦功」が挙げられていたことに暗示されていたわけであるが，ここに至ってその具体的な意味が明確になったのである[53]。

　最後に，鄧小平の復帰とも連関して，大軍区司令員の人事異動に込められていたいまひとつの意図は，中央集権化の意思を地方の軍指導部に明確に伝えることであった。司令員人事を公表する前に，毛沢東は，「政治局は政治を議論せず，軍事委員会は軍を議論しない」とし，「もし改めなければ，私が会議を開いてやる」と怒鳴っている。確かに，直前の政治局会議で周恩来と葉剣英が批判の対象になっていたことを考えれば，政治局と軍事委員会への不満の表出

---

52)『毛沢東伝』1677頁。
53)「対鄧小平来信的批語」『毛沢東文稿13』308頁。この点で，鄧小平復帰の理由をもっぱら周恩来の体調不良，もしくは周恩来に対する毛沢東の不安の増大に求める一部の主張はより慎重な検討が必要である。たとえば高文謙は，「建国以降の権力構造において，鄧（小平）は毛沢東が周恩来を抑えるための手中のカード」であり，今回の中央復帰にも「周恩来を押し込み，あるいは彼に取って代わらせるため」の意図が働いていたと断じている。高文謙（2007）『周恩来秘録』（上村幸治訳）文藝春秋，204, 208頁。確かに1972年後半以降，周恩来に対する毛沢東の態度に変化が生じていたことは明白である。とはいえ，司令員人事異動を含む1973年末の毛沢東の政策と発言をすべて周恩来への牽制の一環として解釈するのは一面的であろう。何より，1973年12月に鄧小平に与えられた軍隊整頓の執行権限は——少なくとも明示的な形では——一度も周恩来に委任されたことのない性質のものである。他方，それでは鄧小平は葉剣英に取って代わる存在であったかといえば，次章で詳しく論じるように，1974年後半以降に鄧小平に与えられていく権限は軍統制の範囲を大きく超えるものであり，その意味で鄧小平を葉剣英の代替物とみなすこともできない。

表 4-2　中央軍事委員会の機構再編（1967-75 年）

改編日時	事務機構	成　員
－	軍委辦公会議	楊成武, 蕭華, 邱会作, 張愛萍
1967. 8. 17	軍委辦事組	楊成武（組長）, 呉法憲（副組長）, 葉群, 邱会作, 張秀川, 李天煥 (1967.11-), 劉錦平（1967.11-）
1968. 3. 25	軍委辦事組	黄永勝（組長）, 呉法憲（副組長）, 葉群, 李作鵬, 邱会作, 謝富治 (1968.11-), 温玉成 (1968.11-)
1969. 4. 28	軍事辦事組	黄永勝（組長）, 呉法憲（副組長）, 葉群, 劉賢権, 李天佑, 李作鵬, 李徳生, 邱会作, 謝富治, 温玉成, 紀登奎 (1971.4-), 張才千 (1971.4-)
1971. 10. 3	軍委辦公会議	葉剣英, 謝富治, 張春橋, 李先念, 李徳生, 紀登奎, 汪東興, 陳士榘, 張才千, 劉賢権, 王洪文 (1973-), 鄧小平 (1973.12-)
1974. 1	軍委六人小組	葉剣英, 王洪文, 張春橋, 鄧小平, 陳錫聯, 蘇振華
1975. 2. 5	軍委常委	葉剣英, 王洪文, 鄧小平, 張春橋, 劉伯承, 陳錫聯, 汪東興, 蘇振華, 徐向前, 聶栄臻, 粟裕

出所）中国人民解放軍総政治部組織部（1995a）『中国共産党中国人民解放軍組織史資料 第五巻「文化大革命」時期（1966.5～1976.10)』（北京：長征出版社), 2-5 頁より作成。

は，じつはそれぞれの機構を主管していた周恩来と葉剣英に対する間接的批判とも読み取れる。だが同時に，このときの毛沢東の発言からは，解放軍の政治関与の拡大と連動して進んでいた地方分権化の趨勢に一定の歯止めをかけようとする意図がうかがえることも事実である。そのもっとも端的な例は鄧小平の中央の党・軍事機構への復帰そのものであるが（表 4-2 参照), 鄧小平の復帰に際してとりわけ政治局の制度的中心性が強調されていたことも見逃せない。鄧小平の復帰をあくまで政治局の「集団的」決定の所産としつつ，毛沢東は，「政治局はすべてを管轄する。党・政・軍・民・学〔校〕, 東西南北をすべて指導する」と述べていたのである[54]。

---

54) 同上, 321 頁。

小　括

　以上，本章では，軍部統治の現状に対する毛沢東の認識と行動の変化について検討を加えてきた。ここまでの議論を要約しておこう。

　軍部統治のもたらした問題に対し，当初個別幹部への説得や注意喚起などの穏健な手段で対応していた毛沢東は，徐々に攻勢の度合いを強め，批判の範囲を広げていった。こうした変化は，ついに解放軍の政治介入を定式化していた三支両軍の終了に結実したが，それで解放軍の統治活動がただちに終焉したわけではなく，地方における軍主導の統治構造は維持されていた。1973年後半から翌年にかけての，中央と地方の軍首脳部に向けた毛沢東の露骨な批判と人事措置は，三支両軍の終了をはじめとする初期の政策的対応が，必ずしも所期の成果を挙げていなかったことの証左である。

　しかし，注目しなければならないのは，軍隊幹部を標的とした批判運動の展開が，部隊の原状復帰を却って難しくする原因となっていたことである。すなわち，地方での派閥対立がなお解消されておらず，しかもいまや軍隊幹部が批判の槍玉に上げられている状況下で，一律に撤退を実施することは，武力によってかろうじて保たれていた秩序の崩壊とともに，状況如何によっては，三支両軍に参加したすべての幹部兵士への批判と攻撃をもたらす可能性を孕んでいた。

　加えて，特定幹部への批判とは対照的に，解放軍の政治関与そのものに対する毛沢東の態度には，一定のあいまいさが残っていたことを指摘せねばならない。すでに確認したように，1970年後半以降，軍部統治の現状について思想と組織の両面で比較的明確な問題提起を行っていた毛沢東は，林彪事件以降，解放軍の統治活動そのものよりは，個別の軍隊幹部の信頼性に注意を集中させていった。こうした姿勢転換は，林彪事件以後の毛沢東の政治的立場の変化を反映しているが，結果としては，軍部統治を持続させる要因として作用していた。

　したがって，本章の考察から導かれるひとつの含意は，軍部統治の現状を変

更するには，こうした毛沢東のジレンマと，現場における軍隊幹部のジレンマを同時に解決しなければならない，ということである。この点について次章では，鄧小平の主導する 1975 年の軍隊整頓の試みを中心に詳細な検討を加えることにする。

第 5 章

軍部統治の解消へ

—鄧小平と軍隊整頓—

　序章において確認したように，1975 年は，本書が分析の対象とする軍主導の政治状況に大きな変化が生じた年である。各級統治機構に占める軍隊幹部の比率が，1975 年を契機に急激な減少を始めたのである（序章の図序-1 と序-2 を参照）。前章で検討したように，統治の領域からの解放軍の撤退がさまざまな政策手段の採用にもかかわらず，遅々として進まなかったことを考えれば，1975 年の進展ぶりは注目に値する。ではこうした変化は何故，またどのように起こったのだろうか。

　従来の研究は，1975 年の軍隊整頓を規定した最大の要因として，当時政治の前面に復帰していた鄧小平の役割を強調してきた[1]。そこでは，軍隊に始まり，経済と教育の領域にまで及んだ 1975 年のいわゆる「全面整頓」には，「脱文革」に向けた鄧小平の強い意志と，彼特有の「果断で単刀直入な」政治手法が色濃く反映されていた，というのが共通した見解となっていた[2]。

　しかし，本書のこれまでの議論に従えば，こうした従来の見解はひとつ重要な要素を欠いていることになる。それは，そもそも鄧小平を政治の舞台に呼び

---

1) この点を確認するには，1975 年整頓に関する近年の代表的な業績のタイトルを見るだけで十分である。たとえば，程中原・夏杏珍（2002）『歴史転折的前奏——鄧小平在1975』（北京：中国青年出版社），張化（2004）『鄧小平与 1975 年的中国』（北京：中共党史出版社）。

2) 高文謙（2007）『周恩来秘録』（上村幸治訳）文藝春秋，278 頁。

戻し，制度的権限を賦与した毛沢東の役割である。毛沢東による権限委任を抜きにしては，そもそも「全面整頓」なるものが何故始まり，また，なぜ鄧小平は整頓の政策過程において強いリーダーシップを発揮することができたかは説明困難である。端的にいえば，鄧小平は，毛沢東の信任，そして毛沢東が委任した整頓の執行権限にもとづいて，政策過程を主導していたのである。

そしてこのような，毛沢東から鄧小平への権限委任の構造がもっとも明瞭な形で現れていたのが軍隊整頓である。軍隊は，鄧小平の指導力がもっとも大胆に行使され[3]，実際に「全面整頓」のなかで最初に取り組まれた領域である。とはいえ，こうした鄧小平の指導性が軍内における彼個人の人脈と威信に主たる基盤を置いていたとは考えにくい[4]。その背後には，解放軍と政治の現状に対する毛沢東の強い危機感と問題解決への明確な意思があり，それが権限の移転とともに，解放軍に対する鄧小平の統制力に正統性を与えたのである。

ただし，こうした意味で毛沢東の役割を重くみることは，具体的な政策過程に作用した鄧小平の独自の役割を軽視することにはならない。第一に，鄧小平は毛沢東の代理人でありながら，毛沢東とは異なる政策選好を有していた。後述するように，整頓の目的と範囲に関する毛沢東と鄧小平の認識にはかなりの隔たりが存在していた。第二に，鄧小平は，問題の解決に当たって，彼の前に国家と軍の初歩的整頓を進めていた周恩来や葉剣英とは異なる手法を採用しており，それは，とりわけ政策執行の結果に大きな影響を与えていた。

本章は，1975年の軍隊整頓の展開を，毛沢東による鄧小平への権限委任，

---

3) 鄧礼峰（2001）「鄧小平与1975年的拡大軍委会議」『百年潮』第3期, 345頁；曾慶洋・鄧礼峰・陳奇勇（2003）「1975年的軍隊整頓」『当代中国史研究』10-4；張廷発（1999）「70年代中期両次軍委会議的前前後後」『党的文献』第4期, 64頁；李可・郝生章（1989）『「文化大革命」中的人民解放軍』（北京：中共党史資料出版社), 151頁。
4) 1975年初めの段階で鄧小平の軍内基盤は，従来の研究で示唆されるほど堅固なものであったとは思えない。1973年12月以降，確かに，鄧小平とのつながりの深い「第二野戦軍」系列の軍幹部の昇格が目立ってきたが，1975年の段階で鄧小平がそれらの軍隊幹部を，たとえば国務院に設置を命じた政治研究室と同様，自らの基盤として組織し活用した痕跡は見当たらない。解放軍に対する鄧小平の影響力は，少なくとも1975年の段階では，毛沢東の信任と党と政府にまたがる制度的権限によって調達されたものであり，この点で，中央軍委を主宰していた葉剣英や，副主席の除向前や聶栄臻とは区別される。

ならびに，実際の政策執行過程における鄧小平の戦略に着目しながら再検討する[5]。すなわち，本章の課題は，なぜこの時期軍隊整頓の動きが本格化し，また，政策執行の重点はどこに置かれ，結果としてどのような成果を収めたかを，軍部統治の解消に向けた毛沢東と鄧小平の思惑と戦略に焦点を合わせ，明らかにすることである。

1. 整頓とは何か──機会と制約

　本節では，本章と次章で重点的に扱うことになる軍隊整頓の政治的文脈を理解するための予備作業として，そもそも整頓とは何を意味するものとして理解されていたかについて，簡単に述べておきたい。
　整頓は，もともと軍隊用語である。軍隊用語としての整頓は，通常「戦闘や戦役の後に部隊を再組織し，次の戦闘に備える」ことを意味し，その過程で特に重要なのは「領導グループの再建」とされている。また，過去の戦闘中の誤りは批判されるが，重点はあくまで次の戦闘に備えた「補給ラインの再建」と「領導グループの構成」におかれるのが特徴である[6]。
　より一般的な文脈でいえば，整頓は，政治運動の行き過ぎがもたらした混乱の収拾，もしくは不健全な状態の是正を意味する。あえて分解すれば，整頓の過程には，(1) 政治運動のなかで生じた誤りを正し (rectify)，同時に (2) 政治運動の成果を固め (consolidate)，(3) 運動のさらなる前進のために体制を整える (readjust)，といった要素が含まれている。

---

[5] こうした視点の採用には，次の2つの留保が必要である。第一に，毛沢東と鄧小平の相互関係を重視するからといって，他のアクターの役割を看過することではない。たとえば，中央軍委副主席の葉剣英は，軍隊整頓の実質的な責任者であり，実際に彼が鄧小平とどのような関係を結びながら整頓を進めていったかは，それ自体ひとつの重要な論点になる。第二に，これまで論じられてきたように，軍隊整頓の展開は，中央のエリート政治のたんなる反映ではないということである。すなわち，政策過程の分析では，中央と地方関係，とりわけ鄧小平と地方の軍隊幹部との相互作用が重要な観察対象になる。

[6] 中国人民解放軍軍事科学院（1972）『軍語』（軍内試行本），53頁。

重要なのは，整頓は背景となる政治運動を否定するものではないこと，また活動の中心は誤りの批判ではなく体制の立て直しにおかれていることである。エズラ・ヴォーゲルが指摘しているように，1975年に行われた種々の試みについて，鄧小平が一貫して整頓という言葉を当てているのは，文革を通じて繰り返された批判と反批判の悪循環を断ち切ろうとする意志の表示であった[7]。

　同時に，整頓の限界も明確である。つまり整頓は，毛沢東の表現でいえば，文革の「三割の誤り」の修正は目指し得ても，文革そのものを否定することはできない。むしろ重要なのは，文革の「七割の功績」を定着させ，かつ発展させていくための体制をいかに構築するかという課題であった。ゆえに整頓には，文革を収束させ，それ以前の状態へ回帰させるといった「脱文革」への試みは少なくとも定義上はまったく許されていなかった[8]。

　ただし，こうした整頓の制約性が，その下での政策過程を硬直したものにしたとは限らない。というのも，整頓の進め方に関する具体的な方針はなく，分野によっては，かなり大胆な政策執行が許されていたところもあったからである。いずれにしても，整頓の内容と範囲，またそのペースについては，つねに毛沢東の意図を確認することが欠かせなかった。そこで，次節ではまず，軍隊整頓への毛沢東の思惑をまず確認してみることにしたい。

2. 軍隊整頓の決断——毛沢東の思惑

　本節では，解放軍の整頓が要請された背景として軍主導の政治状況に対する毛沢東の認識について考察する。その上で，鄧小平の復活の意味について議論

---

7) Ezra F. Vogel (2011) *Deng Xiaoping and the Transformation of China* (Cambridge : The Belknap Press of Harvard University Press), p. 96.

8) 政治的局面としての整頓に関するこうした理解は，当時の幹部によって共有されていたように思われる。たとえば，科学技術の領域で実務を担当していた李昌は整頓について次のように述べている。「私にとって整頓とは，熾烈な戦闘を終えた後に，部隊を一休みさせ，体制を整えて，次の戦闘に備えることである」。「胡耀邦，李昌的講話」(1975年8月21日)。宋永毅主編 (2006)『中国文化大革命文庫 Chinese Cultural Revolution Database』第二版 (香港：香港中文大学出版社，以下，CCRD) 所収。

する。

軍介入の長期化と毛沢東

　軍隊整頓の始まりとして，従来の研究が主に着目しているのは，林彪事件直後の 1971 年 10 月 4 日，新しく成立した中央軍事委員会辦公会議（軍委辦公会議）における毛沢東の談話である。その場で，毛沢東は，「林彪が仕事をしてきた十数年間，軍には少なからぬ問題が生じた。『四好』運動は多くの形式的なことを行い，軍事訓練にも形式主義が芽生え，また部隊の作風も悪くなった。わが軍隊はしっかりと整頓しなければならない」と述べていた[9]。

　ところが，毛沢東が軍隊整頓について言及したのはこのときが初めてではない。林彪事件に先立つ 1971 年 8 月，地方軍区の指導幹部との談話で，毛沢東は軍隊整頓の必要を次のように強調している。

　　第一に軍隊は慎重であるべきである。そして第二に地方も慎重でなければならない。軍隊は統一すべきであり，また整頓すべきである。……貴方たちは軍事に関心をもつべきであり，文官の役割だけでなく，武官の役割を全うしなければならない。軍隊の整頓に力を入れ，不正な傾向を正し，分派主義[10]，宗派主義を警戒し，団結させるべきである。現在〔わが軍隊は〕文ばかりして武をやらず，文化軍隊に成り下がっている[11]。

　この談話で注目されるのは，「軍の問題」の根源と性質に関する毛沢東の認識である。すなわち，問題の根源は，林彪主導の軍事工作にあるというよりは，文革以来の解放軍の政治介入の拡大にあった。革命の混乱と党政機構の崩壊は，治安維持と統治の両面における解放軍の役割を大いに増大させたのである。したがって，問題の本質は，軍事訓練における形式主義や作風上の官僚主義にとどまらない，政治体制の急速な軍事化にあり，そこで，党組織の再建を

　9）中国人民解放軍軍事科学院編（2007）『葉剣英年譜 1897-1986（下）』（北京：中央文献出版社，以下，『葉剣英年譜』），1004 頁。
　10）原文は「山頭主義」となっている。軍隊と関連して比較的多く使われる概念である。
　11）中共中央文献研究室編（1998）『建国以来毛沢東文稿 第十三冊』（北京：中央文献出版社，以下，『毛沢東文稿 13』），247-248 頁。

通じて政治システムにおける解放軍の役割を相対化させることが，当面の課題として認識されていた[12]。

一方，林彪事件の発生は，こうした意味で解放軍の整頓を急いでいた毛沢東に，政策執行を加速していく格好の機会を提供するものであった。解放軍に発生していた種々の問題を林彪主導の軍事工作の結果とすればよかったのである。ただ，事件直後の政情は慎重な対処を要求していた。解放軍を含む政局の安定が優先されたからである。そうした慎重な姿勢は，批林整風運動の開始にあたってその「打撃面」を縮小するよう指示していたこと，また，1972年初頭に開催が予定されていた軍委拡大会議を「十分な政治上，思想上，組織上の条件が必要」として延期したことにあらわれていた[13]。

とはいえ，解放軍の政治主導の状況を早急に解消すべきとする毛沢東の意図が変わることはなかった。1971年半ばにようやく省級党委員会の再建が完了すると，政治からの軍の退出をうながすため，1972年8月，まずは軍の政治介入を正当化していた三支両軍の命令が正式に解除された。前章で詳しく検討したように，この決定により，「地方の党委員会がすでに決定したことを，さらに部隊の党委員会に持っていって議論する」ような，党の一元化領導に反する「さかさま」の状態は，それを正当化していた制度的根拠を失うことになった[14]。

だが，軍主導の政治状況は容易に解消されなかった。象徴的だったのは，再建された党委員会の主要ポストを依然として軍幹部が占めていたことであった。なかでも地方軍区の司令員は，そのほとんどが軍区所在地の省委員会の第一書記として，地方権力の頂点に君臨し続けていた。そこで，このような状態の打開を主な理由として毛沢東が断行したのが，1973年12月の八大軍区司令

---

12) 9全大会以後本格化する「整党建党」運動は，その重要な目的を軍の影響力の減少においていた。
13) 中共中央文献研究室編，逢先知・金衝及主編（2003）『毛沢東伝 下（1949-1976）』（北京：中央文献出版社，以下，『毛沢東伝』），1607頁；鐘徳濤・柳青（2005）「軍隊『批林整風』運動述略」『中共党史研究』第3期，34-39頁；李可・郝生章（1989），145頁。
14) 『毛沢東文稿 13』248頁。

員相互異動である。移動の対象になった司令員は，転出先の省委員会書紀の兼職が明確に禁止された。この人事措置に端を発して，地方軍区の指導部に対する攻勢が翌年の批林批孔運動中に展開され，そのなかで，多くの軍区幹部が徹底的に批判された。

　以上のように，早い段階から解放軍（と政治）の状況に不満を感じていた毛沢東は，政治における解放軍の影響力の縮小を最大の課題としていた。その課題の解決が必ずしもうまくいかなかったのは，何より，解放軍に取って代わるべき党，国家の組織再建，および失脚した党政幹部の復帰が遅延していたことに最大の理由がある。だが同時に，毛沢東にとって，解放軍の政治関与そのものを否定することが容易でなかったことも重要である。というのは，最初の軍介入の決定，および軍介入を正当化していた三支両軍の指示は，いずれも毛沢東自らが提案したものであり，その直接の否定は，自らの誤りを認めることになりかねなかったからである。しかしいまや，解放軍の存在自体が，あらゆる問題の根源となっている状況であった。毛沢東は，党組織再建の進捗状況を睨みつつ，解放軍に対する圧力を徐々に強めていった。

初期軍整頓の展開——李徳生と葉剣英

　解放軍の政治介入の拡大を懸念していた毛沢東が最初にその抑制の手がかりにしたのは，軍幹部の思想と作風の問題であった。地方幹部や人民大衆に対する解放軍の高圧的な態度を公然と批判したのである。その結果，1969 年後半から，軍内に「驕りと焦りを警戒する」運動が始まった。そして，運動の推進主体となっていたのは同年 11 月に活動を再開した総政治部であり，その舵を取っていたのは主任に任命された李徳生であった。

　軍幹部の行動に対する批判は，やがて解放軍の政治介入が生じたさまざまな問題に拡大されていった。そうした流れのひとつの集約ともいうべきが，1972 年 1 月，総政治部が全軍に発出した「解放軍が全国人民に学ぶ運動」であった。当該運動に含まれた活動の内容は，幹部の理論学習の強化，軍が使用していた地方財産の返上，そして「軍人優先」規定の削除など，多岐にわたっていたが，その概要は，「政府を擁護し，人民を愛する」というスローガンに集約

されているように，軍と地方幹部との関係，および人民大衆との関係の改善をはかることであった[15]。

しかし，問題の根源が，軍の政治介入の状況にあるという点に変わりはなかった。この状況が解消されない限り，軍と地方幹部，人民大衆との関係改善は，その成果を期待できるものでもなかった。そこで，総政治部が，党中央組織部とともに政策案の作成に取り組んだのが，同年8月に中共中央，中央軍委の名義で全国に下達された「三支両軍問題への意見を求めることに関する通知」と，それに添付された「三支両軍の若干の問題に関する決定（草案）」に他ならない。

総政治部によるこれらの活動の遂行に，主任としての李徳生の役割は重要であった。もちろん，後の鄧小平の場合と同様に，李徳生に党，政，軍にまたがる広い権限をあたえ，解放軍の原状復帰の仕事にあたらせたのは，毛沢東であった[16]。とりわけ李徳生の抜擢には，彼の軍歴や年齢などの要因も重要であったが，同時に，彼が安徽省における三支両軍工作の指揮をとり，それを成功させたという実績も重要な要因になっていた[17]。すなわち，李徳生は，解放軍の地方工作のエキスパートとして引き上げられ，それに関連する問題の解決を求められていたのである。

他方，林彪事件後，改組した中央軍事委員会辦公会議（軍委辦公会議）を主管していた葉剣英には，より広い範囲での軍隊整頓の責務が与えられていた。たとえば，1972年初頭の開催を予定していた軍委拡大会議の準備会合では，当初「重大問題」だけでも，軍事路線の確定から，政治工作，国防計画，中隊建設，軍事訓練，編制と装備，軍事工業，三支両軍など，多くの案件が議題に

---

15) 劉志青（2003）「論『九一三』事件後『解放軍学全国人民』活動」『当代中国史研究』第3期，88頁。
16) 1969年4月の9全大会で政治局候補委員に選出された李徳生は，同年7月から，国務院業務組，中央軍委辦事組の一員として中央工作に参加するようになった。なお，北京に活動の場を移した後でも，地方の党政機関での職位，すなわち安徽省委書紀，同革命委員会主任，南京軍区副司令官の職位はそのまま維持された。
17) 祝庭勛（2007a）『李徳生在動乱歳月――従軍長到党中央副主席』（北京：中央文献出版社），78-81頁；祝庭勛（2007b）「林彪精心設計的一場『接見』」『百年潮』第3期，74頁。

あがっていた[18]。

　だが問題は，当時の中央軍事機構にこれらの案件を実行に移すだけの指導力が欠如していたことである。このことは，当初最優先課題とされていた指導グループ調整でさえ，中央直属の一部単位をのぞけば，ほとんど手がつけられない状態にあったことから明確である。なかでも軍以下のレベル，すなわち大軍区を除く各軍，省軍区，軍分区およびそれ以下の基層単位については，情報の収集すらほとんどできていない状況であった。そうしたなかで，「力を入れることも，関与することもできない」ありさまだったのである[19]。

　ただし，こうした中央の統制力の欠如は，たんに軍委領導体制の不備に起因する問題ではなかった。それは，当時の地方の政治状況を考えれば，ある意味当然の結果であった。つまり，解放軍の政治介入が長引き，国家と社会の広範な領域へと活動を浸透させていくなかで，「軍の問題」は，もはや軍事系統のみで対応できる水準をはるかに超えていたのである。

　軍介入の持続と拡大に起因する問題の複雑さが政策的対応を困難にしていた最たる例が，三支両軍任務の解消，すなわち，地方統治に参加していた部隊と幹部の復帰を実現する案であった。この問題に対しては，先に述べたように，1972年8月の時点で政策の草案自体は全国に下達されていた。だが，政策実行の面でいえば，地域による程度の差こそあれ，その後の進行は極めて遅々としたものであった。すなわち，「部隊は去ったが，人は残っている」といわれていたように，地方の各級党委員会には多数の軍隊幹部が依然として主要ポストを占め，さらには，「地方の党委員会がすでに決定したことを，さらに部隊の党委員会に持っていって議論する」という状況も継続されていた[20]。

　このように解放軍の部隊復帰が進まない状況に対して，葉剣英率いる軍委指導部は有効な手立てをほとんど打ち出せなかった。それは先に述べたように，軍区以下の部隊に対する，地方との関係を含む情報の収集がほとんどできていなかったこと，また，多くの権限が移転，集中していた各大軍区に対する統制

---

18)『葉剣英年譜』1002-1003頁。
19) 同上，1026-1027頁。
20) 鄧力群（2000）『国史講談録 第三冊』（北京：中華人民共和国史稿），325頁。

も軍事系統のみでは容易でなかったことに現れていた。そうした状況で，中央軍委としては，たとえば，軍事管制下の企業単位の生産性低下を理由に，軍隊幹部の「自発的な」退場を要請する程度がせいぜいであった[21]。結局，地方からの部隊復帰の問題について，地方幹部と軍幹部との対立が先鋭になった省の責任者を中央に招集し，政治局レベルでのその場しのぎの対応が図られていた[22]。

もちろん，1972年から1973年にかけ，葉剣英主導で行われた軍隊整頓が，まったく何の成果も挙げられなかったわけではない。成果のひとつは，会議の開催自体は実現しなかったものの，軍委拡大会議の準備過程において中央と地方の大単位部隊（各軍種兵種および地方大軍区）に対する基礎的調査が行われたということである。もうひとつの成果は，軍隊幹部や組織編制の問題について，中央組織部を含む関連機関との提携の下で問題の検討がなされていることである[23]。これらの努力が後の1975年整頓の際に生かされるのはもちろんである。

とはいえ，毛沢東からすれば，このような軍整頓の状況は，非常に不満足なものであった。1973年12月，「軍事委員会は軍を議論しない」という厳しい批判とともに，八大軍区司令員相互異動に踏み込んだのは，まさにこのような状況下であった。「軍の問題」の核心に取り組めていない軍整頓の行き詰まりに，毛沢東が自らのイニシアティブで正面から突破をはかったのである。

1973年12月の一連の会合と司令員移動措置は，さまざまな意味で注目すべき措置である。なかでもここまでの考察と関連して重要なのは，それまでの軍隊整頓の執行体制に重大な変更が加えられたことである。李徳生の排除と葉剣英批判に時をあわせた，鄧小平の軍指導部への参画がそれである[24]。

---

21)『葉剣英年譜』1027頁。
22) 中共中央文献研究室編（1997）『周恩来年譜 1949-1976（下）』（北京：中央文献出版社，以下，『周恩来年譜』），543-544，560頁。
23)『葉剣英年譜』1068頁。
24) 李徳生は北京軍区から瀋陽軍区へ転出し，同時に総政治部主任から外されている。

鄧小平の復帰と軍の問題

1973年12月,毛沢東は,鄧小平の政治局と中央軍委入りを公表した。同年3月,副首相ポストへ復帰して以来目立った活動を示していなかった鄧小平の「実質的」な政治復帰といえよう。だが,鄧小平の復帰をさらに目立たせたのは,同じ場で,八大軍区司令員の相互異動という空前の政策措置が発表されたことであった。

これらの2つの事柄が実際どのような結びつきをもっていたかは確かでない。政策立案への鄧小平の関与を主張する説もあれば[25],鄧小平の復帰は政策の貫徹を保証する手段であったとの説もある[26]。一方で,鄧小平と当該政策との無縁を主張する論者もいる[27]。

具体的な経緯はともかく,重要なのは,この2つの重大案件が,地方軍区の指導幹部の前で同時に公表されたという事実と,そのような場を作り出した毛沢東の意図である。端的にいえば,1973年12月の一連の会合は,軍隊整頓に対する毛沢東の考えを,中央と地方の指導者,とりわけ地方の軍指導部に明確な形で提示するための一大パフォーマンスであった。

まず,第一に,大軍区司令員の相互異動は,解放軍に関連する懸案のなかで,毛沢東が具体的にどのような問題に関心を集中させていたのかを明示するものであった。その問題とは,すでに指摘したように,解放軍の政治介入の長期化であった。そこで,軍幹部を地方政治から切り離すことで,地方の党委員会を一新し,その下で党の一元的領導を実現する,というのが毛沢東の思惑で

---

25) たとえば,Jing Huang (2000) *Factionalism in Chinese Communist Politics* (Cambridge : Cambridge University Press), p. 204.

26) 鄧力群 (2000), 322頁。一方,鄧力群とは少し異なる観点から,マックファークアーは,鄧小平の復帰を毛沢東が司令官たちを安心させるために活用したある種の交渉カードであったとの見解を示す。

27) 程中原・夏杏珍 (2002), 6頁 ; Frederick C. Teiwes and Warren Sun (2007) *The End of the Maoist Era : Chinese Politics during the Twilight of the Cultural Revolution, 1972-1976* (New York : M. E. Sharpe), p. 140. 実際,74年における鄧小平の活動内容を見れば,鄧の軍事活動への参加は,ゆっくりとした,かつ段階的なものであったことが分かる。74年を通じて,軍委のなかで鄧小平に割り当てられた仕事が,陣地整備と弾薬管理といった比較的「非政治的」なものであったことがその一例である。中共中央文献研究室編 (2009)『鄧小平年譜1904-1974 (上)』(北京:中央文献出版社), 6頁。

あった。こうした毛沢東の意図を，李徳生は次のように敷衍している。

　今回の司令員相互異動は，軍隊が「三支両軍」に参加して以来生じてきた種々の矛盾を解決することに重要な背景がある。……三支両軍に参加した人員の復帰と機構の廃止がすでに決定されているにもかかわらず，多数の軍単位でその実行が貫徹されていなかったのである。その結果，毛沢東は，「地方が喧嘩をしていたら，その原因は軍隊にある」と思うようになり，今回の司令員人事を通じて，司令員たちの省委員会での書記兼職を厳格に禁止する措置を取ったのである。この措置によって，既存の地方幹部が仕事に復帰する条件が整うようになった[28]。

　そうすると，軍隊整頓の次なる課題も明確になる。すなわち，大軍区司令員を対象に始まった「人事交流」を，軍全体に拡大・貫徹させ，解放軍と地方政治との確かな切断をはかること，具体的にいえば，軍内の部隊，地域間の人事交流を，大軍区以下のレベル，つまり各野戦軍と省軍区，軍分区にまで拡大実行させることが，次の課題として提示されたのである[29]。

　第二に，司令員異動とタイミングをあわせた鄧小平の軍事委員会入りは，今後の軍隊整頓の実行に彼が主導的な役割を演じていくであろうことを強く示唆するものであった。前章で引用しているように，各軍区指導部が一堂に集まったところで，毛沢東は，鄧小平の軍委参加は自らの要請によるものであり，その重要な根拠は政策実行における鄧の果断さにあることを述べている。

　第三に，司令員相互異動と鄧小平の復帰に共通して見られる意図として，中央統制の強化を挙げることができる。政治からの軍の排除は，たんに地方の統治構造に生じた歪な構造の解消のみならず，軍の政治主導と同時に進行していた分権化の傾向に歯止めをかけようとする試みでもあった[30]。その第一歩として，あらゆる権限が集中していた大軍区の権力構造に揺さぶりをかけ，また同時に，中央の軍領導体制の強化を通じて，部隊の現状すら把握されていなかった軍区以下の単位に対する統制力の回復をはかろうとしたのである。

---

28) 祝庭勲（2007a），363-364 頁。
29) 『毛沢東伝』1001 頁。

中央による軍統制の強化は，とりわけ経済管理の問題と関連して重要な意味をもっていた。全国の企業管理における解放軍の支配的役割を考えれば，特に経済運営の領域で顕著だった分権化の傾向に歯止めをかける手段として軍統制の強化をはかったのは，現実的に当然の選択であった。事実，解放軍による企業運営の状況はすでに緊急の対応を要請する状態にきていた。たとえば，1972年11月，瀋陽軍区が中央軍委と総政治部に報告した「軍管理下の工場状況と今後の整頓に関する意見報告」によれば，当軍区が管理している工場は403カ所におよび，年間生産額は6227万元に至っている。問題は，一部の企業が国家の税収政策を執行せず，長期にわたって税金を納めていないことである。軍区の管理する工場で，統一税の対象となっている324カ所の工場のうち，3分の1を超える122カ所の工場が税金を納付しておらず，所得税に関しては，対象工場の94カ所のうち，わずか16カ所だけが中央に税金を納付している[31]。

　このような，軍隊整頓に対する毛沢東の意志と選好は，1974年前半を通して展開された批林批孔運動にも明確に反映されていた。批林批孔運動の主な矛先が解放軍に向けられていたことはよく知られている[32]。なかでも批判が集中していたのは，異動の対象となった司令員たちをはじめとする，地方軍区の首脳部であった。林彪との関連を清算するという名目で，地方の大衆団体との関係を含む軍首脳部の「罪状」が徹底して告発，批判されていった[33]。一方で，中央統制の強調は，孔子に対比される，始皇帝の統治に対する称賛を通じて，

---

30) 文革期の経済体制の分権化については，国分良成（2004）『現代中国の政治と官僚制』慶應義塾大学出版会，150-152頁を参照。国分は，政治の軍事化と経済の分権化の同時進行に注目しながらも，政治の軍事化を，主に戦争準備のための「集権化」への傾向としてとらえているため，経済の分権化との関連を論理的に不整合なものとして理解している。しかし，文革期政治の軍事化が事実上「軍による統治」をその本質としていた点に着目すれば，政治の軍事化と経済の分権化とは決して矛盾した関係にあるわけではなく，あえていうならば，後者の進行は前者の一帰結として理解することもできる。
31) 総後勤部生産管理部軍隊生産経営史料叢書編審委員会（1997）『中国人民解放軍生産経営史料叢書　軍隊生産経営大事記（1949-1995）』（北京：解放軍出版社），123頁。
32) たとえば，安建設（2000）「毛沢東與『批林批孔』若干問題考述」『党的文献』第4期，57-62頁。
33) 林林（2008）「中共中央1974年九号文献由来考略」『福建党史月刊』第3期，100頁。

最初から運動の中心的テーマとなっていた[34]。

こうした流れのなかで，解放軍に対する批判がようやく収まるきっかけとなったのは，1974年8月中旬から9月初めにかけて開かれた軍高級幹部会議であった。各大軍区の司令員と政治委員を召集して行われたこの会議は，中国の公式見解では，当時軍首脳部への調査，監視活動を取り仕切っていた王洪文が，地方の軍指導部を名指しで糾弾した会議とされている。だが，会議の開催を提案した毛沢東の意図は，前年末に自ら火をつけた大軍区指導部への批判運動を収束させ，軍内部において「安定と団結」の局面を作り出すことにあったと思われる。たとえば毛沢東は，会議の中間報告を受ける際に「〔この会議は〕悔やみをいう場でも，自己批判を強要する場でもない。緊張した雰囲気を作り出す必要はなく，伝達範囲は広げる必要もない。自己批判の内容を下達することも必要ない」と述べ，事態の沈静化を図っていた[35]。

それ以後，1974年後半を通して，鄧小平への権限の移転が進行する。まず政府第一副総理への昇任が決められ，続いて，中央軍委副主席と総参謀長への任命が決定された。注目すべきは，総参謀長への起用である。すでに述べたように，組織の形骸化により機能不全に陥っていた中央軍委が再び動くようになったのは1974年のことである。その間，中央軍委の事務機構の役割を代行していたのが総参謀部であった。作戦と訓練業務はもちろん，地方軍区との事務調整は総参謀部によって遂行されていた。総参謀長職の重要性は，第一副総理とは異なり，江青が総参謀長の候補者を自ら提案していたことに表れている。周恩来すら慎重であった鄧小平の起用に踏み切ったのは，もちろん毛沢東であった[36]。

以上見てきたように，解放軍に依存する統治構造の持続に不満を募らせていた毛沢東は，自ら果敢な政策措置を採ることによって，現状打開への舵を切っ

---

34)『人民日報』(1973年9月28日)，2頁。
35) 顧為銘 (2003)「軍隊高幹会和毛沢東的『八月指示』」『当代中国史研究』10-6, 117頁。この点で当該会議の意義を重視するのが程中原である。程は，1973年12月から翌年の8月までを，1975年の軍隊整頓のもっとも重要な前段として位置づけている。程中原 (2009)『与哈佛学者対話当代中国史』(北京：人民出版社), 57-58頁。
36) Teiwes and Sun (2007), pp. 203-205.

た．同時に，政策執行の新たな代理人として鄧小平を引き上げ，軍隊整頓の責任と権限を明示的な形で鄧小平に移転した．では，こうして確保された軍隊整頓の執行権限を，鄧小平はどのように活用していったのだろうか．

3. 軍隊整頓の執行——鄧小平の思惑

本節では，鄧小平主導下の軍隊整頓の執行過程について検討する．焦点となるのは，政策執行にあたっての鄧小平の思惑と戦略である．そこでまず，政策執行体制における鄧の中心性を確認しておきたい．

政策執行体制の再編

1975年1月5日，中共中央は，鄧小平の軍委副主席，総参謀長就任をその年の第一号文件にして全国に通達し，中央の軍指導部における鄧小平の地位変更を公式化した[37]．そして翌月の2月5日，鄧小平の昇格を反映させる形で中央軍委指導部の調整が行われた．表5-1は，新しく成立した軍委常務委員会（軍委常委）の序列と人員構成を示している．

このときの指導部の調整は，葉剣英の提案によるものであった．1月26日，毛沢東宛の書信で葉剣英は，「71年に成立した軍委辦公会議の成員に変化が生じ，また軍隊工作の領導をいっそう強化すべく，西沙戦闘の際に成立した軍委六人小組を基盤に常務委員会へと拡大編成する」ことを提案している[38]．

表5-1を見れば，新しい中央軍委常委は，確かに1974年1月に成立した軍委六人小組を継承，拡大させたものであることが分かる．ただ，その構成には，後の政策展開に重要な意味をもついくつかの変化が見受けられる．第一に，鄧小平の昇格である．表5-1に示されるように，いまや鄧小平は張春橋より上位に位置し，また王洪文より序列は下位であるが，王にはない副主席の職位が与えられている[39]．第二の変化は，軍幹部の増員である．すなわち，新し

---

37)「中共中央関于鄧小平同志任職的通知」（CCRD，1975年1月5日）．
38)『葉剣英年譜』1010頁．

表 5-1 中央軍事委員会領導グループの調整（1971 年 10 月-1975 年 2 月）

中央軍委辦公会議 （1971 年 10 月）	中央軍委六人小組 （1974 年 1 月）	中央軍委常務委員会 （1975 年 2 月）
葉剣英（副主席）*	葉剣英（副主席）*	葉剣英（副主席）*
謝富治	王洪文	王洪文
張春橋	張春橋	鄧小平（副主席）*
李先念	鄧小平*	張春橋
李徳生	陳錫聯	劉伯承（副主席）*
紀登奎	蘇振華*	陳錫聯
汪東興		汪東興
陳士榘		蘇振華*
張才千		徐向前（副主席）*
劉賢権		聶栄臻（副主席）*
		粟裕*

注）＊は 1966 年 5 月時点での中央軍事委員会常務委員。
出所）『葉剣英年譜』などより作成。

く元帥 3 人を含む，現役の軍幹部 4 人が加わっている。もちろん，そのうち劉伯承は高齢のため活動が困難な状態にあり，徐向前と聶栄臻も実質的な役割が任されたわけではない。だが，軍元老の参画は，常委という名称の回復とともに，軍委指導部の「常態」への復帰を印象付けている。軍幹部の増員は同時に，王洪文と張春橋の影響力を相対化させる効果をも有していたと考えられる。

そして，第三の特徴は，粟裕の投入である。後述するように，粟裕の軍委入りは元軍高位幹部（元総参謀長）の軍委復帰という象徴的な意味のほかに，軍整頓の政策過程と関連して実質的な意義を含んでいた。ここでは，とりあえず彼が「第三野」出身として華東地方に広い人脈をもっていたこと，また，軍委に参加する前の数年間，国務院業務組の成員として各地の国防産業の現況調査に関与していたという経歴を指摘しておく。

さて，こうした軍領導体制強化の動きは，軍委指導部の人的構成にとどまらず，軍委の組織構造にも反映されていた。何より，空席の状態が続いていた総参謀長と総政治部主任に鄧小平と張春橋がそれぞれ任命され，1973 年後半に

---

39) 王洪文は実際，軍委副主席の職位をもらえなかったことを悔しがっていたという。「汪東興在全国宣伝工作会議上的講話」（CCRD，1976 年 11 月 18 日），2 頁。

領導グループが改組されていた総後勤部とともに，中央総三部の指揮体系が正常化されたことが指摘できる。同時に，中央総三部間の政策協議を促進するために，1975年2月9日には，中央総部責任者連席会議が成立した。総参謀部第一副参謀長の楊成武を筆頭に，総政治部第一副主任，総後勤部党委第一書記，軍委辦公庁主任が参加し，政策案件を研究討論し，軍委常委の事前準備を行うことがその役割とされた[40]。

だが，このときの中央の軍領導体制整備の焦点は，あくまで鄧小平の指導力を具体化させるための組織作りにその焦点があった。そもそも葉剣英が軍指導部の改組を提案したのは，鄧小平が軍隊整頓に関する自らの考えを明らかにし，中央軍事機構の「率先した」整頓を呼びかけた翌日のことである[41]。また，中央総三部の組織整備が，総参謀部の中心性を浮き彫りにする形でおこなわれたことも，鄧小平への権限集中を意図したものとして理解できよう。

こうした鄧小平の突出した地位は，葉剣英との対比によってさらに明確になる。確かに葉剣英は，軍内の序列上鄧小平の上位にあり，軍委常委を主管する立場にあった。しかし，軍委常委の場で具体的な指示を出し，地方の軍幹部の前で中央のもっとも権威ある声を代弁していたのは鄧小平であった[42]。この点を，聶栄臻は，空軍指導部の前で行った講話のなかで，次のように強調している。「全体の局面については毛主席の話を聞かなければならない。だが，具体的な政策については，葉剣英副主席と鄧小平副主席の話を聞かなければならない。その2人は軍委の日常業務を担当している。総参謀部は軍委の意図を執行する全軍の司令部であり，空軍は総参謀部の指揮に従わなければならない」[43]。

ただし，こうした状況から，葉剣英と鄧小平の間に対立の要素のみを強調することは一面的であろう。何より，軍隊整頓の必要性そのものについて両者間

---

40) 中国人民解放軍総政治部組織部（1995a）『中国共産党中国人民解放軍組織史資料 第五巻「文化大革命」時期（1966.5～1976.10）』（北京：長征出版社），5頁。
41) 中共中央文献編輯委員会（1983）『鄧小平文選 第二巻』（北京：人民出版社），2-3頁。Teiwes and Sun (2007) は，1月25日の講話における鄧小平の総参謀部批判は葉剣英批判を意図していたと見ているが，前後の文脈を注意深く読むと，中央軍事機構の強化を強調する意図がより強いように思われる。
42) 王年一（1988）『大動乱的時代』（河南：河南人民出版社），523-525頁。
43) 周均倫主編（1999）『聶栄臻年譜 下巻』（北京：人民出版社），1129頁。

に意見の不一致があったとは思えないからである。むしろ葉剣英の観点からすれば，鄧小平の権威と権限，すなわち毛沢東から受託した軍隊整頓の責任，および党・政・軍にまたがる組織的権限に依存せずに軍隊整頓の重責を成し遂げることが容易でないことは，自らの経験から明らかなはずであった[44]。葉剣英のこうした立場は，たとえば，名誉回復されても政局の不安を理由に原職への復帰を固辞し続けていた軍幹部らに向けて，葉剣英が提示した最大の説得材料が，「今回は『鄧小平同志が一緒にいる』」という言葉だった点に垣間見ることができる[45]。

しかし同時に，鄧小平と葉剣英が，軍隊整頓の優先順位や実施方法等についてまったく同じ見解をもっていたとも考えにくい。何より，2人の組織的立場に違いがあったからである。鄧小平は，軍だけでなく国政の広い範囲にわたって整頓を進めるべき立場にあり，実際にそのような意向をもっていた[46]。つまり，鄧小平にとって軍隊整頓は，自ら遂行すべきさまざまな整頓課題のひとつであり，それ自体が唯一の目的ではなかったのである。軍隊整頓に対するこのような立場にこそ，葉剣英と鄧小平を区別する最大の相違点があり，結果として軍隊整頓の政策展開を，葉剣英がその執行を主導した数年前の初期整頓とは異なるものにした一因を見出すことができる。

「梃子」としての軍隊整頓

では，鄧小平にとって軍隊整頓はいかなる意味をもっていたのだろうか。別の言葉でいえば，軍隊整頓は，全体の整頓工作のなかでどのように位置づけられていたのか。この点を考える際に手がかりとなるのが，解放軍の整頓は，

---

44) この点に関連して，鄧小平の軍内要職への就任は葉剣英の積極的推薦によるものとの指摘も存在する。しかし，葉剣英の推薦があったとしても，それは鄧小平に対する毛沢東の態度が明確になってからのことである点は，1973年末以降の葉剣英の立場からして明確である。
45) 張化（2001）「張愛萍将軍整頓国防科委」『百年潮』第2期，10頁。同様のことは，第二砲兵司令官に復帰した向守志の場合にもいえる。向守志（2006）『向守志回憶録』（北京：解放軍出版社），341-347頁。
46) ただ，軍隊整頓を除いて，整頓プログラム全体の範囲と対象，およびペースに関する鄧小平の意図が最初から一定のものであったかどうかについては議論の余地がある。

1975年が明けて鄧小平が真っ先に取り組んだ作業であったという事実である。なぜ鄧小平は，解放軍を最初の整頓対象に選んだのだろうか。

まずいえるのは，ここまで見てきたように，解放軍の整頓こそ，毛沢東が鄧小平に明示的にその執行を委任した課題であったからである。やや逆説的な言い方をすれば，軍隊整頓は，鄧小平にとってもっとも「取り組みやすい」仕事だった。その上，前章で検討したように，軍隊整頓は，鄧小平がその指揮をとる前に，すでにある程度進行し，その問題と課題が明らかになっていたことも重要であろう。

しかし，鄧小平が解放軍を最初の整頓対象に選択したより重要な理由は，軍隊整頓が，地方の整頓を実施するための前提となっていたことであった。つまり，解放軍と地方とを分離しない限り，地方の問題は解決できないと判断されていた。このあたりの事情について，当時の中央組織部の幹部は次のように語っている。

> 全面整頓は最初に軍隊から始まった。文革の歴史的経緯により，地方の派閥性は常に軍隊の派閥性と緊密に関連していた。そこで，鄧小平は，全国の派閥性の問題を解決するには，必ず最初に軍隊の派閥性を解決しなければならないと悟っていた。そこで，1975年1月19日，各大軍区責任者座談会の場で，軍隊の整頓を強く打ち出し，これは，すぐさま全国に大きな反響を及ぼし，地方の整頓をもたらした[47]。

それに加え，軍隊を政策手段として活用しようという意図があったことも指摘できる。すなわち，他の分野の整頓の実行に，解放軍の強制力を用いるために，軍統制の強化を図っていた可能性である。実際，同年夏の「浙江省問題」の解決に，解放軍は政策手段として有効に活用された[48]。

こうしてみると，軍隊整頓が，全体の整頓プログラムの単なる一部でないこ

---

47) 王英・孫中範 (2001)「1975年党組織整頓的前前後後」『百年潮』第8期，40頁。
48) 当時浙江省で発生していた大衆団体間の対立，またそれによる生産の中断状態の解決に解放軍が果たした役割については，Keith Forster (1990) *Rebellion and Factionalism in a Chinese Province : Zhejiang, 1966-1976* (New York : M. E. Sharpe), pp. 214-219 に詳しい叙述がなされている。

とは明らかである。あえて言うならば，鄧小平にとって軍隊整頓は，より広い範囲で整頓を展開していくための，いわば「梃子」の役割を果たすものであった。すなわち，毛沢東によって作り出された小さな整頓の動きをより大きな流れへと発展させていくための装置であったのである。

課題の再設定——派閥性の解消

　解放軍を梃子に整頓の範囲を拡大しようとした鄧小平の意図は，彼が軍隊整頓の最大の課題として打ち出した派閥性の解消というテーマによく現れている。派閥の解消は，解放軍に限らず，1975年の整頓プログラム全体を規定していたテーマだった。

　鄧小平のいう解放軍の派閥性は，解放軍の歴史的発展のなかで自然に形成されてきたものとは異なる，文革以来の解放軍と地方の癒着に根源をもつ新しい現象であった。現に解放軍の派閥性が問題になるのは，内紛による戦争遂行能力の低下もさることながら，地方の派閥闘争への対応を困難にしていたからである。とりわけ後者の点が重要になるのは，政治における解放軍の影響力の残存，すなわち，「部隊は去ったが，影響は残っている」ためであり，そのもっとも深刻な結果は「部隊の派閥性が地方に跳ね返り，地方の派閥主義を解決不能にして」いる状況であった。

　では，どうやって派閥を排除できるか。鄧小平が打ち出した方策は，「派閥性の強い」幹部と部隊を一律に他の部隊，地域へと移動させることである。これはいうまでもなく，毛沢東が1973年12月に自ら始めた政策措置の延長である。もちろん，その点を強調することに鄧小平は手間を惜しまなかった。1975年1月14日，総参謀部の報告会で鄧小平は次のように述べている。

　　幹部の相互交流の問題は，毛主席が長年話してきたものだが，まだ執行されていない。部隊もまた相互移動の対象にしなければならない。現在，一部の幹部と部隊は派閥主義に陥っており，派閥主義に陥っているものはすべて移動させなければならない。この問題は，八大軍区司令員相互移動の後に毛主席がまた指示しているが，まだ実行されていない。省軍区，大軍区，各軍

種兵種の幹部も，相互異動しなければならない。幹部は地方を換えなければならず，部隊も地方を換えなければならない[49]。

毛沢東を背負った鄧小平の意気込みは，人事措置の直接当事者たる地方の軍指導部の前でも遺憾なく発せられた。前節の引用文のなかで指摘されていた1月19日の大軍区責任者会議での発言である。

> 要は，派閥性を振り回すすべての人を一律に移動させること，1人の兵士も残してはならず，1人の幹部も残してはならない。まず試験的にやってみよう。すべての軍籍のある人は，連隊長であれ，政治委員であれ，省軍区司令員であれ，派閥性に陥っていればその数を問わず，すべて転出させるべきである。われわれは人民解放軍である，武闘をやっているのでは，第一に「人民」と呼べず，第二に「解放」とも呼べず，ただ「軍」である。地方の問題を処理するには，まず派閥主義に陥っている軍隊から処理しなければならない[50]。

ただ，鄧小平が毛沢東と異なるのは，幹部の異動と部隊の再配置を派閥の解消という観点から正当化していること，またそうすることによってより根源的な政策意図，つまり地方統治からの解放軍の撤退という目的を明確に伝えている点である。前章で検討した大軍区司令員の人事異動の際に毛沢東があいまいにしていた部分を，鄧小平が改めて明確化したといえよう。

とはいえこの段階では，鄧小平はまだ慎重であった。つまり，現に軍内に蔓延っている派閥主義が従来のそれと異なる性質をもっていることは指摘したものの，それが具体的にどのような違いなのか，またそれはいかなる経緯によって形成されたかについては言及を避けていたのである。この点について鄧小平がよりはっきりした見解を示すようになるのは，のちに触れるように，1975年6月以降のことである。整頓の範囲とペースに関する毛沢東の意図を慎重に

---

49) 中共中央文献研究室・中国人民解放軍軍事科学院編（2004）『鄧小平軍事文集 第三巻』（北京：中央文献出版社，以下，『鄧小平軍事文集3』），1頁。
50) 「軍隊安定団結」『鄧小平軍事文集3』4-5頁。

確かめる必要があったのであろう。

　さて，派閥性の解消と関連して，軍隊整頓のもうひとつの課題は，中央による軍統制の強化であった。表面上の問題は紀律の低下と政策の不履行であったが，その根底にあるものとして，地方統治への関与が軍内の組織体系に及ぼした弊害が問題視されていた。

　なかでも問題の核心にあると指摘されたのが，軍内の党委員会であった。長期にわたる統治活動により，軍内の党委員会はその規模と機能が拡大し，また，度重なる政治運動の結果，指導部の分裂は深刻さを極めていた。たとえば，鉄道兵司令部の調査では「15個ある師団党委員会のうち，大多数の党委に程度の差こそあれ問題が存在している。一部の党委には，不団結，軟弱・怠惰・散漫の現象が突出している。長期にわたり派閥主義を行ってきた結果，統一した領導を施すことができない」ことを報告していた[51]。こうした状況で「党の一元化領導」を唱えることは，かえって問題を深刻にするだけである。そこで，「あらゆることを〔軍内〕党委に集中させてはならず，各種の職能機構と指揮系統の管理が必要」であることが強調された[52]。

　もうひとつの課題は，人員削減であった。前節で見たように，解放軍の量的膨張は，葉剣英がすでにその深刻性を指摘し，党，政府の関連部署との間で論議を進めていた。その基盤があったからか，この問題に対する鄧小平の政策案は最初からかなり具体的なものになっていた。鄧は，国家財政の悪化を取り上げて「軍圧縮」の理由を述べた上で，その方法として，編制の明確化を通じた人員管理の制度化を提案している。なお，具体的な目標として，3年以内に兵士100万，幹部50万の削減を打ち出した。

　この編制改革の問題は，軍隊整頓に関する鄧小平の公式発言の多くを占めており，それゆえに，1975年の軍隊整頓に関する従来の研究においてもっとも注目されてきた部分である。しかし，編制改革（とそれにもとづいた人員の削減）は，その重要性にもかかわらず，1975年の軍隊整頓を性格づけるほどの

---

51) 劉志青（2009a）「1975年全面整頓中的人民解放軍作風紀律建設」『甘粛社会科学』第5期，247頁。

52) 于光遠（2000）「憶鄧小平和国務院政研室」『百年潮』第7期，8頁。

最重要課題ではなかった。真っ先に着手すべきは，派閥の解消と指導部の調整であり，その背後にあったのは，統治からの解放軍の撤退という目標であった。それに対し編制改革は，鄧小平が自ら述べているように，各部隊の意見を広く徴収しつつ，時間をかけて段階的に進めていくべき課題であった。

以上の検討から明らかなように，鄧小平はここで（よくいわれるように）軍近代化の新たな方針を打ち出しているわけではなく，毛沢東が早くから指摘してきた問題を具体的かつ執行可能な政策課題として提示している。とすれば，残るのは政策の実施であるが，その前に，政策執行の範囲をどこまで拡大させるべきか，また，政策執行の重点をどこに設定すべきかについて確認する必要があった。

情報の収集──粟裕の「華東視察」

先に，1975年初めの中央軍委再編のひとつの注目点として，常務委員会への粟裕の参入を指摘した。では，粟裕にはどのような任務が託されていたのだろうか。簡単にいえば，粟裕が行ったのは，軍部統治の実態調査であった。具体的には，三支両軍終了以後の地方の党政機関と現地部隊との関係，および解放軍と人民大衆の関係についての情報収集であった。

表5-2は，粟裕が1975年4月中旬から6月中旬にかけて安徽省，江蘇省等で行った現地視察の内容を整理したものである。ここでまず目につくのは，調査対象の広さである。解放軍では，大軍区と軍・旅・師団の指導部，そして基層単位の中隊と人民武装部までが視察対象になっており，あわせて，相応する党政機構にまで足を伸ばしていた。

また，調査活動の実質に関しては，その最重点が解放軍の「左派支持」活動の処理に置かれていたことが注目される。すなわち解放軍の政治関与がもたらした問題の調査である。明示的に「左派支持」に関連する項目でない場合でも，たとえば軍政関係，および軍民関係の現状という議題は解放軍の統治活動が当地域の党政機構や人民大衆にもたらした問題の調査に等しい性質のものであった。

粟裕の調査活動のもうひとつの注目点は，民兵への警戒であった。とりわけ

表 5-2　粟裕の調査活動（1975 年 4 月 18 日-6 月 15 日）

視察地	視察単位	調査内容（項目）
蚌　埠	第 36 師団	「左派支持」問題の処理
合　肥	第 12 軍 安徽省軍区，安徽省地委 第 102 連隊	軍政・軍民関係 民兵の状況 部隊の訓練，編制，装備
南　京	南京軍区 江蘇省軍区 第 60 軍	部隊相互移動の進行 民兵の状況 軍政・軍民関係 「左派支持」問題の処理 部隊の生産活動及び政治思想 軍内の官兵関係，指導グループ
揚　州	揚州地委 揚州軍分区 江蘇油田指揮部 高郵県委（人民武装部） 宝応県委（人民武装部）	軍政関係 「左派支持」問題の処理 人事交流の進行 軍の生産活動
淮　陰	第 180 師団 第 538 連隊 東台県委	幹部問題（定員超過，軟弱さ，政治思想の不健全，派閥主義の蔓延，団結の不在） 「左派支持」幹部の処遇
海　安	海安県角斜鎮民兵団 泰興県委 海安県委	「左派支持」問題の処理
南　通	南通地委 市委軍分区 市人民武装部	軍政・軍民関係 「左派支持」問題の処理 党の一元化領導の貫徹
上　海	―	調査資料の整理
南　京	第 60 軍	軍区と軍の関係

出所）中共江蘇省委党史工作辦公室編（2006）『粟裕年譜』（北京：当代中国出版社），699-712 頁より作成。

　軍分区以下の基層レベルにおける「民兵指揮部」の設立と活動については，強い注意が喚起されている。たとえば，粟裕は，軍に 2 つの系統ができることへの憂慮を示しつつ，次のように語っている。「私が総参謀長だった時期，毛主席が次のように述べるのを聞いたことがある。ひとつの国家が 2 つの軍隊をもつことはできない。現在すでに人民武装部があるのに，また『民兵指揮部』をやることは再考すべきである」[53]。

4. 軍隊整頓の成果

　以上述べてきたように，1975年の軍隊整頓は，統治機構からの解放軍の排除，すなわち政治の文民化を最重要の政策課題としていた。またそれに関連して，軍内派閥の解消も重点課題として提示された。では，これらの政策課題は実際にどれほど実現されたのだろうか。まず，各省委員会に占める軍幹部の割合を手がかりに，政治の文民化から検討してみよう。

政治の文民化──省委指導部の刷新
　表5-3は，1972年1月から1976年1月の間に，北京，上海，天津を除く全国26の省級党委員会常務委員会における軍人の割合を示している。この表からいえるのは，次の4点である。第一に，政治体制の文民化という意味で軍の整頓は1972年以来すでに進行していたことである。だが，軍隊整頓は極めてゆっくり進行していた，ということが第二の特徴である。とりわけそれは，前述の「三支両軍」の終了命令が公式に下達されたなかでの緩慢さであることに注意が必要である。第三に，1975年の著しい進展である。1975年を通して，軍人の割合は一気に20％台へと減少し，それは実数でいえば，前の3年間の減少分の4倍に近い規模である（15→59）。そして第四に，1975年の進展にもかかわらず，多くの軍人が依然として省指導部に残っていることが指摘できる。1976年の時点でも政治の文民化は，文革以前の水準には遠く及ばないでいたのである。要するに，顕著な成果が見られるものの，1975年の整頓は，軍介入の全面的解消を実現するまでには至らなかったのである。その背景を含め，軍隊整頓の内実をより詳しく検討するために，次に各省別のデータを見てみよう。
　図5-1は，1975年における文民化の度合いを各省，自治区ごとに示したものである。具体的には，全国26の省・自治区を1975年1月の時点で党委常務

---
53) 中共江蘇省委党史工作辦公室編（2006）『粟裕年譜』（北京：当代中国出版社），699-712頁。

表 5-3　文民化の全国的推移（1972-76 年）

観察時点	省委書記	省委常務委員会 （書記＋常務委員）
66 年 5 月	6%（13/ 227）	12%（50/ 424）
72 年 1 月	61%（81/ 133）	50%（180/ 363）
73 年 1 月	53%（77/ 144）	48%（186/ 390）
74 年 1 月	45%（74/ 166）	41%（171/ 414）
75 年 1 月	44%（68/ 156）	40%（164/ 408）
76 年 1 月	27%（44/ 166）	26%（106/ 404）

注) 値は、該当時点における全国 26 の各省、自治区党委に占める軍幹部の割合。
出所) 中共中央組織部他編 (2000a)『中国共産党組織史資料 第六巻「文化大革命」時期 (1966.5～1976.10)』（北京：中共党史出版社)，中国人民解放軍総政治部組織部 (1995a)『中国共産党中国人民解放軍組織史資料 第五巻「文化大革命」時期 (1966.5～1976.10)』（北京：長征出版社）をもとに作成。

会における軍人割合の高い順に並べたうえ，1 年後の割合を表示している。そこでまず目に付くのは，文民化の基調は，程度の相違こそあれ，全国において貫かれていたことである。軍人の割合は，青海省など 4 つの地域を除いてすべての省級委員会において減少している。軍人の割合が変わらなかった地域（山東，湖南，貴州）は，図 5-1 に示されているように，1975 年 1 月の段階で指導部の調整がすでに一段落していた地域である。また青海省の場合，軍人割合の増加は，既存の革命幹部の脱落によるものであり，軍幹部の増員の結果ではない（6/17 → 6/16：巻末資料 1 を参照）。政治の文民化は全国にくまなく行き届いていたのである。

　しかし重要なのは，その「程度の相違」である。図 5-1 を見れば，1975 年の軍隊整頓が鄧小平の公言のように，全国で一律に進行していたわけではないことは明らかである。概していえば，整頓の重点対象として軍人割合の大幅な減少が見られる地域と，整頓が小幅に留まり，さらには先送りされたともいえる地域が散在しているのである。こうした地域間の相違は，おそらく複数の要因が複合的に作用した結果であろうが，少なくともいえるのは，解放軍と地方が癒着し，また軍幹部間の分裂が深刻になっていた地域では，大幅な軍人割合の減少が確認できることである。文民化度合の著しい浙江省，四川省，福建省，江蘇省，雲南省等がその例である。

(%)

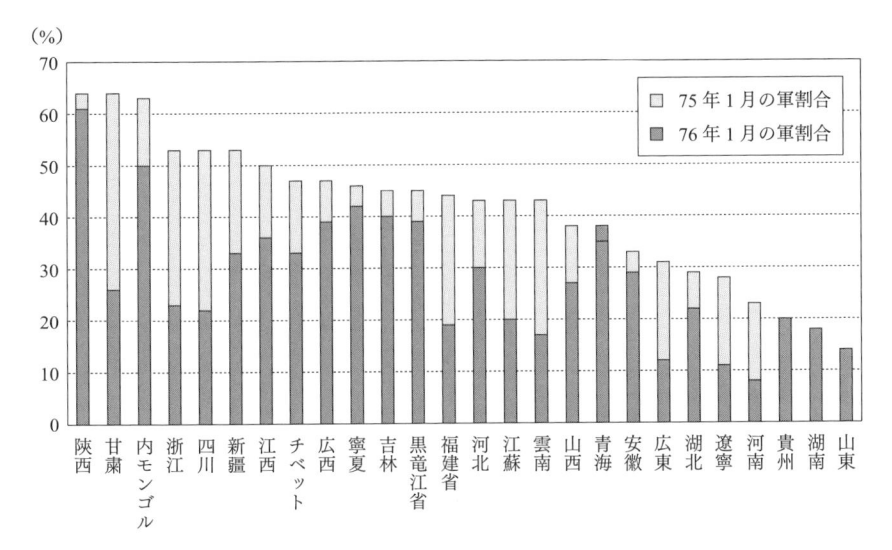

図 5-1 軍隊整頓の地域別展開（省・自治区党委常務委員会における軍人の割合）

凡例：75 年 1 月の軍割合／76 年 1 月の軍割合

横軸（左から）：陝西、甘粛、内モンゴル、浙江、四川、新疆、江西、チベット、広西、寧夏、吉林、黒竜江省、福建省、河北、江蘇、雲南、山西、青海、安徽、広東、湖北、遼寧、河南、貴州、湖南、山東

出所：中共中央組織部他編（2000a）『中国共産党組織史資料 第六巻「文化大革命」時期（1966.5〜1976.10）』（北京：中共党史出版社）；中国人民解放軍総政治部組織部（1995a）『中国共産党中国人民解放軍組織史資料 第五巻「文化大革命」時期（1966.5〜1976.10）』（北京：長征出版社）をもとに作成。データは、巻末資料 1 を参照。

派閥の解消──大軍区指導部の刷新

次に、政治の文民化と連動して軍内の派閥解消がどのように執行されたかを確認してみよう。前節で見たように、派閥解消の方策として鄧小平が挙げていたのは、「派閥性」のある軍幹部、部隊の一律の異動であり、それとあわせて、軍の組織改革、とりわけ軍中党委員会の縮小が強調されていた。もっとも、そうした政策目標の実現には、大幅な人事措置は不可避であり、最初のターゲットは地方権力の中枢として大軍区指導部に定められた。

図 5-2 は、大軍区体制に移行した 1955 年以来、全国 11（66 年以前は 13）の大軍区指導部における人事異動の項目数を、年度別に合算して示したものである。ここで見て取れるのは、人事異動のパターンが文革の以前と以後とでかなり異なることである。すなわち、（各軍区の）党大会を前後にして小幅に行われていた人事が、文革の開始、とりわけ軍の政治介入を契機に、より頻繁かつ大幅な人事が行われるように変わったのである。結果として指導部の頻繁な変

図 5-2　全国大軍区指導部の人事異動の推移

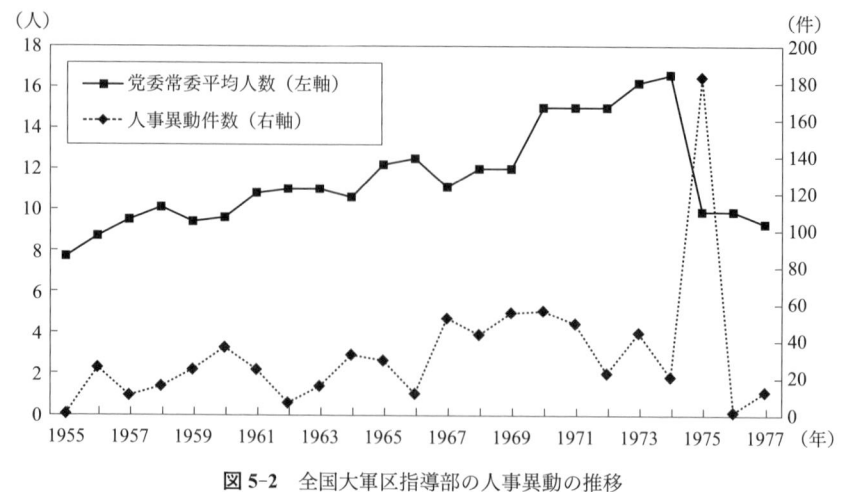

注 1 ）指導部とは，各軍区の正副司令員，正副政治委員，参謀長，政治部主任，顧問（75 年新設）からなる「領導班子」を指す。
2 ）人事異動件数とは，該当年度における全国大軍区の人事異動の項目数を合算したもの。
出所）中共中央組織部他編（2000b）『中国共産党組織史資料 第七巻（上）社会主義事業発展新時期（1976.10～1997.9）』（北京：中共党史出版社）；中国人民解放軍総政治部組織部（1995a）『中国共産党中国人民解放軍組織史資料 第五巻「文化大革命」時期（1966.5～1976.10）』（北京：長征出版社）；中国人民解放軍総政治部組織部（1995b）『中国共産党中国人民解放軍組織史資料 第六巻 社会主義現代化建設新時期（1976.10～1992.10）』（北京：長征出版社）をもとに作成。

動は，1972 年以降はやや収まる様子を呈したが，1975 年，空前の規模で人事措置が施されていることが確認できる。項目数で 183 件に上った 1975 年の人事異動は，人数でいえば，全国大軍区党委常務委員 182 人のうち 117 人をその対象にするものであった[54]。

こうした，大軍区上層部の全面刷新ともいうべき大掛かりな人事異動は，上述したように，肥大化した軍中党委の縮小をそのひとつの狙いとしていた。図 5-2 が示すように，大軍区党委は，軍介入の拡大とともに年々膨張を続け，1974 年の段階では常務委員会の平均人数が 16 人を超えるまでに膨れ上がって

54）人事異動の規模を軍区別に見ると，瀋陽軍区が 15 人中 6 人，北京軍区が 16 人中 9 人，済南軍区が 14 人中 12 人，南京軍区が 9 人中 4 人，福州軍区が 13 人中 8 人，広州軍区が 25 人中 16 人，武漢軍区が 19 人中 14 人，昆明軍区が 19 人中 13 人，成都軍区が 22 人中 14 人，蘭州軍区が 20 人中 14 人，新疆軍区は 10 人中 7 人が，人事異動の対象となっている。

いた。それが，1975年の整頓により，一気に平均10人程度の1960年代初頭の水準に調整されたのである。

しかし，この人事の狙いは大軍区党委の単なる「規模」の縮小に限定されていたわけではない。より根源的な狙いは，地方と解放軍の分離を実質的内容とする軍内派閥の解消であり，さらには，軍と地方の派閥問題に有効に対応できる，執行力のある指導部の創出であった。では，このような政策意図は，実際の政策執行のなかにどのように貫徹されていたのか，人事措置の具体的な内容から確認してみよう。

表5-4は，1975年の人事異動の対象となった大軍区党委常務委員117人に対する処分の内容を分類したものである。ここからまず確認できるのは，領導幹部の他地域（他軍区）への転出が，鄧小平の公言通り，軍内派閥解消の主な政策手段になっていることである。軍隊幹部の「単位を跨る移動」は，通常「厳格に統制されて」おり，「個別のケースにおいて単位間の話し合いによって行われる」[55]ことが原則となっていたが，この際，待機を命じられた人員を含めば，51人の領導幹部が所属軍区を変えることになった。

第二に，「強くて執行力のある」指導部への刷新は，顧問というポストの新設にその意図が現れている。比較的高齢の，より重要なことには所属軍区における勤続年数の長い幹部の多くが顧問の職位に就かされている。1975年の顧問職の設置には，軍隊幹部制度の変遷においては，基幹幹部の保持という説明がなされている[56]。しかし，軍介入の長期化という当時の政治状況を念頭に置くならば，その主たる意図が，地方の利害関係との絡みで派閥問題の解決に強硬な姿勢で臨むことができない幹部の排除に置かれていたであろうことは十分に推測できよう。

以上の検討から，鄧小平の軍隊整頓への試みは，政治の文民化と軍内派閥の解消の両面においてかなりの成果を挙げたということができよう。もちろん，各省における文民化程度の違いが示すように，1975年の軍隊整頓は，政治シ

---

55) 総政治部幹部部・軍事科学院軍制研究部編（1988）『中国人民解放軍幹部制度概要』（北京：軍事科学出版社），149頁。
56) 総政治部幹部部・軍事科学院軍制研究部編（1988），144-145頁。

表 5-4　人事異動の内訳

措置内容	対象幹部の数（人）	割　合
現職維持[1]	25	21%
離職休養	9	8%
転出（軍区外）	38	33%
待機（保留）	13	11%
顧問就任	32	27%
総　計	117	100%

注 1）現職維持とは，党委常務会からは脱落したが，既存の軍内職位は維持している場合を指す。
出所）中国人民解放軍総政治部組織部（1995a）『中国共産党中国人民解放軍組織史資料 第五巻「文化大革命」時期（1966.5～1976.10）』（北京：長征出版社），星火燎原編輯部編（2006）『中国人民解放軍将師名録』，（北京：解放軍出版社）をもとに作成。

ステムの全面的な脱軍事化を実現したものではなかった。とはいえ，鄧小平は，毛沢東の手によって創り出された軍隊整頓の流れを，派閥主義の解消を名分として具体化させ，さらに他の政策領域へ拡大させることに成功した。文革が残した政治の混乱は，軍隊からいよいよ収拾の軌道に乗ったのである。

小　括

　1975 年の軍隊整頓の政策過程を，毛沢東による鄧小平への権限委任と，政策執行にあたる鄧小平の戦略に着目して再検討することが本章の目的であった。そこで，本章の考察から判明した点を整理しておこう。
　まず，軍隊整頓は，解放軍の政治介入の拡大と持続がもたらした地方と軍の混乱状況に対する毛沢東の強い不満と不安を背景に始められたものであった。軍隊整頓の最優先課題は，したがって，解放軍の政治介入の解消，より正確には政治からの解放軍の排除に定められ，同時に，軍内の派閥解消のための指導グループの再編を焦点としていた。そこで，軍隊整頓の責任と権限を委任された鄧小平は，省級党委員会からの軍人割合の削減，またそれと連動して行われた大軍区指導幹部の大幅な人事異動を通じて，政治の文民化と軍内派閥解消の

両面において著しい成果を収めた。

　このような成果が得られた理由として，本章では，委任の態様，すなわち軍隊整頓の責任と権限が極めて明示的な形で委任されたこと，また，鄧小平自身，文革と軍部統治の「局外者」であったがゆえに，問題を設定し解決を進めるうえで，より果敢で有効な取り組みが可能であったことを指摘した。換言すれば，鄧小平は，一方で，軍隊の退出を強制しながら，他方で，軍隊整頓を文革収拾の過程と連動させることで，軍隊の退出を説得することができたのである。

　しかし，1975年の軍隊整頓の試みには，成果とともに限界も明白であった。何より，毛沢東と四人組の存在，およびそれによる地方の派閥闘争の存続が軍隊幹部の兵舎復帰を妨げていた。統治機構の人員構成に明らかなように，1975年の軍隊整頓は，地方統治における解放軍の影響力を完全に消滅させるものではなかったのである。したがって，1975年の試みはむしろ，解放軍と統治の分離に向けた本格的な取り組みの「第一歩」としてとらえるべきであり，少なくともこの時点においては，たとえば軍統制の制度基盤の再構築といったより根源的な課題は，ほとんど手をつけられずに残されていた。

第6章

軍部統治の終焉
―革命から戦争へ―

　前章では，1975年の軍隊整頓によって，地方統治からの解放軍の撤退という意味において軍部統治の解消に大きな転機が訪れたことを明らかにした。とはいえ，解放軍の政治介入の規模と性質を考えれば，1975年をもって軍隊整頓が終了したということはありえない。むしろ，1975年の試みによって軍隊整頓はようやく緒についたということができよう。実際，鄧小平の再失脚をもたらした1976年の政治的混乱は，始まったばかりの軍隊整頓を再び原点まで引き戻す可能性さえ孕んでいた。

　そこで，本章では，1976年以降の軍隊整頓のプロセスを考察し，その政治的・軍事的帰結について考える。具体的には，まず，毛沢東死後の新たな政治状況の下，軍隊整頓がどのような様相を示しつつ展開したかを，人事と組織，経済といった複数の側面に焦点をあわせて考察する。この際，分析の焦点となるのは，再び軍隊整頓の作業に取り組んでいた鄧小平の戦略と行動である。とりわけここでは，軍隊整頓を媒介とした解放軍との関係が，鄧小平による党指導権力の獲得に如何なる影響を及ぼしたかを明確に論じてみたい。

　さらに，本章では，1979年2月突如として勃発した中越戦争を，軍隊整頓の文脈に置きなおし，同戦争にかかわるいくつかの重要な問題について新たな検討を加える。もちろんここでの目的は，中越戦争の全貌を明らかにすることではなく，戦争の主要な局面にみられる特徴に注目し，軍部統治の展開に関す

る本書の主張の妥当性を確認することである。

1. 鄧小平の復帰と軍隊整頓の再開

本節では,まず,毛沢東の死がもたらした政治状況の変化,ならびに,軍隊整頓の再開に向けた鄧小平の考え方について考察する。

毛沢東死後の政治状況と鄧小平の復帰問題

鄧小平の政界復帰が正式に公表されたのは,1977年7月の第10期3中全会であった。この場で,鄧小平は,(第1次)天安門事件前に就いていたすべてのポスト,すなわち党副主席,軍委副主席,国務院副総理,そして総参謀長への復帰を果たすことになる。そして,復帰後の政治局常務委員会において,鄧小平は,華国鋒,葉剣英に次ぐ第3位の序列に位置づけられた。もちろん,この時点における公式の指導者は,党主席,軍委主席,国務院総理の座を占めていた華国鋒である。

鄧小平の復帰問題は,四人組の逮捕以来,中央政界の最大の争点となっていた[1]。復帰そのものに関しては,政治局内に一定の支持があったものの,具体的にいつ,どのような段取りをつけてそれを実行するか,また復帰後の職責と職務分担はどうするかなどの問題は依然としてあいまいであった。しかし,鄧小平の復帰をめぐるより根源的問題は,(第1次)天安門事件に対する評価を含め,生前の毛沢東の言説を如何に解釈するかにあり,この点をめぐっては,党中央のなかに異なる考え方が存在していた。

毛沢東死後の中央の勢力構成については,文革中に台頭ないし昇任を果たした受益組(beneficiaries)と,逆に失脚と迫害を経験した復帰組(rehabilitators)の関係を重視する見方がある程度定着している[2]。この図式でいえば,毛沢東

---

1) 鄧小平の復活問題が争点として具体化していく過程については,Richard Baum (1994) *Burying Mao : Chinese Politics in the Age of Deng Xiaoping* (Princeton : Princeton University Press), pp. 42-45 を参照。

の指示をどこまで忠実に継承するかという問題は，政策方針の具体的な方向性はもちろん，それぞれの勢力の政治的生存そのものに深くかかわっていた。このことは，華国鋒が提示した「二つの全て」[3]論に対する復帰組の素早い反応に如実に現れている。つまり復帰組にとって，「二つの全て」の容認は，鄧小平の復帰を困難にするのみならず[4]，他の党政幹部の復帰や名誉回復の作業全体に大きな支障を来すおそれがあった。だが同時に，彼らの復活もまた毛沢東の決定によるものであったことを考えれば，毛沢東への批判に深入りすることもできない。毛沢東の言説の解釈には相当な注意が必要であったのである。

そこで，鄧小平の復活と毛沢東の指示との整合性を示す格好の材料となったのが，1975年の整頓の実績であった。たとえば，鄧小平の腹心の王震は，1977年3月の中央工作会議の集団討論の場で，1973年の中央軍事委員会拡大会議での毛沢東の言葉を引用しつつ，次のように語っている。「鄧小平同志は，

---

2) Roderick MacFarquhar (1991) "The Succession to Mao and the End of Maoism, 1969-82," in MacFarquhar, ed., *The Politics of China : The Eras of Mao and Deng* (New York : Cambridge University Press). 他方，毛沢東死後の政治状況の特徴を，文革の継承を主張する保守派と文革からの脱却を主張する改革派の対立に見いだす視点もある。たとえば，Harry Harding (1987a) *China's Second Revolution : Reform after Mao* (Washington D.C. : The Brookings Institution), ch. 1 を参照。しかし，こうした視点は，両派の間，ひいては華国鋒と鄧小平の間に存在する政策選好の相違を過大評価しているという問題を抱えている。近年の研究は，改革志向性のみに着目する場合，両者の間に本質的な違いは存在せず，改革により積極的であったのはむしろ華国鋒であり，鄧小平が批判していたのは政策の保守性ではなくその急進性であったことを明らかにしている。こうした意味での華国鋒と鄧小平の政策選好の評価については，Ezra F. Vogel (2011) *Deng Xiaoping and the Transfomation of China* (Cambridge : The Belknap Press of Harvard University Press), pp. 188-190；益尾知佐子 (2010)『中国政治外交の転換点——改革開放と「独立自主の外交政策」』東京大学出版会，69-72頁を参照。
3) 毛沢東の決めたすべての政策，および，毛沢東の下したすべての指示を堅持すべきという原則。
4) 一方で，「二つの全て」は，もとより鄧小平の復帰を阻止する意図から出されたものではなく，周恩来死去1周年に際し社会の動揺を防ぐために作成，公表されたとする見方もある。たとえば，韓鋼 (2009)「『両個凡是』的由来及其終結」『中共党史研究』第11期，58-59頁を参照。だが，本来の意図はどうであれ，鄧小平の復帰と論理的に不都合が生じるのは事実である。「二つの全て」に対する復帰組の初期の反応に関しては，黄一兵 (2010)「1977年中央工作会議研究」『中共党史研究』第2期，25-26頁を参照。

政治思想に強い得難い人材である。これは毛主席が述べた言葉である。彼は戦争ができ，反ソ主義を堅持している。75年には中央と国務院の活動を主催し，毛沢東の路線，政策，方針を執行し，巨大な成果を得た。現在，全党，全軍，全人民は，彼が一日も早く中央の日常業務に復帰することを熱望している」[5]。受益組の誰も，1975年の整頓の試みと成果を否定することはできないはずだった。

　こうした政治的文脈を考えれば，復帰を前にした鄧小平が，とりわけ軍事業務の継続に強い意志を示していたことは興味深い。1977年5月24日，自宅を訪れた王震と鄧力群に向かって，鄧小平は，「〔私は〕軍隊は担当しなければならない。〔中央は〕私に外事を続けてくれというが，疲れるからやりたくない。もちろん今後も重要な外事活動に参加するのはいいが，時間を多く費やしたくはない」と述べている[6]。また，同年7月の長沙における座談会でも，「私は，華国鋒主席と葉剣英副主席に科学と教育の業務を担当することを申し出た。そして，総参謀長として当然軍隊も担当する」と，軍事業務担当の意志を披瀝している[7]。

　ではなぜ，鄧小平は軍隊業務の継続に拘泥していたのだろうか。ひとつは，政策実現それ自体の重要性である。すなわち，現状変革のモメンタムができていながら，政情不安によって中断されていた軍隊整頓を再開させ，仕事を完了したいという意図があったことが考えられる。前章で指摘したように，「軍の問題」の解決なしには他の領域での革命収拾が困難であることを，鄧小平はよく理解していた。そして彼は，こうした意味で軍隊整頓の続行を多くの軍隊幹部たちが希望していると認識していた[8]。

　もうひとつは，鄧小平による軍隊業務の遂行が，当時の中央上層部におい

---

5) 程中原・王玉祥・李正華（1998）『1976～1981年的中国』（北京：中央文献出版社），44-45頁。
6) 鄧力群（2006）『鄧力群自述十二個春秋（1975-1987）』（香港：大風出版社），90頁。
7) 中共中央文献研究室編（2004）『鄧小平年譜 1975-1997（上）』（北京：中央文献出版社，以下，『鄧小平年譜（上）』），164頁。
8) 「把軍隊整頓好建設好」中共中央文献研究室・中国人民解放軍軍事科学院編（2004）『鄧小平軍事文集 第三巻』（北京：中央文献出版社，以下，『鄧小平軍事文集3』），65頁。

て，いわば共通の了解事項となっていた可能性である。（第1次）天安門事件の影響がなお残っているなか，軍隊の業務は，鄧小平にとってなるべく静かな政界復帰を可能にする分担領域であったのである。

最後に指摘しなければならないのは，華国鋒との権力闘争の影響である。鄧小平にとり，軍事改革の実質的主導権を握りつづけることは，解放軍に対する影響力を維持，強化する上で極めて有効な手段であった。いうなれば，軍隊整頓の執行権限は，鄧小平と解放軍をつなぐ強力な媒体となっていたのである。この点は，公式の統帥権者でありながら，解放軍とのかかわりの薄かった華国鋒との大きな相違点である[9]。もっとも，華国鋒には軍委副主席の葉剣英がついており，華国鋒と解放軍を架橋する役割を担っていた。とはいえ，前章で詳しく検討したように，軍隊整頓を執行できる権限と力量が鄧小平にあるということは，すでに「実践」を通して検証済みであった。そして実際，葉剣英は，鄧小平の復帰後新しい軍委が発足するや否や，軍委の批准を要する政策資料を鄧小平に先に送付するように指示を出している[10]。

軍隊整頓の再開

こうした政治状況を考えると，軍隊業務に復帰するにあたり，鄧小平が当初どのような行動計画を立てていたかを推測するのはそれほど難しくない。つまり，復帰当初の政治状況からして最初に行うべきは，1975年の軍隊整頓の正統性と成果を確認し，その延長線上に今後の軍隊業務を位置づけることである。さらに，権力闘争の局面に注目すれば，軍隊整頓の具体的な内容，もしくはその執行体制の構成などにおいて，鄧小平の独自色が徐々に強くなっていくこと，さらには，軍隊整頓と他の政策領域との関連性がより明確になっていくことが予想できる。とりわけ後者に関しては，この時期の軍隊整頓が，政治か

---

9) 他方，地方経済発展の実績で名を挙げた華国鋒は，国民経済の向上を重視する点では鄧小平に近似した選好をもっていた。たとえば，高原明生（2011）「現代中国における1978年の画期性について」加茂具樹他編『中国改革開放への転換——「1978年」を超えて』慶應義塾大学出版会，124-125頁を参照。

10) 中国人民解放軍軍事科学院編（2007）『葉剣英年譜 1897-1986（下）』（北京：中央文献出版社），1130頁。

ら軍隊を如何に退出させるかという従来の課題から，軍部統治の長期化が国政の広い分野にもたらした弊害を如何に取り払っていくかという課題に，次第に重きを移していったという点が見逃せない。

では，鄧小平が実際どのような行動をみせていたか確認しよう。復帰まもない 1977 年 8 月，軍委座談会の場で鄧小平は，「1975 年の毛沢東同志の『軍隊整頓』と『戦争準備』に関する指示は，軍隊工作指導の要であり，ここに誤りはない」と，75 年整頓の正統性を確認した上で，「軍隊整頓は，少なくとも 35 年間の要」であると述べている[11]。

軍隊整頓の当面の課題は，1975 年に「初歩的調整」がなされた，部隊の移動と指導幹部の調整を再開することである。具体的には，幹部交流と部隊移動の範囲を広げ，地方統治との断絶を徹底させることが強調された。鄧小平によれば，「1975 年には 4 つの軍（団）だけが異動した。しかし，地方の派閥主義に陥っている部隊は現在も少なからず残って」おり，それゆえ「地方工作を行うことが困難である」状況が続いていた[12]。

もっとも，鄧小平は，人事異動による指導グループの調整に対して，軍内部になおかなりの抵抗と躊躇が存在していることを認知していた。そこで鄧小平は，部隊移動と幹部交流が毛沢東の定めた「制度」であることを強調するとともに，人事異動による地方性の脱却が結局は部隊にとっても「良いこと」であることを挙げ，説得している[13]。とりわけ，後者の根拠とされたのは，軍隊幹部の地方行政職への「転業」問題である。すなわち，派閥闘争に巻き込まれていた軍隊幹部は地方から歓迎されず，当該地域の政府機関や国営企業への再配置や再就職が困難だった。したがって，移動と交流は，軍隊幹部の転業を円滑に進めるための有効な手段となる，という理屈であった。

しかし，幹部交流であれ，部隊移動であれ，中央の命令に服従するのは当然である。この点，鄧小平は「どこに転出されようが，幹部は服従すべきであり，さもなければ仕事を取り消す。如何なる人であれ，命令を執行しないと規

---

11)「把軍隊整頓好建設好」『鄧小平軍事文集 3』62 頁。
12)「軍隊要把教育訓練提高到戦略地位」『鄧小平軍事文集 3』55 頁。
13)「把軍隊整頓好建設好」『鄧小平軍事文集 3』64 頁。

律に沿って処理する。多くの同志が，私が軍隊を担当するのを希望したそうだが，私のやり方は人々の機嫌を損ねることである。これが軍隊を保護することであり，幹部を保護することである」と，毅然たる姿勢を取っている[14]。

とはいえ，こうした「当たり前」をいわねばならないところに，解放軍内部の紀律弛緩の現状があり，その意味で，政策執行を保証する組織的かつ思想的基盤をいかに再構築するかという問題は，整頓を成し遂げ，国防近代化へ進むための大前提となっていた。そこで，鄧小平が先決課題と考えたのは，軍中政治機関を軸とした，政治工作の復活と実質化である[15]。なかでも，軍中政治機関の再建が急がれたのは，軍中党委に集中していた決定権限を分散させる必要からである。すなわちその背後には，文革期を通じて軍中党委が，少数の指導幹部（主に指揮官）の「私物」と化し，とりわけ人事決定において，集団的意思決定の原理が機能しなくなったという現状があった。そこで，「幹部の統制」を「第一の任務」とする政治機関を復活させ，人事決定の一部の権限を付与することが提案されたのである[16]。

もちろん，鄧小平は，意思決定機構としての党委員会の役割そのものを否定しているわけではない。重要なのは，集団領導と民主集中制の原則を機能させ，意思決定のプロセスを正常化することである[17]。そこで，少なくとも部隊指導グループの人事調整が一段落するまでは，軍中党委の人事権行使には一定

---

14) 同上，65頁。
15) 軍隊整頓の再開にあたり，鄧小平が政治工作の正常化を重視していたことは，復帰直後の8月に行われた，広州軍区政治委員の韋国清の総政治部主任任命に強く示唆されている。この人事が鄧小平の要請で実現したことは明らかであり，赴任直後より韋国清は政治工作会議の準備に着手していくことになる。たとえば，慕安（2010）「開国上将韋国清在拔乱反正期間主政総政治部」『党史博来』第4期，14頁。
16) 「把軍隊整頓好建設好」『鄧小平軍事文集3』64頁。
17) 軍中党委運営の「不健全さ」は，中央総部でも例外ではなかった。当時総参謀部の政治部主任に就いていた遅浩田は，総参謀部内の党委の状況について次のように述懐している。「総参謀部の多数の部局の党委組織は不健全な状況にあった。長期間臨時党委のままであったり，構成人員が長期間改選されなかったりして，ある部局では十数年間も党代表大会を開いていないところもあった。政治工作の進展には，まず各級党組織の健全化を図る必要があった」。遅浩田伝写作組（2009）『遅浩田伝』（北京：解放軍出版社），242-243頁。

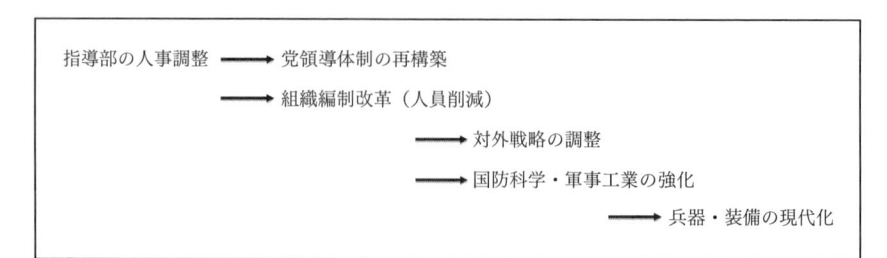

```
指導部の人事調整 ──→ 党領導体制の再構築
                 ──→ 組織編制改革（人員削減）
                         ──→ 対外戦略の調整
                         ──→ 国防科学・軍事工業の強化
                                 ──→ 兵器・装備の現代化
```

図 6-1　軍隊整頓の流れ

の制限を加えることが必要と考えられた。加えて，地方党委による横からの統制の強化，および軍幹部の党委内での「小組活動」への参加などが強調された[18]。

　さて，軍隊整頓の再開にあたり，鄧小平がもうひとつ核心課題として挙げていたのが，軍隊の教育訓練の正常化，およびその質の向上であった。具体的には，「戦争のない条件の下，軍隊の教育訓練を戦略的地位まで引き上げる」ことが目指され，とりわけ学校を通した幹部の「軍政素質」（指揮能力と管理能力）の向上が強調された。ただ，注意すべきことに，鄧小平にとって，学校は単に「現代化した戦争」に関する情報と知識を伝達するだけの場所ではない。学校の重要な機能は「幹部の訓練，選別，推薦」であり，学校が養成，選別，推薦した幹部を積極的に活用することで，幹部集団全体を刷新することができる。つまり，学校は「集団政治部」もしくは「集団幹部部」と位置づけられるのである[19]。

　このように，復帰当初，軍事業務にあたる鄧小平の構想は，際立って慎重なものであったといえる。つまり，現状の評価と優先順位の設定において，1975年整頓との連続性が強く意識されていた。図 6-1 に示したように，当面の優先課題は，75年整頓のやり残しとして部隊指導グループの人事調整を徹底させることであり，その上で，組織の再建を進めていくことが想定された。もちろん新たな課題として，政治工作制度の復活が訴えられたが，それには「良き伝

---

18)「軍委全体会議上的講話」『鄧小平軍事文集 3』85 頁。
19)「軍隊要把教育訓練提高到戦略地位」『鄧小平軍事文集 3』59 頁。

統の回復」という枠がはめられていた。だが，こうした慎重な姿勢は，1978年にはいると，より具体的で大胆な改革要求へと転じ，さらに権力競合が顕在化してくると，一気に政治色を強めていくことになる。

2. 軍隊整頓の拡大——制度の回復と再建

　本節では，軍隊整頓の実際の展開について考察する。具体的には，上記の鄧小平の考え方が如何なる形で定式化，政策化されていったかを，まずは 1977 年と 1978 年に開かれた 2 つの軍事会議を中心に検討する。その上で，人事と組織，および経済との関係を中心に，軍隊整頓の具体的な実施状況について確認する。

2 つの軍事会議
　2 つの軍事会議とは，1977 年 12 月 12 日より 31 日まで開かれた中央軍委全体会議と，1978 年 4 月 27 日から 6 月 6 日まで開かれた全軍政治工作会議である。改革開放への転換点を 1978 年 12 月の第 11 期 3 中全会に求める従来の言説に一定の意義があるとすれば，1980 年代以降本格化していく軍近代化の出発点はこの 2 つの会議にあるといっても過言ではない。
　まず，1977 年 12 月の軍委全体会議は，内容的には 2 年前の軍委拡大会議において公式化した軍隊整頓の方針を再確認し，政策執行のさらなる拡大，深化を訴えた会議である。具体的には，10 項目の主要任務が新たに提示されると同時に，9 個の決定と条例が批准されており（表 6-1），鄧小平にいわせれば，「我が軍隊のほぼすべての領域，すべての方面」を議題として取り上げた「前例のない」会合であった[20]。
　表 6-1 を見る限り，政策内容や優先順位において，前節で確認した鄧小平の政策選好がかなり充実した形で反映されていることが分かる。つまり，軍隊工

---

20)「在中央軍委全体会議上的講話」『鄧小平軍事文集 3』75 頁。

表 6-1　中央軍事委員会全体会議（1977 年 12 月）

10 項戦闘任務	9 個決定・条例
1.「四人組」摘発・批判運動の徹底実施 2. 毛沢東戦略思想の貫徹と作戦準備の遂行 3. 指導グループの整頓と幹部隊伍の強化 4. 党の建設の強化と政治工作の威力の発揮 5. 教育訓練の地位向上，軍事科学研究の強化，軍政素質の向上 6. 国防科学技術研究と軍事工業の徹底管理，装備近代化の加速 7. 組織人員の簡素化と兵役制度の改革 8. 軍隊の勤倹実施と後勤工作の強化 9. 野戦軍・地方軍・民兵の三結合武装体制の維持 10. 軍隊の優良な伝統と作風の回復と発揚	1.「部隊教育訓練の強化に関する決定」 2.「軍隊学校改善の決定」 3.「軍隊組織紀律性強化に関する決定」 4.「中国人民解放軍国家軍事機密保守条例」 5.「武器装備近代化の加速に関する決定」 6.「軍隊編制体制の調整に関する方案」 7.「兵役制度問題に関する決定（草案）」 8.「軍隊工場・農場・農副生産管理に関する決定」 9.「軍隊財務工作の整頓と強化に関する決定」

出典）「在中央軍委全体会議上的講和」『鄧小平軍事文集 3』81-87 頁。

作の中心は依然として整頓の執行，すなわち，文革期の軍部統治が解放軍にもたらした弊害の解消と，文革以前の制度規範の再建に据えられている。ただ，同じ整頓といっても，1975 年のそれが主として統治からの解放軍の撤退を通じた政治の非軍事化を目指していたとすれば，この時期の軍隊整頓は，文革の影響を払拭するという意味での解放軍の非政治化，さらには，軍隊統制の制度規範の再構築を通じた解放軍の再政治化を目指したものと見ることができよう。

　他方，1975 年同様，政策執行を求める鄧小平の姿勢は，一面では，降任人事を含む厳しい懲罰を振りかざし服従を強制しつつも，他面では，整頓の範囲と手続きを明示することで，幹部たちの不安を払拭するように努めている。たとえば，各級部隊指導グループの人事調整に関しては，既定の組織編制案にもとづき，指導グループと直属機関の人員削減を，まずは中央総部と軍兵種，大軍区，省軍区から始めること，ただし，調整後には安定期を設けること，そしてすでに人事措置を受けた大軍区と軍兵種の幹部は対象外にすること，などが明示された[21]。

21）同上，79-80 頁。

次に、翌年に召集された全軍政治工作会議も、さまざまな意味において注目に値する会合である。まずこの会議は、1965年12月以来、12年ぶりに開催された政治工作会議である。不定期とはいえ、1949年から1965年までの間、7回も開かれていた会議が長期にわたり休止していたこと自体、文革期の政治介入が組織としての解放軍にもたらした混乱を物語っている。逆説的であるが、軍部統治の下では、党の軍隊としての解放軍の政治的性質を規定、保証することを目標とする政治工作は、その存在意義を失してしまうのである。その意味で、1978年の全軍政治工作会議の開催は、軍部統治の終焉、またその意味での文革の終焉を軍内外に確認させるひとつの儀式であったということができよう。この会議が軍級単位以上の政治幹部383名を召集した、建国以来最大規模、かつ最長の政治工作会議であったゆえんでもある[22]。

こうしてみると、会議のスローガンとして「新しい歴史条件下の政治工作伝統の回復」が掲げられたことは論理的に自然である[23]。新しい歴史条件とは、鄧小平によれば、長い平和のなかで、個々の軍人の資質をはじめ、軍隊と人民、軍隊と経済の関係に根本的な変化が生じている状況を指す。とりわけ軍隊と人民、軍隊と経済の間に戦時のような調和のとれた協力関係はもはや存在せず、現にあるのは解放軍の大衆的威信の低下であり、解放軍による「集団利益」の阻害である。政治工作の回復は、文革期に生じたこれらの問題を直視、分析するところから始まるべきなのである[24]。

一方、同会議の政策的な主眼は、政治工作部門の整頓、とりわけ軍中政治機関の再建と幹部制度の強化に置かれた。その基底に、整頓の執行を保証する制

---

22)　国防大学党史党建政工教研室編（1989）『中国人民解放軍政治工作史（社会主義時期）』（北京：国防大学出版社）、372-374頁。
23)　「新しい歴史条件」という表現については、当初軍内部において、華国鋒の提起した「新しい発展時期」という表現と整合しないという意見が提起されたようである。それについて、鄧小平は、「すべてを毛主席が述べたこと、また華主席が述べたことを参照しなければならない、という人がいる。これは孤立した現象ではなく、現在のひとつの思潮を反映するものである。毛沢東思想を議論していても、その本質と方法は忘却されているのである」と退けている。「實事求是是毛沢東思想的根本観点」『鄧小平軍事文集3』106頁。
24)　「在全軍政治工作会議上的講話」『鄧小平軍事文集3』116-120頁。

度基盤の再構築があったことはいうまでもない。もちろん表面的には，「四人組」摘発・批判運動の徹底が強調されていたが，議論の重点は次第に運動そのものではなく，問題の発見と処理に運動をどう活用するかに移っていた[25]。もとより，「四人組」摘発・批判運動は，「四人組」の逮捕を主導した華国鋒や葉剣英——およびそれを執行した一部の軍隊幹部[26]——の決断と行動を称える性格を帯びており，それを「深化」させることは，鄧小平にとって必ずしも望ましい展開ではなかった。実際，鄧小平は，同会議上の講話のなかで，現在の運動が「林彪批判を欠いている」ことを指摘し，運動の焦点が四人組批判に集中することを警戒するとともに，軍隊政治工作の当面の課題が四人組の残党処理をはるかに超える幅と重要性をもっていることを周知させている[27]。

このように，鄧小平が政治工作会議を権力闘争のプラットフォームとして活用していることは明らかであるが，その最たる事例は，いうまでもなく「真理基準論争」との関連である。よく知られているように，同会議を前後した時期

---

25) 「四人組」摘発・批判運動に関する鄧小平の考え方は，1978 年 9 月瀋陽軍区で行った講話により明確に反映されている。鄧は，「『四人組』摘発・批判運動については，『底』とは何かを研究した方がよい。底に到達することは永遠にない。運動をいつまでも継続することはできないであろう。問題は運動に頼るだけでは解決できず，日常の教育と幹部の領導も重要である。運動は領導グループとその作風の改善に必要だが，半年あれば十分である。どれほどの期間を通して継続するか，あなたたちはよく研究する必要がある」と述べている。「軍隊搞好掲批『四人幇』的五条標準」『鄧小平軍事文集 3』139 頁。なお，こうした鄧小平の見解は，後に総政治部より「『四人組』摘発・批判運動の収束に関する指示」という形で全軍に下達される。『鄧小平年譜（上）』401-402 頁を参照。
26) 代表的人物としては，軍委常務委員の陳錫聯と蘇振華が挙げられる。前者は四人組逮捕時の北京軍区司令官であり，後者は四人組調査委員会主任として事態の処理に携わっていた。
27) 「在全軍政治工作会議上的講話」『鄧小平軍事文選 3』119-120 頁を参照。こうして林彪批判をうながす鄧小平の発言について，たとえば川島は，その真の意図が広州軍区内の林彪勢力（正確には「第四野」系統幹部）への牽制にあると主張する。川島弘三（1989b）『中国党軍関係の研究（下巻）——対外戦略の形成と党軍関係』慶應通信，213-215 頁。しかし，林彪事件以来の当該軍区に対する摘発・批判運動の繰り返しを考えれば，1979 年の時点で党中央に脅威を与えるほどの勢力が残存していたとは考えにくい。もちろん，中央の軍指導部に彼らに共鳴する勢力が存在していたことも考えられない。

の党中央では，華国鋒の掲げる「二つの全て」に対して，胡耀邦の指揮の下に「真理基準論争」が挑まれていた。とりわけ宣伝機関をめぐる攻防は激しく，「実践は真理を検証する唯一の基準である」と題した論文を掲載した『人民日報』や『光明日報』が名指しで批判されるなか，鄧小平の反論がこの会議で行われたのである[28]。

ただし，鄧小平が講話のなかで「実事求是は毛沢東思想の出発点であり基本だ」と強調したのは，それが政治工作回復の出発点であると考えたからでもある。すなわち，政治工作の再開は，従来の原則をたんに「丸写し」するのでなく，あくまで「現在の状況，現在の問題，現在の組織，現在の思想」の分析から始め，問題を提示し方針を決めなければならないのである。したがって，「実事求是」は，前述した「新しい歴史条件下の政治工作伝統の回復」における行動原則であり，またその文脈において実質的な意味を獲得するものであった。

これらの会議を通じて，軍隊整頓の進行に関する鄧小平の構想は，党中央の方針として公式化され，個別政策として具体化されていった。この際，鄧小平は，一方で1975年整頓との連続性を強調しつつも，他方で，政策執行の環境に起こった変化を指摘し，新たな方法論の採用を主張していた。こうして，多方面にわたる軍隊整頓の条件が整っていったが，そこで次に，実際の政策執行の状況を検討してみよう。

人事と組織の刷新

前述したように，再開された軍隊整頓の最優先課題は，各級部隊指導グループの人事調整にあった。具体的には，大軍区単位から始まっていた人事調整の範囲を省，およびそれ以下のレベルにまで拡大させることが目標とされていた。またそれと並行して，軍隊統制の基本制度の回復，およびそれにもとづいた組織の再建がはかられた。

図6-2は，1976年から1979年の間に行われた省軍区指導グループの人事調

---

28)「真理基準論争」の展開については，高原（2011），Michael Schoenhals (1991) "The 1978 Truth Criterion Controversy," *China Quarterly*, 126, pp. 243-268 を参照。

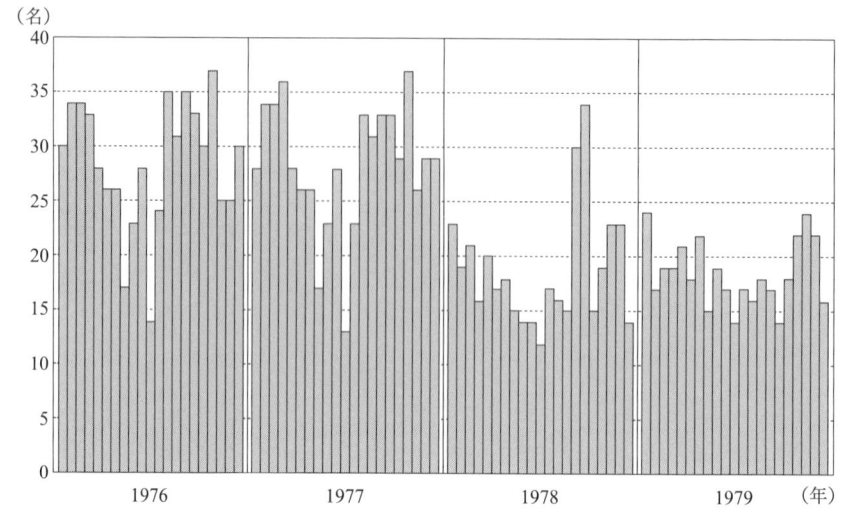

図 6-2 省軍区指導グループの人事調整（人員総計）

出典）中国人民解放軍総政治部組織部（1995b）『中国共産党中国人民解放軍組織史資料 第六巻 社会主義現代化建設新時期（1976.10～1992.10）』（北京：長征出版社）。

整の結果を示したものである。そこでは，前年と比べほとんど変化の見られない 1977 年に対して，1978 年には多数の省軍区において著しい変動が起こったことが確認できる。その変動の内実を表示したのが図 6-3 である。すなわち，21 の省軍区のうち，20 の省軍区指導グループにおいて，転出と転入をあわせて 10 人以上の指導幹部が人事異動の対象となっており，20 人以上の異動が見られるところも 10 省に至っている[29]。唯一湖南省のみが，3 人の幹部を減らすに留まっているが，同省においても 1979 年には大幅な調整が行われている[30]。

また，1975 年の時と同様，指導グループの人事調整は大幅な人員削減を伴った。具体的には，1977 年に平均で 29 名を超えていた指導幹部（正副司令

---

[29] 20 名以上の入れ替えがあった省は，黒竜江省（29 名），河北省（23 名），甘粛省（30 名），江蘇省（20 名），福建省（29 名），江西省（26 名），河南省（20 名），湖北省（20 名），四川省（23 名）である。なお，1978 年の時点で指導グループの人員数が 30 人を超えている 2 省は，湖南省（30）と広東省（34）である。

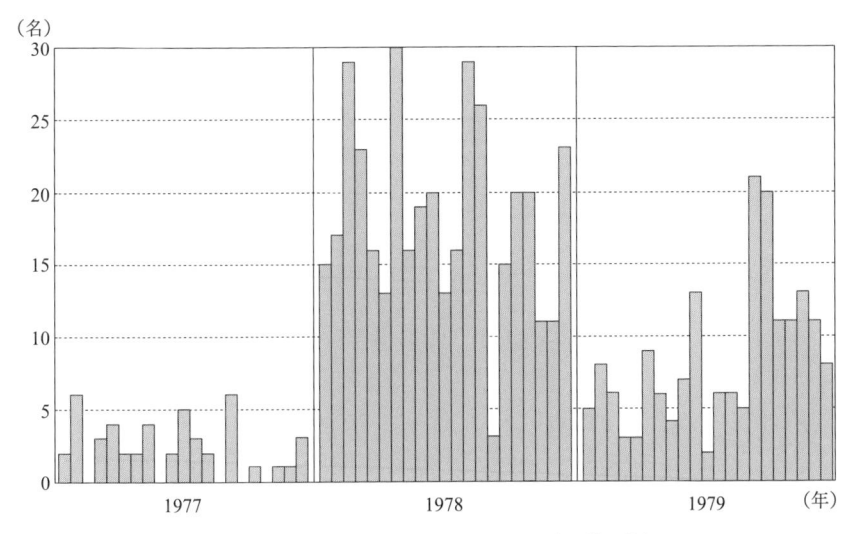

図 6-3　省軍区指導グループの人事調整（異動人員）

出所）中国人民解放軍総政治部組織部（1995b）『中国共産党中国人民解放軍組織史資料 第六巻 社会主義現代化建設新時期（1976.10〜1992.10）』（北京：長征出版社）。

員，正副政治委員，司令部参謀長，政治部主任）の数が，1978 年には平均 19 人まで縮小し，さらに 1979 年になると，概ね 15-20 名の間で収斂していることが確認できる。総計でいえば，1977 年の時点で 596 名いた省軍区指導幹部が 1978 年に 411 名，1979 年に 389 名へと減少している。しかし，1975 年の大軍区指導グループの人事調整との違いは，人員削減の主な手段として，地方の行政・企業単位への転職が採用されたことである。軍隊幹部全体でいえば，地方

30) 1978 年の湖南省の異動人員が際立って少数であったことの理由として，第一に考えられるのは華国鋒との関連である。すなわち湖南省は華国鋒の出身地であり，同省での長年の仕事による華の影響力が鄧小平主導の人事調整への抵抗要因として働いた可能性である。事実，華国鋒は 1977 年 6 月まで同省軍区の第一書記となっていた。第二の可能性は，ベトナムへの攻撃準備との関連である。1978 年の段階で省軍区指導グループの総員が 30 人を超えていた湖南省と広東省は，両方とも対越作戦の主力部隊である広州軍区に属している。このことは，もうひとつの主力部隊であった混明軍区に所属する雲南省軍区と貴州省軍区の人事異動が比較的小規模なもの（両方とも 11 人の異動）に留まっていることにも現れている。湖南省の人事異動の結果は，これら 2 つの要因の複合的な結果と見ることが妥当と思われる。

転職の対象になったのは 1978 年のみで 24.3 万人に達しており，それは 1975 年から 1977 年までの 10.6 万人を大いに超える規模であった[31]。

　一方，組織面での整頓としては，まず，軍中政治機構の権限強化が挙げられる。具体的には，幹部任免過程における政治機構の権限が明確化された。幹部任免に関する直近の規定としては，初期整頓が行われた 1972 年の全軍幹部工作座談会にて報告，公表された，「集団領導制度を堅持し，幹部の抜擢，異動はすべて党委の集団討論に決定を委ね，個人がそれを請け負うことを防ぐ」という規定があった。そこで，1978 年の全軍政治工作会議後の新しい「幹部服役条例」では，「幹部の抜擢，任免，教育，異動，交流，安置，懲罰等，必ず政治機関の審議と意見提出を経て，党委が討論決定する」と明示されることとなった。あわせて，鄧小平の指示に沿い，「幹部服役条例」のなかに，所謂「降任条項」，すなわち「幹部は仕事の需要および定員縮減の事由により，下級の職務に任ずることが可能である」という条項が加えられた[32]。

　組織整頓のもうひとつの焦点は，軍中党委員会にあった。軍中党委の整頓については，1978 年 2 月に，各級党組織の構成と定員，および，人事決定の手続きに関する規定が出されていた。その内容は，①各級党委は，候補者名簿を上級党委に事前報告し批准を受けた上で，党大会での選挙を通じて選出する，②党委の構成は，同級の指導幹部以外に，一級下の指導幹部をも含めなければならない，③党委の定員は，大単位で少ない場合は 30 人前後，多くとも 60 人を超えてはならない，④党委常務委員会は党大会を通じて選出し，人選にあたっては実力を主とし，参謀長と政治部主任を包含する，⑤その定員は，大単位で 7-11 人を原則とする，というものであった[33]。すなわち，ここでの狙いは，回復された制度規定に依拠し，軍中党委への統制を強化し，同時に膨らんだ組織規模の縮小を目指すことであった。

　なお，この時期の軍中党委再建で注目されるもうひとつの重要措置は，地方

---

31) 総政治部幹部部・軍事科学院軍制研究部編（1988）『中国人民解放軍幹部制度概要』（北京：軍事科学出版社），387 頁。
32) 総政治部幹部部・軍事科学院軍制研究部編（1989），128-129 頁。
33) 総政治部組織部編（2002）『中国人民解放軍組織工作大事記 1929-1999』（北京：解放軍出版社），226-227 頁。

党委からの横の統制を復活させることで，文革以前の「双重領導制度」を回復することであった。その一環として，地方省委書記を省軍区党委の第一書記に兼任させる規定が拡大実行された。具体的には，1977年から1979年の間に，省委書記が該当省軍区の第一書記を兼任する省の数は8から16に増えている。さらに，その逆として，省軍区司令員および政治委員が地方省委の書記職を兼ねることは取り消され，1979年4月，省軍区指導幹部の同級地方党委書記の兼職を禁止する命令が党中央から正式に下達された[34]。

以上，省軍区指導グループを中心に，人事と組織における軍隊整頓の執行状況を確認してみた。1975年時と比較すれば，大幅な幹部異動と人員削減を結果したという点で類似性が見られる一方，制度の復活を通じた現状の固定，すなわち整頓の制度化が図られていたという点で相違点が見られる。政策展開の実質としては，軍隊統制の制度基盤の再構築，かつ小規模で効率的な指導グループ作りが目指されていたことが指摘できよう。

軍隊と経済

すでに指摘したように，文革期における軍部統治は，農業，工業支援を通じた国民経済の安定をその核心任務に掲げており，その結果，農工業生産への解放軍の広範な進出をもたらしていた。しかし，生産領域における軍部統治の解消は，すでに検討した地方政治でのそれと比べれば，進展のペースがさらに遅く，全国規模でいえば，1978年の時点に至るまで，ほとんど手が付けられずに残されていた。この意味で，軍隊整頓の再開にあたり，軍隊と生産という問題が主要議題のひとつにのぼり，かつ両者関係の再調整に向けた改革が全国範囲で実施されたことは注目に値する。ここでは，上述の軍委全体会議で批准された2つの関連決定を中心に，解放軍の生産経営，および財務管理における整頓の進展状況を確認してみよう。

まず，解放軍の生産経営に対しては，「軍隊工場・農場・農副業生産管理の強化に関する決定」（以下，「軍隊生産に関する決定」）が批准，発布された。解

34）総政治部組織部編（2002），234頁。

放軍のかかわるすべての生産活動に対する管理強化が骨子であったが，なかでも重点は軍隊の工場経営の整頓におかれ，軍級以下部隊の工場経営に対する一律的禁止が明示された。対象となった工場は，軍事的需要が認められるものに限り中央の総後勤部もしくは大軍区の直接管理下におくことが許され，それ以外のものはすべて地方政府に管理を移譲することとなった[35]。

もちろん，解放軍の工場経営について整頓の指示が出されたのは，今回が初めてではない。たとえば，1972 年の初期整頓の際に，葉剣英は，「軍隊の生産に関する毛主席の指示は正しい。だが，あまり多くやってはいけない。物事には主従がある。部隊は生産を行う必要があるが，生産が主となっては軍隊ではなくなる」と警鐘を鳴らしていた。そして実際に，1973 年 12 月には，瀋陽軍区内の工場を対象に整頓が行われ，82 カ所の管轄工場のうち 37 カ所が生産中止，または地方移管の対象となっている[36]。

しかし，農業を含む解放軍の生産活動全般に対する全国規模での整頓は，1975 年を待たなければならなかった。鄧小平は，軍委拡大会議でこの問題を取り上げ，「現に〔軍隊の〕有する農場，企業は，金儲けをして，それを勝手に支出している。指導幹部のなかには〔支出を〕指示する権力を争うものもいる」と現状を批判し，早急の整頓を求めている[37]。そこで，同年 12 月，総後勤部の提案に中央軍委が書面での指示を加える形で，「部隊生産の整頓に関する意見」（通称「192 号文件」）が全軍に転送された。その内容は，部隊の生産規模と生産体制の調整，および経営管理の改善に関する提案に，中央軍委の指示として，各級部隊の工場経営に対する地方党委の統制強化が加えられたものであった[38]。

このような経緯を経て，1977 年 12 月，ようやく「軍隊生産に関する決定」が軍委全体会議の批准を得て発布されたのであるが，政策の執行が当初容易と

---

35) 当代中国叢書編集組編（1989a）『当代中国軍隊後勤工作』（北京：中国社会科学出版社），431 頁。
36) 総後勤部生産管理部軍隊生産経営史料叢書編審委員会（1997）『中国人民解放軍生産経営史料叢書 軍隊生産経営大事記（1949-1995）』（北京：解放軍出版社），122，127 頁。
37) 「軍隊整頓的任務」『鄧小平軍事文集 3』31 頁。
38) 総後勤部生産管理部軍隊生産経営史料叢書編審委員会（1997），39 頁。

考えられていたわけではない。たとえば，1978年3月，全軍後勤工作会議の準備会合において，鄧小平は，再び現状を厳しく批判し，決定の執行を強く求めている。「軍以下部隊は工場経営を中止し，その道を切ってしまわないといけない。原料を求め，あらゆるところに人を送り関係を結ぶことで悪いものが入り込んでおり，軍隊の工場は現に悪人をかくまう場所になっている。需要があるものは中央の批准を経て大軍区，軍兵種に経営を集中させる。これは軍委の決定であり，変更することはできない」[39]。

とはいえ，生産からの軍隊の切り離しという問題が，こうした号令のみで解決されるとは，鄧小平も考えていなかったはずである。というのも，一方では，軍隊の生産活動を奨励した毛沢東の「5・7指示」がなお生きており，他方では，現実問題として，部隊の経営する工場を全国規模で調査・整理し，かつその一部を引き受け，管理するための組織体制が中央の総部，大軍区にまだ整っていなかったからである[40]。

そこで，こうした管理体制の再整備をひとつの目的として批准されたのが，「軍隊財務工作の整頓と強化に関する決定」（以下，「軍隊財務に関する決定」）である。内容は多岐にわたるが，その重点は，ひとつに財務管理体制の再建，ふたつに財務業務にかかわる各種制度規定の回復にあった。まず前者に関しては，党による財務統制の強化，つまり，部隊の予算および重大な支出に対する軍中党委の集団的決定の原則を明確化することで，個人の裁量を排除し，支出が決定に先んじることを防ぐことが目指されていた。あわせて，各級部隊の財務権限の内容と範囲を再規定し（表6-2），同時に，経費管理の主体と方法を明確化した[41]。

一方，財務業務の実施に関連しては，1978年8月，「中国人民解放軍予算経

---

39)「軍以下部隊堅決不工場」『鄧小平軍事文集3』97頁。
40) なかでも，総後勤部は文革期を通じて激しい派閥闘争の舞台となり，結果として機構と人員の大幅な縮小を経験していた。このことは，組織再建の取り組みが本格的に始まった1977年半ば，同部の部長と政治委員が空席状態にあったことに如実に現れている。総後勤部の整頓については，張震（2003）『張震回憶録（下）』（北京：解放軍出版社），129-147頁。
41) 総後勤部財務部・軍事経済学院編（1991）『中国人民解放軍財務簡史』（北京：中国財政経済出版社），457-461頁。

表 6-2　軍内の財政権の範囲（1978 年 1 月）

中央軍委	総後勤部	軍区・軍兵種および所属部隊	各級業務部門
国防予・決算，全軍の重要財務標準と財務条例の批准	各年度経費の配分と調整，その他の全軍財務標準・財務制度の制定	請負経費の統括配分，使用の調整	個別経費の管理，事業費予算の編成，経費標準，配分方案の制定

出典）総後勤部財務部・軍事経済学院編（1991）『中国人民解放軍財務簡史』（北京：中国財政経済出版社），768頁。

費管理制度」，「中国人民解放軍予算科目」，「中国人民解放軍予算外経費制度」，「中国人民解放軍会計制度」，「中国人民解放軍基本建設財務管理制度」などの制度規定が公布された。これらの制度規定に通底しているのは，財務管理の中央集権化であり，とりわけ中央総部の財政権が大幅に拡大され，逆に，経費運用における部隊の裁量は縮小された。なお，部隊の経営する工場や農場からの収入は，予算外経費として軍区の統一的管理の下に置かれ，計画的運用が促された[42]。

　こうした財務管理体制の整頓の結果，たとえば 1980 年には，国防費のおよそ 80％が中央総部と軍区および軍兵種の直接管理の下で運用されることになった。しかし，とりわけ軍以下の部隊からは，財政の逼迫と物資の不足（無銭無物）への不満と憂慮が呈示され，実際，財務管理の体制と制度をめぐっては，1980 年代を通して継続的な再調整が図られることになる。

3.　軍隊整頓と中越戦争

　これまで見てきたように，1976 年の政変により止まりかけていた軍隊整頓は，復活した鄧小平のリーダーシップの下，再び軌道にのり，その内容と範囲を拡大し，なおかつ制度として定着していった。ところが，こうして軍隊整頓が新たな展開を示していった 1979 年の初頭，突如としてベトナムへの大規模

42）同上，772-781 頁。

な武力行使，すなわち中越戦争が発生する。戦争の全貌は今なお不明であるが，軍隊整頓の真っ最中の開戦であること，またそれが中国側の一方的かつ全面的な武力行使の形をとっていたことは，当該戦争と軍隊整頓の間に何らかの関係があることを示唆している。そこで，本節では，中越戦争に関する従来の説明を整理した上で，戦争の発動と展開，およびその帰結に見られる主な特徴について，軍隊整頓の視座から新たな検討を加えることにする。

謎の戦争

「中越戦争」とは，1979年2月に発生した中国とベトナムの間の武力紛争を指す。2月17日に中国側の全面攻撃から始まり，解放軍がベトナム領域からの撤退を完了した3月16日まで戦われた，1カ月足らずの短い戦争である[43]。とはいえ，社会主義の理念と体制を共有し，長年にわたって「帝国主義」と戦ってきた「兄弟国」同士での突然かつ大規模な武力衝突は，当初から非常な注目を集めていた。しかし，開戦の経緯，および戦争の具体的な経過などについては，依然として多くの疑問が残されている。

従来，中越戦争をめぐっては，大きく国際システム，中越の二国間関係，そして中国国内政治の3つの視点から，主にその開戦原因を探究する研究がなされてきた。第一に，国際システムの変化を重視する研究では，とりわけベトナム統一後のインドシナにおけるパワー・バランスの変化，そしてそれと連動して起こっていたソ連とベトナムの接近に焦点がおかれてきた[44]。第二に，中越関係のダイナミズムに注目する研究では，この時期懸案として浮上した在ベトナム華僑問題の影響を強調している[45]。そして第三に，中国の国内政治に注目

---

43) つまりここでいう中越戦争は，終戦後より1980年代を通して続いた中越国境での武力衝突とは区別されるものである。論者によっては，その後の交戦の持続を重視し，両者を合わせて「中越10年戦争」または「第3次インドシナ戦争」と呼ぶ向きもある。だが，戦争の目的と作戦の性質等において両者は重要な相違点を有しており，ここでは両者の連続性に留意しながら，中越戦争に主たる注意を払いたい。

44) Robert S. Ross (1988) *The Indochina Tangle : China's Vietnam Policy, 1975-1979* (New York : Columbia University Press).

45) Nayan Chanda (1986) *Brother Enemy* (New York : Collier Books, Macmillan Publishing Company).

する研究においては，主に党軍関係の緊張[46]，ならびに鄧小平の外交姿勢[47]などに，開戦の重要な契機を見出している。

しかし，これらの研究にはそれぞれ次のような問題点がある。まず，終戦後のインドシナにおける勢力分布の変化は，この時期の中越関係の「悪化」を説明することはできても，それに対する中国の反応が，何故に1979年2月に至って直接の大規模な武力行使という形に帰結したかという問いに答えられない。つまり，たんにパワー・バランスの回復が中国の目的だったならば，対米協力の強化でソ越接近への均衡化をはかればよかったであろうし，他方で，インドシナ地域におけるベトナムの影響力拡大を防ぐことが目的だったならば，たとえばカンボジアへの軍事支援によって，より少ないコストで目的は達成されたはずである[48]。

第二に，在ベトナム華僑問題に関しては，この時期中国系住民に対する差別政策がベトナムばかりでなく，カンボジアを含む他の東南アジア諸国にも広く観察された現象であったことを考慮すれば，その説明にはおのずと限界がある。そして第三に，国内政治要因に関する従来の分析は，当時の中国の政治状況をたんに見誤っているか，あるいは直接の武力行使への政策展開を説明できないという問題を有する。

これらの個別的な問題に加え，従来の先行研究に共通する問題として，分析の焦点がもっぱら開戦原因の解明に当てられている点が指摘できる。その結果，戦争をもたらした力学と，戦争によって生み出された力学との関係，さらには，戦争の発動と帰結の関係を総合的にとらえる視点を，既存の研究は欠如している[49]。これに対し，本章がこれまで分析の中心に据えてきた，軍隊整頓の展開と，それを媒介とした鄧小平と解放軍の関係は，この戦争を首尾よく理解するための重要な手がかりを提供してくれると考えられる。

---

46) 川島弘三（1989b）『中国党軍関係の研究（下巻）——対外戦略の形成と党軍関係』（慶應通信）第3章。
47) 益尾（2010），第3章。
48) 実際，カンボジア出兵の選択肢は政治局での議論で検討されていたという。耿飈（1979）「関于印支半島形勢報告 1979年1月16日」『中共研究』14-10。

第 6 章　軍部統治の終焉 ── 195

鄧小平の戦争

　中越戦争に関する近年の研究は，特に開戦決定における鄧小平の役割を重視し，この戦争が「鄧小平の戦争」であることに一定の合意を見ている[49]。この点は，本章のこれまでの考察，すなわち解放軍に対する鄧小平の影響力が，軍隊整頓の拡大とともにさらに強化されていった点を踏まえれば，いっそう説得力が増す。戦争の発動は，少なくとも鄧小平の同意を抜きにしては，考えられないのである。

　しかし，開戦時の鄧小平の役割が，軍部から上がってきた作戦計画をたんに了承するだけのものでなかったことは明らかである。このことは，開戦に対する疑問が党中央はもちろん，国境周辺に配置されていた主力部隊にも存在していたという事実に端的に表れる。すなわち党中央では，最大の懸念材料としてソ連の東北地方への侵攻可能性がかなりの現実性を帯びて議論されており，この点に関しては，陳雲をはじめとした復活組の幹部からも懸念の声があがって

---

49) このことは，中越戦争に限らず，戦争研究一般の問題だということができる。なかでも，戦争を国家間交渉失敗の帰結とみる J. フィアロンらの合理モデルは，国内政治や政策決定者の心理的要因を捨象しているのみならず，戦争行為自体の影響を戦争費用に限定するなどの問題を有している。J. フィアロンのモデルを批判的にとらえ，政治指導者の多様な動機に着目し戦争行為の事後的（ex post）効用を論証した研究として，Giacomo Chiozza and H. E. Goemans（2004）"International Conflict and the Tenure of Leaders : Is War Still *Ex Post* Inefficient?" *American Journal of Political Science* 48-3, pp. 604-619 を参照。

50) 開戦決定と戦争準備プロセスにおける鄧小平の主導的な役割を強調する近年の研究として，Xiaoming Zhang（2010）"Deng Xiaoping and China's Decision to Go to War with Vietnam," *Journal of Cold War Studies*, 12-3, pp. 3-29 ; Xiaoming Zhang（2005）"China's 1979 War with Vietnam : A Reassessment," *The China Quarterly*, 184, pp. 851-874 ; Edward C. O'Dowd（2007）*Chinese Military Strategy in the Third Indochina War : The Last Maoist War*（New York : Routledge）; John Lewis and Xue Litai（2008）*Imagined Enemies : China Prepares for Uncertain War*（Stanford : Stanford University Press）; Vogel（2011）, ch. 18 ; 磯部靖（2011）「文化大革命以降の権力継承問題と中越戦争──権力継承問題における内政と外交の連関」加茂具樹他編『中国改革開放への転換──「1978 年」を超えて』慶應義塾大学出版会，等を参照。一方，A. スコベルは，権力闘争の激化と連動し，開戦の適否をめぐる議論が党内を分裂させていたと主張するが，当時の政治状況に対するたんなる誤解にすぎない。Andrew Scobell（2003）*China's Use of Military Force beyond the Great Wall and the Long March*（New York : Cambridge University Press）, pp. 124-143.

いた。他方，葉剣英や粟裕を中心とした中央の軍幹部は，安全保障環境に対する楽観的認識を示すことで，直接の武力行使の軍事的合理性に疑問を表していた[51]。

対越攻撃への疑問は，一線部隊にも存在していた。たとえば，広州軍区政治部は，この戦争に対する部隊内の「若干の思想的問題」を，次の3点をめぐる「混乱」として要約している。それは第一に，今回対ベトナム攻撃を行うに際して，ソ連は出兵するのかどうか，第二に，過去「同志なり兄弟」であった両国がなぜ戦わなければならないのか，第三に，今回の越境攻撃は侵略にあたるかどうか，といった点である[52]。もちろん，こうした「混乱」が開戦準備の過程に具体的にどのような影響を与えていたかは定かでなく，また，中央の軍指導部の中に同様の状況が存在していたことを裏付ける証拠はない。

重要なのは，これらの懸念と疑問にもかかわらず，最終的に大規模かつ全面的な侵攻作戦という政策選択がなされたということである。もちろん，ベトナムに対する武力行使そのものについては，総参謀部を中心にすでに具体的な行動計画が検討されていた。しかし，1978年の後半まで，その計画は，あくまでベトナム軍の「度重なる国境侵犯行為」への対応という観点から議論されていた[53]。ところが，同年11月末の総参謀部会議では，対越武力行使をめぐる議論の向きが大きく変わっていた。すなわち，武力行使の必要性がインドシナ情勢の変化と明確に関連づけられるとともに，ベトナム政府の情勢判断に影響を与えることを目的とする，より広い範囲での軍事作戦が提案されたのである。こうした作戦計画は，12月初めの中央軍委会議において「対越反撃作戦」の形で具体化され，参戦部隊の戦闘準備を1月10日までに完了するという命令が正式に発布された[54]。

---

51) 具体的に，対外安全保障環境は武力行使を行うほどには悪化していないとの情勢判断である。「在中央軍委全体会議上的報告」『葉剣英軍事文選』699頁。だが，1978年11月以前の段階では，鄧小平もおおむね同様の情勢認識をしていた。
52) 広州軍区政治部編（1980）『中越辺境自衛還撃作戦政治工作経験選編——広西方面(1-4)』。
53) たとえば，1978年9月の総参謀部会議で試案として提示されたのは，広西方面の国境近くに駐屯しているベトナムの一個連隊に対する小規模な攻撃計画であった。周徳礼（1992）『一個高級参謀長的自述』（南京：南京出版社），239-240頁。

つまり，開戦に至る過程で注目されるのは，当初国境での軍事挑発への対応として検討されていた武力行使の目的と範囲が，1978年末の時点なって，突如として拡大されたことである。そして，近年の研究は，こうした戦争目的の拡大における鄧小平の主導的な役割を強調するが，加えて指摘しておくべきは，1978年11月末という時期は，同月10日より開催されていた中央工作会議の予想外の展開により，党中央の権力競合における鄧小平の優位がかなり明確化した時期でもあり，こうした政治環境の変化が開戦決定に与えた影響をも考慮しなければならないであろう[55]。

では，戦争目的の拡大にあたり，鄧小平はどのような意図をもっていたのであろうか。第一に，インドシナ情勢の変化がある。すなわち，ベトナムのカンボジア侵攻準備の本格化を知らせる情報が入っていた。第二に，経済分野を軸とする国内体制の再建と改革に有利な対外環境を作り上げるとの意図である。つまり，あえて大規模な軍事行動を起こすことによって，将来の武力挑発を効果的に抑止できるという計算である。とりわけここには，最高指導者となった鄧小平の長期的かつ包括的な政策選好が反映されているといえる[56]。

そして第三に，本章で論じてきた軍隊整頓の重要性がある。つまり，同じ時期，軍隊整頓の拡大と確立に精力的に取り組んでいた鄧小平からすれば，ベトナムへの武力行使を不可避とさせる状況の出現は，軍隊整頓のさまざまな政策課題を徹底させる上で格好の機会を提供するものであった。換言すれば，対越武力行使を，軍隊整頓の延長として積極的に活用するとの誘因が生じていたのである。具体的には，なるべく多くの幹部兵士に実戦経験を積ませることを含め，崩壊していた軍中職能機構の急速な再建をはかること，そして何より，文革期の政治介入によって生じた軍内の分裂と対立を解消する契機とすることが

---

54) 同上，246頁。
55) 同会議の議論は経済問題から急速に政治問題に発展し，「二つの全て」に対する批判に展開していった。事態の展開は，鄧小平本人にも予想外のものであり，実際，同年11月14日東南アジア訪問から戻り会議の論調の変化を知った鄧小平は，総括演説の原稿を完全に新しいものに書き換えることを命じている。李向前・韓鋼（1999）「新発見鄧小平与胡耀邦等三次談話記録」『百年潮』第3期，7頁。
56) Zhang (2010), pp. 17-23.

想定されていた。

　とりわけ，最後の点については，開戦準備が急速に進んでいた 1979 年 1 月 3 日の中央軍委座談会において，鄧小平は次のように問題の深刻さを指摘している。「〔現在〕派閥性が始終弊害をもたらしている。表面上は存在しないように見えるが，具体的な問題に遭遇するとその影響がまた現れてくる。これは文化大革命以前のわが軍隊にはなかったものであり，一部の老同志はこうした派閥性からまだ脱却していない」[57]。実際，この鄧小平の講話は，前年 12 月 20 日から開いていた中央軍委拡大会議での議論が，依然として指導幹部同士の激烈な相互批判に終始していることを批判したものである。同会議に参加していた総参謀部の一幹部は，後に「もしその直後に始まるベトナムとの戦争がなかったなら，軍内の混乱は長期間続いていたに違いない」と当時の軍内状況を回想している[58]。文革期の軍統治は，人事と組織刷新の努力では簡単に解消できない深い傷跡を，解放軍の中に残していたのである。

戦争の展開

　では，これらの政治的目的を達成するためには，どのような戦争を戦うべきなのだろうか。この点に関連し，中越戦争の具体的な作戦展開に見られる特徴のひとつは，戦争期間と作戦範囲，戦略的目標，そして大衆動員の度合いにおいて明確な制約がつけられた限定戦争だったことである。

　鄧小平にとって，この戦争のもっとも憂慮すべき危険は，ソ連の参戦，とりわけ中国東北部へのソ連軍の進入であった。そこで，ソ連の参戦を未然に防ぐためのあらゆる手段がとられる。軍事的には，ソ連軍の参戦準備に必要な時間を推察し，戦闘は 2 週間以内と限定され，作戦開始は中ソ国境の川が溶けはじめる 2 月以後に設定された[59]。そして，限定戦の確実な遂行のために，主力部隊の広州軍区と昆明軍区の司令官を側近の許世友と楊得志に交代させた。外交的には，作戦計画の骨格がほぼ決まった 1 月のアメリカと日本への訪問におい

---

57)「解決軍隊機構臃腫問題」『鄧小平軍事文集 3』146 頁。
58) 張勝（2008）『従戦争中走来――両代軍人的対話』（北京：中国青年出版社），415 頁。
59) 周徳礼（1992），240 頁。

て，武力行使の正統性とともに「限定戦」の意思を明確に伝えた。

また，中越戦争は，大規模な軍事動員とは対照的に，国内ではほとんど宣伝されず，およそ秘密裏に行われた戦争であった。その点，毛沢東が朝鮮戦争や台湾海峡の危機を大衆動員の手段として大いに活用したのと良い対照をなす[60]。中越戦争のこのような特徴は，この戦争があくまで鄧小平と解放軍の相互作用によって遂行されていたことを示す証左であると同時に，当時の中国社会の状態が鄧小平にどのように認識されていたかを示唆していて興味深い。すなわち，文革後の社会の不安定がつづくなか，文革の混乱の記憶は，戦時動員を通じて大衆の政治的要求を刺激することを制限する方向に作用したのである。

しかし，限定戦に備えた周到な事前準備にもかかわらず，中越戦争は実際の作戦遂行の中で生じたさまざまな蹉跌により，短い戦争期間に比して大きな人的損失をもたらすことになった。ここに同戦争のもうひとつの重要な特徴がある。当初想定されていた「速決戦」，すなわち迅速で決定的な勝利の獲得には，ほど遠い展開を示していたのである。

こうした作戦遂行上の困難は，広西と雲南からの侵攻経路のうち，主に広西方面で発生していた。たとえば，主力部隊の第13軍は，国境から15キロも離れていないラオカイとカムドンを確保するのに10日もかかってしまい，またランソンをめぐる戦闘では，ベトナムの一個連隊が中国側の2個軍を相手に一週間も抗戦に成功していた。最大の激戦地であったカオバンにおいては，すでに占領が宣言された後でも，2個軍の動員が必要であった。要するに，解放軍は，適切な戦術を通じて，大規模な兵力を運用することができなかったのである。

もっとも，作戦遂行過程におけるこれらの蹉跌は，戦場となったベトナム北部の地理的，地形的特徴とともに，ベトナム軍の対応戦略と戦闘経験にもその原因を求めることができる。

しかし，本章の視点からして明らかなのは，当時の解放軍が，組織と人員の

---

60) Thomas J. Christensen (1996) *Useful Adversaries : Grand Strategy, Domestic Mobilization, and Sino-American Conflict, 1947-1958* (Princeton : Princeton University Press).

両面において、とても効率的な作戦が行える状態ではなかったということである[61]。そしてその主な原因が、本書で論じてきた解放軍による統治活動の長期化にあることは言を俟たない。すなわち、軍部統治の弊害は、単なる訓練不足の問題に留まらず、軍中職能機構の崩壊による補給体制の不備から、地方転出による幹部の不足と資質の低下、さらには、軍内の派閥闘争による部隊間調整の困難と欠如といったさまざまな形で、効率的な作戦の遂行を著しく妨げていたのである[62]。その上、軍隊整頓の進行と拡大は、少なくとも中越戦争の時点においては、これらの問題を解決するどころか、むしろ増幅する力学として作用していたということも指摘すべきであろう。

鄧小平と戦争責任

最後に、中越戦争の帰結と関連して注目されるのは、決して芳しくない戦争結果にもかかわらず、鄧小平がその後権力の維持と強化に成功したのは何故かという問題である。少なくとも表面的には、中越戦争が戦争前の問題をなんら解決できなかったことは明らかである。「懲罰」の執行にもかかわらず、カンボジアに対するベトナム軍の攻勢はさらに激しさを増していたし、ベトナムとの国境紛争も、その後さらに頻発するようになった。そして何より、作戦遂行の過程で、甚大な人的・物的損失が発生した。それにもかかわらず、鄧小平は政治的生存を果しただけでなく、さらなる権力強化に成功する。何故それが可能だったのだろうか。

その理由はまず、上述した戦争のやり方に求められる。すなわち、戦争の戦

---

61) 本章の問題関心と直接の関連はないが、中国側の武力行使の威嚇がベトナムのカンボジア侵攻を抑止できなかったひとつの理由が、文革後の解放軍の状況にあったことは興味深い。すなわち、中国側の戦争準備の徴候は事前に認知されていたが、ベトナム指導部の中には、「現在中国軍は、革命による政治的混乱によって、その戦闘能力と士気が著しく低下しており、到底戦争ができる状態ではない」という認識が支配的だったのである。Henry J. Kenny (2003) "Vietnamese Perceptions of the 1979 War with China" in Mark A. Ryan, David Michael Finkelstein and Michael A. McDevitt, eds., *Chinese Warfighting : The PLA Experience since 1949*, (Armonk : M. E. Sharpe), p. 228 を参照。

62) Edward C. O'Dowd (2007) *Chinese Military Strategy in the Third Indochina War : The Last Maoist War* (New York : Routledge), Ch. 3.

略的目標を限定することによって，戦争の拡大を防ぎ，壊滅的な敗北の危険を避けえたからである。もっとも，予想外に大きな人的被害が発生したことについては，鄧小平自身も認めているところである[63]。しかし，人的被害の大小は，そもそも独裁者の戦争選択に影響する要因ではなく，同様に，戦争評価の基準にもならない。

　そしてもうひとつの理由は，対ベトナム戦争の遂行を軍改革の「プロセス」のなかに明確に位置づけることに成功したからである。すなわち，軍改革を叫んできた鄧小平からすれば，戦争の遂行を通じて「ここ30年間戦ったことのない人民解放軍の真の実力」が明らかになったことは，総参謀長として自らの失策を際立たせるどころか，軍改革をさらに積極的に推し進めていく上で強力な根拠が得られたことを意味した。一方，軍部からすれば，この戦争は，革命期の政治関与のなかで失いかけていた軍の威信――人民解放軍の「優良な歴史的伝統」――を取り戻すための機会であった。とりわけ，1970年代初め以降，四人組などによって，人民解放軍に対抗する「武装力量」として民兵の役割が強調されていたことを考えると，対ベトナム戦争は，対外防衛という人民解放軍の「存在意義」を改めて確認させる機会でもあった[64]。

小　括

　本章においては，鄧小平が再復帰を果たした1977年半ば以降の軍隊整頓の展開を多面的に考察するとともに，その政治的・軍事的帰結について検討を行った。その結果をまとめれば，次の3点になる。
　第一に，政界復帰にあたり，鄧小平が軍隊業務の継続に強いこだわりをみせていたこと，そして復帰後には，軍隊整頓の再開を主導し，その範囲と内容を

---

63)「鄧小平在中越辺境作戦情況報告上的講話」；「華国鋒在中越辺境作戦情況報告会上的講話」（以上，CCRD）。
64) 国防大学党史党建政工教研室編（1989）『中国人民解放軍政治工作史（社会主義時期）』（北京：国防大学出版社）。

拡大，深化させることに成功していたことを確認した。鄧小平の軍隊整頓への強いリーダーシップには，毛沢東による権限委任の有効性とともに，政策実現の重要性そのものに対して，軍隊幹部との間で認識が一致していたことが重要な背景をなしていた。さらに鄧小平からすれば，軍隊整頓の主導権は，毛沢東死後の変化した政治状況の下，中央での権力闘争を有利に展開するための有力な手段となっていた。実際，毛沢東思想の解釈権をめぐる華国鋒との理論的攻防に，軍隊整頓の主導権を媒介した解放軍への影響力は存分に活用された。

　第二に，この時期の軍隊整頓は，部隊指導部の人事異動の拡大，そしてより重要なことに，軍統制の制度基盤の再構築を核心的な内容としていた。後者の点で特に注意が向けられたのは，人事と財政に関する意思決定の集権化，またそのための組織体制の再建であった。なお，政策執行の効率性を高め，かつ整頓の流れを不可逆的なものとするために，文革以前の制度規範の復活が多方面にわたって進められた。もちろん，こうした意味で軍隊統制を「制度化」することは，鄧小平にとって，解放軍に対する自らの裁量権をいくぶん制約する要素を内包していた。しかし，最高指導者としての地位を獲得しつつあった鄧小平としては，既存の党国体制の枠を超える政治動員を行わないことを解放軍に示し，ひいては改革開放プログラムへの協力を要請するためには，制度を通じて自らの手を縛っておく必要があった。

　第三に，軍隊整頓の渦中で勃発した中越戦争については，開戦，戦争の経過と評価に至るさまざまな側面において，軍隊整頓の論理が貫徹されていたことが示された。とりわけ，戦争の芳しくない展開にもかかわらず，鄧小平が戦争責任の追及を回避し，解放軍に対する影響力をむしろ強化することができたのは，当該戦争が軍隊整頓の文脈のなかで遂行されたことの証左であり，実際に戦争の過程で解放軍が露呈したさまざまな問題は，軍隊整頓の正統性と必要性を強く裏付けるものであった。

　では，最後に，こうした軍隊整頓の展開が，時期を同じくして行われていた「四つの近代化」への政策転換とどのような関係をもっていたかについて簡単に触れておきたい。この点について，たとえばエズラ・ヴォーゲルは，近代化への移行に鄧小平が果たした重要な役割は，国防近代化を「先送り」しえたと

ころにあるという興味深い指摘を行っている[65]。しかし，軍隊整頓のプロセスに関する本章の分析結果からいえば，鄧小平が実際に意図し行動に移したのは，正確には国防近代化の「先送り」というよりは，それに向けた「体制作り」であった。すなわち，「強い軍隊」への転換に先んじて「信頼できる軍隊」への立て直しが追求されていたのである。鄧小平のこうした政策選好の背後に，文革期における軍部統治の長期化と，それが解放軍を含む統治システム全般に及ぼした広範な影響があることはいうまでもない。軍隊整頓は，崩壊した政策執行のシステムを正常化させることに加え，限られた政策資源を経済分野の近代化に優先的に配分することを可能にしたという意味で，近代化への方向転換とその確立に重大な影響を与えたのである。

---

65) Vogel (2011), pp. 234-245.

終　章

改革開放への展開

　文革期中国における軍と統治という問題が，もとよりさまざまな角度からの多面的な考察を要する複雑な問題であることは言を俟たない。本書では，なかでもとりわけ，毛沢東と人民解放軍の関係に焦点をあて，軍主導の統治システムが形成され，変容を経て消滅していく過程を分析しようと試みた。その際，議論の土台として，統治制度の選択と運用にあたって独裁者の直面するジレンマ，およびその解決への戦略について理論的考察を行った。本書の基本的な主張は，独裁者の抱えるこうした問題が，文革期中国における軍部統治の展開を理解する上で，中核的に重要な要素をなしていたのではないかということである。

　本章では，本書の分析結果をまとめたうえで，それが文革研究を含む現代中国政治研究において，どのようなインプリケーションをもちうるかについて考察する。

1. 軍部統治の形成，持続，消滅――毛沢東と人民解放軍

　まず，本書の分析結果を整理すれば，以下のようになる。第一に，軍主導の統治システムが形成されたのは，自らの政治的生存を保持し，かつ理想的な社

会秩序の実現を目指した毛沢東が，解放軍に政策執行の主体としての地位と権限を賦与した結果である。軍主導の政治状況は，確かに，革命の拡大と激化という特殊な条件の下で出現したものである。しかし，第1章で指摘したように，解放軍の政治介入，とりわけその拡大が，文革のたんなる収拾，あるいは文革以前の政治秩序の回復を意図して行われたものではないことは重要である。それは，いわゆる造反派大衆組織の政治参加を主軸とする「革命的秩序」を創出し，さらにそれをシステムとして確立させようとする毛沢東の明確な政治的意図の下で実施されたものであった。

ところが，結果として出現した軍主導の統治システムは，毛沢東のこうした政治的意図を忠実に実現させるどころか，時間の経過とともに，「革命的秩序」の創出と確立を，むしろ阻害する要因として作用していた。なかでも深刻な問題と認識されたのは，一方では地方の統治業務を担っていた軍隊幹部の人民大衆への高圧的態度であり，他方では，「領導の分散」という言葉に集約されていた，革命委員会と複数の派遣部隊の乱立による政策執行の「多中心」構造であった。軍主導の統治過程で露呈したこれらの問題に，毛沢東は，早くからさまざまな改善策を採っていた。しかし，状況は一向に好転せず，解放軍による統治の失敗は，統治機構での独断的意思決定に留まらず，経済運用と社会管理のあらゆる領域で露呈するようになった。

ただし，これまで述べてきたように，統治の過程で表された解放軍の問題は，軍政一般に内在する正統性の欠如や政府内の要職をめぐる軍内対立，または軍の組織的特質（行政能力の不在等）の結果というよりは，毛沢東と解放軍の関係，つまりは独裁者と執行の制度の間に存在するジレンマに起因するものであった。それは，毛沢東からすれば，軍隊幹部と党政幹部の癒着によって政策執行の信頼性が損なわれることへの不安であり，解放軍からすれば，「左派支持」という介入のルールのあいまいさ，そして自らの安全が信頼できる形で保証されていないことによる不安であり，こうした不安を解消しうる制度装置をもたない独裁政治のジレンマに文革期における軍部統治の混乱をもたらした主たる原因があったといえよう。

とすれば，こうして「変質」した軍部統治の持続はどう説明すべきか。軍部

統治を形成させた諸条件が変化し，さらに政治における解放軍の影響力を減少させるためのさまざまな方策が施されていたにもかかわらず，軍主導の統治構造はなぜ持続していたのだろうか。そこには，第2章で指摘したように，制度展開上のある種の粘着性や，対外危機という特定の状況要因が一定の役割を果たしている。しかし，本書の視点から重要なのは，毛沢東にとって，解放軍に代わり政策執行を委ねられる制度的代替案に欠けていたこと，また自らの革命プログラムの遂行に解放軍の役割が密接にリンクしていたがゆえに，統治における解放軍の役割，またその中核的な内容たる「左派支持」の任務を明示的に否定したり取り消したりすることができなかったことである。こうした毛沢東のジレンマは，第4章で検討したように，林彪事件，すなわち後継者林彪の突然の死を契機としてさらに増大し，一方では軍隊に対する前例のない人事措置を，他方では，文革への姿勢に疑いが残る鄧小平を復活させ軍隊整頓の仕事にあたらせることを，余儀なくさせた。

　第三に，軍部統治の解消について本書は，その最大の契機を，軍隊整頓の執行権限が鄧小平に移譲されたこと，また具体的な政策過程における鄧小平の戦略にその説明を求めた。鄧小平による軍隊整頓の試みが大きな成果を収めたのは，端的にいえば，毛沢東より与えられた広範な制度的権限が，軍隊整頓と地方整頓を同時に実行することを可能にしたからである。というのは，地方の整頓，すなわち地方における派閥闘争の解消を同時に進める（あるいはそれを信頼できる形で保証する）ことで，軍隊幹部が安心して兵舎に戻ることが可能になったからである。同時に，このような果敢な政策措置の実施を可能にした要因として，現地への調査活動を通じて中央の指導部と地方の部隊間の情報の格差が一定程度解消されていたことをも確認した。ただし，第5章で指摘しているように，統治の領域からの解放軍の撤退は1975年の軍隊整頓をもって完了したわけではなく，軍部統治が構造的に消滅するにはさらなる時間と政策措置が必要であった[1]。

---

1) Ellis Joffe (2006) "The Chinese Army in Domestic Politics : Factors and Phases," in Nan Li, eds., *Chinese Civil-military Relations : The Transformation of the People's Liberation Army* (New York : Routledge), p. 218.

最後に，本書は，鄧小平が再復帰を果たした1977年から1979年の時期において，軍隊整頓が，党指導権力をめぐる権力闘争と密接に連動しつつ，再開され拡大していったことを明らかにした。具体的には，軍隊統制の制度規範を復活させ，軍部統治の再出現を抑止する制度的条件を構築することが目指された。そして，1979年2月に勃発した中越戦争は，こうした意味で軍隊整頓の成果を確立させていく上で格好の機会を，鄧小平に提供するものであった。

2. 文革，政軍関係と現代中国政治研究——本書の含意

　続いて本節では，文革期の軍部統治の展開に関する本書の分析が，文革と政軍関係研究，さらにはより広く現代中国政治の研究に対してどのようなインプリケーションを与えうるかについて簡単に述べたい。

文革と軍隊
　まず，本書は，文革のプロセス，およびその帰結に関連する従来のいくつかの疑問に新たな答えを提示している。その第一は，なぜ文革の収束には10年もの時間がかかり[2]，また，なぜ毛沢東は革命の制度化に失敗したのか，という疑問である。この問いに対して，合理的選択論の観点から答えを探っている王紹光は，人民大衆，なかでも急進派人民大衆の合理的行動が毛沢東の革命プログラムを挫折させたと主張する。つまり，毛沢東への疑いのない忠誠心にもかかわらず，人民大衆は決して盲目的な追従者にはならず，それぞれの私益を追求することで内部対立をもたらし，結果として継続革命のための急進的制度構築に失敗したという論理である[3]。
　しかし，急進派人民大衆の行動を重視する王紹光の議論は，それが通用する

---

2) 1966年6月杭州で開かれた会議で毛沢東は，文革は約3カ月続くであろうと述べている。
3) Wang Shaoguang (1995) *Failure of Charisma : The Cultural Revolution in Wuhan* (New York : Oxford University Press), pp. 21-23.

時間的・空間的範囲がかなり限定的という問題を有している。というのも，紅衛兵や造反派大衆団体といった急進派大衆勢力が革命を主導していたのは，時間的には1966年から1968年の間，空間的に大都市に限られた現象であったからである。その後の革命の体制化過程，つまり革命委員会の成立に始まる権力機構の再構成をめぐる政治過程は，本書の第2章で詳しく論じているように，あくまで解放軍の主導下で進行していた。つまりその時点から，文革の体制化をめぐるゲームは，毛沢東と解放軍の間の相互作用の函数となり，その結果，解放軍の政治関与の持続が文革の体制化を著しく損なったことは，本書を通じて述べてきた通りである。関連して，文革の長期化の理由としては，とりわけ林彪事件の発生が毛沢東の権威と文革の正統性に与えた打撃により，統治体制の非軍事化がさらに遅延したことに主な原因があることも指摘しておきたい。

さて，文革の帰結にかかわるもうひとつの疑問は，なぜ毛沢東死後の権力闘争は鄧小平に有利に作用したのか，というものである。この問いに関して従来の論考は，鄧小平の党内での威信の高さや（改革開放重視の）政策選好に主たる原因を求めてきた。だが，それらの議論では，鄧小平の権力資源と政策選好がいわば与件として「仮定」されていて，それらがどのような起源をもつかについての説明はなされておらず，それゆえに鄧小平の権力獲得は自然かつ必然的な帰結として位置づけられることが多かった。

しかし，本書の分析結果は，文革後の権力闘争に重要な働きをした鄧小平の個人的属性は，毛沢東との関係性を通じてのみ理解できることを明らかにしている。注目すべきは，鄧小平の能力が文革中に毛沢東によって改めて評価されていること，また権力資源に関しては，毛沢東によって託された軍隊整頓の執行権限を有していたことが決定的な役割を果たしているということである[4]。しょせんは鄧小平も，毛沢東によって選ばれた後継者だったのである。

加えて，本書は，文革のもっとも重要な帰結たる改革開放への政策転換が，いつ，どのようなプロセスを経て実現したかという問題を考える上で，軍事改

---

4) 外交分野における毛沢東と鄧小平の関係に注目した最近の業績として，益尾知佐子（2010）『中国政治外交の転換点——改革開放と「独立自主の対外政策」』東京大学出版会，特に第1章。

革の側面からひとつの手がかりを提供している。第6章で示しているように，いわゆる国防近代化は，当初よりなにかしらの具体的で統一的なプランをもとに開始，展開されたものではない。近代化への移行は，まずは文革が残した弊害を取り除く作業から出発し，過去の制度規範の選択的受容による党軍関係の再構築のなかで，徐々に進んでいったのである。もちろん，その過程に毛沢東の思想的，制度的遺産が深く影響していたのはいうまでもない。他の領域における改革開放への「転換」も，基本的には同様の軌跡を辿ったに違いない。

中国の政軍関係――変化と持続

　さて，次の問題は，文革期の軍と統治についての本書の考察が，改革開放期と現在の中国の政軍関係を観察，理解する上でどのような示唆を与えるかということである。

　文革期に照らして現状の中国の政治と軍隊を眺めるとき，まず浮かび上がるのは大きな断絶である。一方の中国政治は，統治イデオロギーの実質から権力継承のメカニズムまで，改革開放期を通して大きな変容を遂げてきた。他方で，解放軍は，組織編制や兵器体系をはじめ，軍事ドクトリンと幹部兵士の選好に生じたさまざまな変化により，いまや専門化の著しく進んだ近代的軍隊として生まれ変わっている。

　しかし，こと政治と軍の「関係」に着目すれば，目につくのはこうした断絶の側面だけでない。解放軍は今なお「党の軍隊」を自称しており，党の指導者は，共産党支配の存続を保障する「力の提供」を解放軍の最重要任務として定めている[5]。加えて，政府と軍隊の指揮命令系統を分離させた，特有の制度配置にも変化は生じていない。さらに地方に目を転じると，解放軍は依然として統治機構の一角としてさまざまな「非戦闘任務」を課されており，結果として，軍隊と民間領域の間に明瞭な境界線が依然として引かれていない状況であ

---

5) こうした意味での解放軍の役割規定として注目されるのが，胡錦濤が2004年に公表した「新世紀新階段における新しい歴史的使命」である。その第一の使命は，「共産党の執政地位を固めるために重要な力の提供」とされている。総政治部（2006）『樹立和落実科学発展観理論学習読本』（北京：解放軍出版社），193頁。

終　章　改革開放への展開────211

る[6]。

　したがって，現状では，本書で論じてきた，共産党の決定と政策を社会に貫徹させる「執行の制度」としての役割が，いまなお明示的ないし暗黙的な形で，解放軍に要請され続けているといわねばならない。このことは，政権の最終的生存を軍隊の強制力に依存する，多くの非民主主義諸国の政軍関係に内在する構造的緊張とともに，現代中国における党と軍隊，および軍隊と社会の関係を複雑であいまいなものにする重要な要因をなしている。

　こうしてみると，現在の中国の政軍関係は，本書で考察した文革期の「不幸な経験」からの断絶の側面とともに，連続の側面をも色濃く有しているということができよう。もちろん，こうした現状は偶然の産物ではない。政治的意思決定の場から解放軍を排除しようとする試みは，鄧小平以来ほぼ一貫しており，いまや解放軍が国政全般に影響力を行使するような状況は，少なくとも制度の上では考えられない。しかし同時に，解放軍の有する強制力，さらには「党の軍隊」としての制度的・象徴的地位は，依然として広範囲な政策目的に活用できる有効な資源となっており，そうした役割を否定，放棄することは党指導部にとって合理的な選択ではない。

　問題は，こうした政軍関係の現状が，近年の「中国の台頭」がもたらした対内・対外環境の大きな変化のなかで，どのような政治的，政策的含意をもたらすかにある。もちろん将来は定かでないが，本書の考察が示唆しているのは，政軍関係の現状と含意を的確に理解するには，何より政治指導者の状況認識と統治戦略，ひいては政策の執行過程を規定する制度環境の変化に，広く目をくばる必要があることである。政軍関係の分析は，その意味で，まさに中国政治に関する総合的な知見を要する作業なのである。

---

6) 近年の状況からすれば，集団抗議事件の頻発と規模の拡大により，国内の治安維持における解放軍の役割に改めて注意が向けられている。Murray Scot Tanner (2004) "China Rethinks Unrest," *The Washington Quarterly*, 27-3, pp. 137-156; Taylor M. Fravel (2011) "Economic Growth, Regime Insecurity, and Military Strategy," in Avery Goldstein and Edward D. Mansfield, eds., *The Nexus of Economics, Security, and International Relations in East Asia* (Stanford : Stanford University Press); 劉沈揚 (2011)「軍隊應在加強創新社会管理中積極発揮作用」『国防』第 7 期; 巴忠談主編 (2012)『社会管理創新与国家安全』(北京：時事出版社), 第 8 章.

現代中国政治研究——方法と対象

　最後に，本書の分析が，より広く現代中国政治研究に対してもつインプリケーションについて簡単に述べたい。それは，端的にいえば，中国政治分析において合理的選択論を軸とする政治経済学的アプローチのもち得る有効性を確認したことであり，具体的には，政治過程のミクロ分析への必要性を改めて提起していることである。

　非民主主義政治の複雑多様な現実に既存の政治体制論が十分な分析道具を提供できていないことは第1章で述べているが，同様の指摘は，改革開放への政策転換以来，変容を続けている中国政治の分析にも当てはまる。近年，中国政治の変化を反映する形でさまざまな形容詞付き体制論が提示されているが，その多くは依然として政治変動のマクロな特徴づけに留まっており，個別の重要な政治的帰結に対する明示的な因果経路を提示しうるものとはなっていない[7]。

　本書の考察に即していえば，仮に毛沢東の選好と戦略に着目せず，既存の党国体制（party-state system）の視点，またはそこから派生する党軍関係（party-army relations）の図式にとらわれていたならば，文革期における解放軍の政治介入や軍部統治の形成といった現象はその出現そのものが説明困難になる。同様に，既存の全体主義体制論にとらわれ，制度の選択と運用における独裁者のジレンマを軽視していたならば，軍主導の政治状況がなぜ，毛沢東の意図に反する形で長い期間持続していたかを理解することは困難になったはずである。

　もっとも，合理的選択論がいまなお不透明性の高い中国政治の分析に常に有効な道具になるとはいえないであろう[8]。とはいえ，近年の資料状況の改善，

---

7) 中国政治に対する近年の形容詞付き権威主義体制論の最たる例は，いわゆる「適応型権威主義論（adaptive authoritarianism）」である。そこでは，共産党の卓越した「適応能力（adaptive capacity）」を軸に一党支配体制の存続を説明しているが，その適応能力がそもそもどこに由来しているかは必ずしも明確でない。

8) 独裁政治分析への合理的選択論の適用については，Barbara Geddes (2006) *Paradigms and Sand Castles : Theory Building and Research Design in Comparative Politics* (Ann Arbor : University of Michigan Press), pp. 185-188 を参照。ゲデスによれば，独裁政治の意思決定の説明における合理的選択論の有効性は，分析対象となる政体の透明性（transparency），安定性（stability），予測可能性（predictability）に大きく依存するとされる。

ならびに，中国政治における制度化の進展により，政治的アクターの選好と彼らを取り巻く制度環境の特定が比較的容易になったことは確かであり，その意味で，合理的選択論の方法論的有効性を検証できる条件は整いつつあるように考えられる。本書はそうした方向へのごく初歩的な試みであったが，それを可能にしたのは，各種文選や年譜，回顧録の出版により，毛沢東と鄧小平をはじめとした党と軍の指導者たちの選好がある程度明確に想定できるようになったからである[9]。いずれにしても，歴史的・物理的条件の特殊性ゆえに「適切な比較の対象を見つけることが困難」な現代中国の政治分析を，比較政治研究の土壌にいっそう深く位置づけるためにも，多様な分析手法を自覚的に持ち込むことは重要と考えられる[10]。

関連して指摘しておきたいのは，国家への新たな注目の必要性である。近年の中国政治研究のひとつの傾向は，市場経済化を背景にした中国社会の自己主張と，それに起因する国家－社会関係の変容への関心である。しかし，ここではあえて，対外関係を含む統治環境の変化がもたらした国家内部の変容，具体的には，いわば国家－国家関係の問題に対するさらなる関心を喚起しておきたい。本書では，なかでも独裁者と軍隊の関係に焦点をあて，文革期中国での政治的・政策的帰結を探ったが，政治変動のあり方を決めるのが，社会の選好を代表しない政治指導者の統治戦略であるという点は，文革期と今の中国政治に質的な相違は存在しないのである。

もっとも，ここでかつての強い国家論への回帰を唱えているわけではない。「国家の強弱」なるものはつかみ所がないが，政策に影響を与える個々の制度

---

9) いうまでもなく，中国政治分析と合理的選択論とがこれまでまったく無縁であったわけではない。一例として，中央・地方関係は，合理的選択論の知見を用いた分析が盛んに行われてきた分野である。代表的業績として，Huang Yasheng (1996) *Inflation and Investment Controls in China : The Political Economy of Central-Local Relations during the Reform Era* (New York : Cambridge University Press); Pierre F. Landry (2012) *Decentralized Authoritarianism in China : The Communist Party's Control of Local Elites in the Post-Mao Era* (New York : Cambridge University Press).

10) Allen Carlson, Mary E. Gallagher, Kenneth Lieberthal and Melanie Manion (2010) *Contemporary Chinese Politics : New Sources, Methods, and Field Strategies* (New York : Cambridge University Press), pp. 5-6.

は特定できるし，それらを国家間で比較することも可能である。したがって肝心なのは，国家という概念を解体（disaggregate）し，個々の制度の構造と帰結を，制度間の関係を考慮しつつ解明することであり，このような形で，中国政治研究は，さまざまな比較研究に発展していく潜在性を発揮できると考えられる。

巻末資料

巻末資料 1　1975 年整頓の地域別展開

	省委指導部構成 （75 年 1 月）	省委指導部構成 （76 年 1 月）	軍割合の変動（％）
遼　寧	5/18	2/19	−17
吉　林	5/11	4/10	−5
黒龍江	9/20	7/18	−6
河　北	6/14	3/10	−13
山　西	6/16	4/15	−11
内モンゴル	5/8	5/10	−13
山　東	1/7	1/7	0
江　蘇	3/7	2/10	−23
安　徽	6/18	5/17	−4
浙　江	8/15	3/13	−30
福　建	7/16	3/16	−25
江　西	7/14	5/14	−14
湖　南	4/22	4/22	0
広　東	4/13	2/17	−19
広　西	8/17	7/18	−8
雲　南	9/21	2/12	−26
貴　州	3/15	3/15	0
河　南	5/22	2/25	−15
湖　北	7/24	5/23	−7
四　川	10/19	5/23	−31
チベット	8/17	5/15	−14
陝　西	9/14	8/13	−3
甘　粛	7/11	5/19	−38
青　海	6/17	6/16	+3
寧　夏	6/13	5/12	−4
新　疆	10/19	5/15	−20
合　計	164/408	106/404	

注）省委指導部構成は，軍幹部の数／常務委員の総数。
出所）中共中央組織部他編（2000a）『中国共産党組織史資料　第六巻「文化大革命」時期（1966.5〜1976.10）』（北京：中共党史出版社），中国人民解放軍総政治部組織部（1995a）『中国共産党中国人民解放軍組織史資料　第五巻「文化大革命」時期（1966.5〜1976.10）』（北京：長征出版社）をもとに作成。

巻末資料2 人事異動対象者と処分状況

大軍区	脱落者	人事措置	76年1月の職位 (転出の場合,移動先)
1. 瀋陽軍区	李伯秋	現　職	瀋陽軍区副司令
	唐子安	顧　問	-
	陳紹昆	転　出	冶金部部長
	王淮湘	顧　問	-
	劉振華	転　出	外交部副部長
	汪　洋	転　出	第七工業機械部部長
2. 北京軍区	陳先瑞	転　出	成都軍区副司令
	滕海清	転　出	済南軍区副司令
	呉先恩	顧　問	-
	張南生	顧　問	-
	肖　文	顧　問	-
	解学恭	転　出	天津警備区政治委員
	鄭三生	転　出	新疆軍区副司令
	尤太忠	現　職	北京軍区副司令
	李宝奇	転　出	上海警備区政治委員
3. 済南軍区	袁升平	現　職	済南軍区副司令
	徐立清	転　出	総政治部副主任
	楊国夫	顧　問	-
	溥家選	顧　問	-
	成少普	顧　問	-
	張知秀	転　出	昆明軍区副司令
	熊作芳	現　職	済南軍区副司令
	陳美操	顧　問	-
	鮑先志	離職休養	-
	李　勃	顧　問	-
	方　正	現　職	済南軍区副政治委員
	曹普南	転　出	福州軍区政治部主任
4. 南京軍区	周貫五	離職休養	-
	肖永銀	転　出	成都軍区副司令
	銭　鈞	離職休養	-
	呉仕宏	顧　問	-
5. 福州軍区	王建安	転　出	中央軍委顧問
	余積徳	待　機	-
	石一宸	転　出	軍事科学院顧問
	陳再道	転　出	中央軍委顧問
	戸　勝	顧　問	-
	呉瑞山	転　出	武漢軍区副司令
	李景昌	転　出	南京軍区高級陸軍学校

	阴法唐	転　出	済南軍区政治部主任
6. 広州軍区	華国鋒	転　出	中央政治局
	詹才芳	待　機	-
	陳発洪	転　出	昆明軍区副政治委員
	楊梅生	待　機	-
	肖元礼	顧　問	-
	邱国光	待　機	-
	呉純仁	現　職	広州軍区副司令
	葉建民	現　職	広州軍区副司令
	方毅華	現　職	広州軍区後勤部政治委員
	陳海涵	顧　問	-
	楊樹根	現　職	広州軍区副政治委員
	顔徳明	顧　問	-
	誓修林	転　出	鉄道兵副政治委員
	鍾漢華	待　機	-
	彭嘉慶	顧　問	-
	呉富善	顧　問	-
7. 武漢軍区	王六生	転　出	工程兵政治委員
	孔慶徳	現　職	武漢軍区副司令
	肖思明	離職休養	-
	姚　哲	離職休養	-
	韓東山	離職休養	-
	潘振武	顧　問	-
	関学勝	顧　問	-
	肖　前	転　出	南京軍区空軍政治委員
	林維先	現　職	武漢軍区副司令
	李光軍	転　出	国防科学技術委員会副主任
	鍾文発	待　機	-
	江　文	転　出	総参謀部通信部主任
	張　震	転　出	総後勤部副部長
	謝勝坤	離職休養	-
8. 昆明軍区	陳　康	待　機	-
	蘭亦農	待　機	-
	魯瑞林	現　職	昆明軍区副司令
	蔡順礼	待　機	-
	韋統泰	転　出	第七工業機械部
	田維揚	待　機	-
	徐其孝	待　機	-
	梁中玉	転　出	成都軍区副司令
	雷起云	転　出	武漢軍区顧問
	崔建功	顧　問	-

	展 明	転 出	旅大警備区第一副司令
	王文成	現 職	昆明軍区後勤部
	張栄森	現 職	昆明軍区副司令
9. 成都軍区	王東保	現 職	成都軍区副司令
	鄧少東	離職休養	–
	何云峰	転 出	福州軍区副政治委員
	鄭本炎	顧 問	–
	胡継成	現 職	成都軍区副司令
	欧阳平	顧 問	–
	茹夫一	現 職	成都軍区副司令
	温玉成	待 機	–
	謝家祥	待 機	77年12月福州軍区顧問
	陳 宏	転 出	南京軍区副司令
	任 栄	現 職	成都軍区副政治委員
	謝云暉	顧 問	–
	余洪运	顧 問	–
	李文清	顧 問	–
10. 蘭州軍区	徐国珍	現 職	蘭州軍区副司令
	郭 鵬	顧 問	–
	康健民	現 職	蘭州軍区副司令
	劉建功	顧 問	–
	伍生栄	顧 問	–
	楊煥民	転 出	南京軍区空軍司令
	高 鋭	転 出	軍事科学院副院長
	杜紹三	現 職	蘭州軍区副司令
	王徳潤	顧 問	–
	劉静海	現 職	蘭州軍区副司令
	張 藩	顧 問	–
	李 虎	顧 問	–
	李 樾	離職休養	–
	馬友里	現 職	蘭州軍区参謀長
11. 新疆軍区	曹思明	転 出	総後勤部副政治委員
	姜林東	転 出	広州軍区副政治委員
	徐国賢	転 出	工程兵副司令
	張竭誠	現 職	新疆軍区副司令
	陸敬酐	顧 問	–
	頼光勲	現 職	新疆軍区副司令
	譚開允	転 出	蘭州軍区顧問

注) 現職とは現職維持, 顧問とは顧問就任をそれぞれ指す。
出所) 中国人民解放軍総政治部組織部 (1995a)『中国共産党中国人民解放軍組織史資料 第五巻「文化大革命」時期 (1966.5～1976.10)』(北京:長征出版社) をもとに作成。

参考文献

1. 英 文

Adelman, Jonathan R.（1980）*The Revolutionary Armies : The Historical Development of the Soviet and the Chinese People's Liberation Armies*（London : Greenwood Press）.

Ahn, Byungjoon（1976）*Chinese Politics and the Cultural Revolution*（Seattle : University of Washington Press）.

Albright, David E.（1980）"A Comparative Conceptualization of Civil-military Relations," *World Politics*, 32 : pp. 553-576.

Arendt, Hannah（1973）*The Origins of Totalitarianism*（New York and London : A Harvest/HBJ Books）.

Barnett, A. Doak（1967）*Cadres, Bureaucracy, and Political Power in Communist Power*（New York and London : Columbia University Press）.

Bates, Robert H., Avner Greif, Margaret Levi, Jean-Laurent Rosenthal and Barry Weingast（1998）*Analytic Narratives*（Princeton : Princeton University Press）.

Baum, Richard（1994）*Burying Mao : Chinese Politics in the Age of Deng Xiaoping*（Princeton : Princeton University Press）.

Beblawi, Hazem and Giacomo Luciano, eds.（1987）*The Rentier State*（London : Croom Helm）.

Blasco, Dennis J.（2006）*The Chinese Army Today : Tradition and Transformation for the 21st Century*（London and New York : Routledge）.

Brooks, Risa and Elizabeth A. Stanley（2007）*Creating Military Power : the Sources of Military Effectiveness*（Stanford : Stanford University Press）.

Brownlee, Jason（2007）*Authoritarianism in an Age of Democratization*（New York : Cambridge University Press）.

Bueno de Mesquita, Bruce, Alastair Smith, Randolph M. Siverson and James D. Morrow（2003）*The Logic of Political Survival*（Cambridge, MA and London : MIT Press）.

Bueno de Mesquita, Bruce., J. D. Morrow, R. M. Siverson and A. Smith（1999）"An Institutional Explanation of the Democratic Peace," *American Political Science Review*, 93-4 : pp. 791-807.

Bueno de Mesquita, Bruce and David Lalman（1992）*War and Reason : Domestic and International Imperatives*（New Haven : Yale University Press）.

Carlson, Allen, Mary E. Gallagher, Kenneth Lieberthal and Melanie Manion（2010）*Contemporary Chinese Politics : New Sources, Methods, and Field Strategies*（New York : Cambridge University Press）.

Carothers, T.（2002）"The End of the Transition Paradigm," *Journal of Democracy*, 13-1 : pp. 5-21.

Chanda, Nayan（1986）*Brother Enemy*（New York : Collier Books, Macmillan Publishing Company）.

Chang, Parris H. (1972a) "Regional Military Power : The Aftermath of the Cultural Revolution," *Asian Survey*, 12-12 : pp. 999-1021.
Chang, Parris H. (1972b) "Provincial Party Leaders' Strategies for Survival during the Cultural Revolution," in Robert A. Scalapino, ed., *Elites in the People's Republic of China* (Seattle and London : University of Washington Press).
Chiozza, G. and A. Choi (2003) "Guess Who Did What : Political Leaders and the Management of Territorial Disputes, 1950-1990," *Journal of Conflict Resolution*, 47-3 : pp. 251-278.
Chiozza, G. and H. E. Goemans (2003) "Peace through Insecurity : Tenure and International Conflict," *Journal of Conflict Resolution*, 47-4 : pp. 443-467.
Chiozza, G. and H. E. Goemans (2004) "International Conflict and the Tenure of Leaders : Is War Still *Ex Post* Inefficient?" *American Journal of Political Science*, 48-3 : pp. 604-619.
Christensen, Thomas J. (1996) *Useful Adversaries : Grand Strategy, Domestic Mobilization and Sino-American Conflict, 1947-1958* (Princeton : Princeton University Press).
Clark, Gregory (2007) "A Review of Avner Greif's Institutions and the Path to the Modern Economy : Lessons from Medieval Trade," *Journal of Economic Literature*, 45-3 : pp. 725-741.
Colton, Timothy J. and Thane Gustafson, eds. (1990) *Soldiers and the Soviet State : Civil-military Relations from Brezhnev to Gorbachev* (Princeton : Princeton University Press).
Dale Herspring (1996) "Samuel Huntington and Communist Civil-military Relations," *Armed Forces & Society*, 25-4 : pp. 557-577.
Dittmer, Lowell (1987) *China's Continuous Revolution : The Post-liberation Epoch, 1949-1981* (Berkeley : University of California Press).
Domes, Jurgen (1976) *China after the Cultural Revolution : Politics between Two Party Congresses* (London : C. Hurst).
Dong, Guoqiang and Andrew G. Walder (2010) "Nanjing's Failed 'January Revolution' of 1967 : The Inner Politics of a Provincial Power Seizure," *China Quarterly*, 203 : pp. 675-692.
Downs, G. W. and D. M. Rocke (1994) "Conflict, Agency, and Gambling for Resurrection : The Principal-Agent Problem Goes to War," *American Journal of Political Science*, 38-2 : pp. 362-380.
Eggertsson, Thrainn (1990) *Economic Behavior and Institutions* (Cambridge : Cambridge University Press).
Erickson, John (1984) *The Soviet High Command : A Military-Political History* (London : Westview Press).
Esherick, Joseph W., Paul G. Pickowicz and Andrew G. Walder, eds. (2006) *Cultural Revolution as History* (Stanford : Stanford University Press).
Fearon, J. D. (1994) "Domestic Political Audiences and the Escalation of International Disputes," *American Political Science Review*, 88-3 : pp. 577-592.
Fearon, J. D. (1995) "Rationalist Explanations for War," *International Organization*, 49-3 : pp. 379-414.
Forster, Keith (1986) "The Politics of Destabilization and Confrontation : The Campaign Lin Biao and Confucius in Zhejiang Province, 1974," *China Quarterly*, 107 : pp. 433-462.
Forster, Keith (1990) *Rebellion and Factionalism in a Chinese Province : Zhejiang, 1966-1976*

(New York : M. E. Sharpe).
Fravel, Taylor M. (2011) "Economic Growth, Regime Insecurity, and Military Strategy," in Avery Goldstein and Edward D. Mansfield, eds., *The Nexus of Economics, Security, and International Relations in East Asia* (Stanford : Stanford University Press).
Friedrich, Carl and Zbigniew Brzezinski (1965) *Totalitarian Dictatorship and Autocracy* (New York : Praeger).
Fukuyama, Francis (2011) *The Origins of Poltical Order : From Prehuman Times to the French Revolution* (New York : Farrar, Straus and Giroux).
Gandhi, Jennifer and A. Przeworski (2006) "Cooperation, Cooptation, and Rebellion under Dictatorships," *Economics & Politics*, 18-1 : pp. 954-985.
Gandhi, Jennifer (2008) *Political Institutions under Dictatorship* (New York : Cambridge University Press).
Gandhi, Jennifer and Adam Przeworski (2007) "Authoritarian Institutions and the Survival of Autocrats," *Comparative Political Studies*, 40-11 : pp. 1279-1301.
Geddes, Barbara (1999) "What Do We Know about Democratization after Twenty Years?" *Annual Review of Political Science*, 2 : pp. 115-144.
Geddes, Barbara (2006) *Paradigms and Sand Castles : Theory Building and Research Design in Comparative Politics* (Ann Arbor : University of Michigan Press).
George, Alexander L. and Andrew Bennett (2005) *Case Studies and Theory Development in the Social Sciences* (Cambridge, MA : MIT Press).
Gittings, John (1967) *The Role of the Chinese Army* (London : Oxford University Press).
Godwin, Paul H. B. (1976) "The PLA and Political Control in China's Provinces : A Structural Analysis," *Comparative Politics*, 9-1 : pp. 1-20.
Goemans, H. E. (2000) *War and Punishment* (Princeton : Princeton University Press).
Goldstein, Lyle J. (2001) "Return to Zhenbao Island : Who Started Shooting and Why It Matters," *China Quarterly*, 168 : pp. 985-997.
Greif, Avner (2006) *Institutions and the Path to the Modern Economy : Lessons from Medieval Trade* (New York : Cambridge University Press).
Greif, Avner (1994) "Cultural Beliefs and the Organization of Society : A Historical and Theoretical Reflection on Collectivist and Individualist Societies," *Journal of Political Economy*, 102-5 : pp. 912-950.
Greif, Avner and David D. Laitin (2004) "A Theory of Endogenous Institutional Change," *American Political Science Review*, 98-4 : pp. 633-652.
Haber, Stephen (2006) "Authoritarian Government," in Barry Weingast and Donald A. Wittman, eds., *The Oxford Handbook of Political Economy* (New York : Oxford University Press).
Haber, Stephen, Armando Razo and Noel Maurer (2003) *The Politics of Property Rights : Political Instability, Credible Commitments, and Economic Growth in Mexico, 1876-1929* (Cambridge : Cambridge University Press).
Hadenius, Axel and Jan Teorell (2007) "Pathways from Authoritarianism," *Journal of Democracy*, 18-1 : pp. 143-157.
Harding, Harry (1981) *Organizing China : The Problem of Bureaucracy, 1949-1976* (Stanford :

Stanford University Press).
Harding, Harry (1987a) *China's Second Revolution : Reform after Mao* (Washington D.C. : The Brookings Institution).
Harding, Harry (1987b) "The Role of the Military," in Victor C. Falkenheim, ed., *Citizens and Groups in Contemporary China* (Ann Arbor : Center for Chinese Studies, The University of Michigan).
Harding, Harry (1992) "The Chinese State in the Crisis," in Roderick MacFarquhar, ed., *The Politics of China : The Eras of Mao and Deng* (New York : Cambridge University Press).
Heilman, Sebastian and Elizabeth J. Perry (2011) *Mao's Invisible Hand : The Political Foundations of Adaptive Governance in China* (Cambridge : Harvard University Asia Center).
Herspring, Dale and Ivan Volgyes, eds. (1978) *Civil-military Relations in Communist Systems* (Boulder : Westview).
Honna, Jun (2003) *Military Politics and Democratization in Indonesia* (London : RoutledgeCurzon).
Huang, Jing (2000) *Factionalism in Chinese Communist Politics* (Cambridge : Cambridge University Press).
Huang, Yasheng (1994) "Information, Bureaucracy, and Economic Reforms in China and the Soviet Union," *World Politics*, 47 : pp. 102-134.
Huang, Yasheng (1996) *Inflation and Investment Controls in China : The Political Economy of Central-Local Relations during the Reform Era* (New York : Cambridge University Press).
Huntington, Samuel P. (1968) *Political Orders in Changing Societies* (New Haven and London : Yale University Press).
Huntington, Samuel P. (1970) "Social and Institutional Dynamics of One-Party Systems," in Samuel P. Huntington and Clement H. Moore, eds., *Authoritarian Politics in Modern Society : The Dynamics of Established One-Party Systems* (New York : Basic Books).
Jencks, Harlan W. (1982) *From Muskets to Missiles : Politics and Professionalism in the Chinese Army, 1945-1981* (Boulder : Westview Press).
Joffe, Ellis (1971) "The Chinese Army under Lin Piao : Prelude to Intervention," in John M. H. Lindbeck, ed., *China : Management of a Revolutionary Society* (Seattle : University of Washington Press).
Joffe, Ellis (1973) "The Chinese Army after the Cultural Revolution : The Effects of Intervention," *China Quarterly,* 55 : pp. 450-477.
Joffe, Ellis (1982) "The Military as a Political Actor in China," in Roman Kolkowicz and Andrzej Korbonski, eds., *Soldiers, Peasants, and Bureaucrats : Civil-military Relations in Communist and Modernizing Societies* (New York : Allen and Unwin).
Joffe, Ellis (1987) *The Chinese Army After Mao* (Cambridge, MA : Harvard University Press).
Joffe, Ellis (2006) "The Chinese Army in Domestic Politics : Factors and Phases," in Nan Li, ed., *Chinese Civil-military Relations : The Transformation of the People's Liberation Army* (New York : Routledge).
Johnston, Alastair I. (1984a) "Changing Party-Army Relations in China, 1979-1984," *Asian Survey*, 24-10 : pp. 1012-1039.

Johnston, Alastair I. (1984b) "Party Rectification in the PLA, 1983-87," *China Quarterly*, 112 : pp. 591-630.

Karza, Gregory J. (1995) *The Conscription Society : Administered Mass Organizations* (New Haven : Yale University Press).

Katznelson, Ira and Barry R. Weingast, eds. (2005) *Preferences and Situations : Points of Intersection between Historical and Rational Choice Institutionalism* (New York : Russell Sage Foundation).

Kau, Michael Y. M., ed. (1975) *The Lin Bio Affair* (New York : White Plains International).

Kenny, Henry J. (2003) "Vietnamese Perceptions of the 1979 War with China," in Mark A. Ryan, David Michael Finkelstein and Michael A. McDevitt, *Chinese Warfighting : The PLA Experience since 1949* (Armonk : M. E. Sharpe).

Kolkowicz, Roman (1967) *The Soviet Military and the Communist Party* (Princeton : Princeton University Press).

Lai, Brian and Dan Slater (2006) "Institutions of the Offensive : Domestic Sources of Dispute Initiation in Authoritarian Regimes, 1950-1992," *American Journal of Political Science*, 50-1 : pp. 113-126.

Lampton, David M. (with the assistance of Yeung Sai-cheng) (1986) *Paths to Power : Elite Mobility in Contemporary China* (Ann Arbor : Center for Chinese Studies, University of Michigan).

Lampton, David M. (1987) "The Implementation Problem in Post-Mao China," in David M. Lampton, ed., *Policy Implementation in Post-Mao China* (Berkeley : University of California Press).

Lampton, David M., ed. (1987) *Policy Implementation in Post-Mao China* (Berkeley : University of California Press).

Landry, Pierre F. (2012) *Decentralized Authoritarianism in China : The Communist Party's Control of Local Elites in the Post-Mao Era* (New York : Cambridge University Press).

Levitsky, Steven and Lucan A. Way (2010) *Competitive Authoritarianism : Hybrid Regimes in Post Cold War* (New York : Cambridge University Press).

Levy, J. S. (1989) "The Diversionary Theory of War : A Critique," in Manus I. Midlarsky et al., eds., *Handbook of War Studies* (Boston : Unwin Hyman) : pp. 259-288.

Lewis, John and Xue Litai (2008) *Imagined Enemies : China Prepares for Uncertain War* (Stanford : Stanford University Press).

Li, Cheng, ed. (2008) *China's Changing Political Landscape : Prospects for Democracy*, (Washington, D.C. : Brooking Institution Press).

Lieberman, Robert C. (2002) "Ideas, Institutions, and Political Order : Explaining Political Change," *American Political Science Review*, 96-4 : pp. 697-712.

Lieberthal, Kenneth (1978) *Central Documents and Politburo Politics in China* (Ann Arbor : Center for Chinese Studies, the University of Michigan Press).

Lieberthal, Kenneth (1993) "The Great Leap Forward and the Split in the Yan'an Leadership, 1958-65," in Roderick MacFarquhar, ed., *The Politics of China : The Eras of Mao and Deng* (New York : Cambridge University Press).

Lieberthal, Kenneth (2004) *Governing China : From Revolution Through Reform*, Second Edition (New York : W. W. Norton).

Lieberthal, Kenneth and Michel Oksenberg (1988) *Policy Making in China : Leaders, Structures, and Processes* (Princeton : Princeton University Press).

Lieberthal, Kenneth, Joyce Kallgren, Roderick MacFarquhar and Frederic Wakeman Jr. eds. (1991) *Perspectives on Modern China : Four Anniversaries* (New York : An East Gate Book).

Linz, Juan J. (1970) "An Authoritarian Regime : Spain," in Erik Allard and Stein Rokkan, eds., *Mass Politics : Studies in Political Sociology* (New York : Free Press).

Linz, Juan J. and Alfred C. Stepan (1996) *Problems of Democratic Transition and Consolidation : Southern Europe, South America, and Post-Communist Europe* (Baltimore : Johns Hopkins University Press).

Luthi, Lorenz M. (2012) "Restoring Chaos to History : Sino-Soviet-American Relations, 1969," *China Quarterly*, 210 : pp. 378–397.

MacFarquhar, Roderick (1991) "The Succession to Mao and the End of Maoism, 1969–82," in MacFarquhar, ed., *The Politics of China : The Eras of Mao and Deng* (New York : Cambridge University Press).

MacFarquhar, Roderick (1997) *The Origins of the Cultural Revolution : The Coming of the Cataclysm, 1961–1966* (New York : Oxford University Press and Columbia University Press).

MacFarquhar, Roderick and Michael Schoenhals (2006) *Mao's Last Revolution* (Cambridge : The Belknap Press of Harvard University Press).

Magaloni, Beatriz (2008) "Credible Power-Sharing and the Longevity of Authoritarian Rule," *Comparative Political Studies*, 41-4/5 : pp. 715–741.

Magaloni, Beatriz (2006) *Voting for Autocracy : Hegemonic Party Survival and Its Demise in Mexico* (New York : Cambridge University Press).

Mahoney, James and Kathleen Thelen, eds. (2010) *Explaining Institutional Change : Ambiguity, Agency, and Power* (Cambridge : Cambridge University Press).

Mann, Michael (1988) *States, War, and Capitalism : Studies in Political Sociology* (Oxford : Basil Blackwell).

Mansfield, Edward D. and Jack L. Snyder (2005) *Electing to Fight : Why Emerging Democracies Go to War* (Cambridge, MA : MIT Press).

Migdal, Joel S., Atul Kohli and Vivienne Shue, eds. (1994) *State Power and Social Forces : Domination and Transformation in the Third World* (Cambridge : Cambridge University Press).

Migdal, Joel S. (1994) "The State in Society : An Approach to Struggles for Domination," in Joel S. Migdal, Atul Kohli and Vivienne Shue, eds., *State Power and Social Forces : Domination and Transformation in the Third World* (Cambridge : Cambridge University Press).

Miranda, C. (1990) *The Stroessner Era : Authoritarian Rule in Paraguay* (Boulder : Westview Press).

Morris, Stephen J. (1999) *Why Vietnam Invaded Cambodia : Political Culture and the Causes of War* (Stanford : Stanford University Press).

Myerson, Roger B. (2008) "The Autocrat's Credibility Problem and Foundations of the Constitution-

al State," *American Political Science Review*, 102-1：pp. 125-139.
Nelson, Harvey (1972) "Military Forces in the Cultural Revolution," *China Quarterly*, 51：pp. 444-474.
Nelson, Harvey (1977) *The Chinese Military System : The Organizational Study of the Chinese People's Liberation Army* (Boulder：Westview Press).
North, Douglass C. (1981) *Structure and Change in Economic History*, (New York：W. W. Norton).
North, Douglass C. (1990) *Institutions, Institutional Change, and Economic Performance* (Cambridge：Cambridge University Press).
Odom, William E. (1976) "The Militarization of Soviet Society," *Problems of Communism*, 25-5：pp. 34-51.
Odom, William E. (1978) "The Party-Military Connection : A Critique," in Dale Herspring and Ivan Volgyes, eds., *Civil-military Relations in Communist Systems* (Boulder：Westview).
Odom, William E. (1998) *The Collapse of the Soviet Military* (New Haven：Yale University Press).
O'Dowd, Edward C. (2007) *Chinese Military Starategy in the Third Indochina War : The Last Maoist War* (New York：Routledge).
Oksenberg, Michel (1977) "The Political Leader," in Dick Wilson, ed., *Mao Tse-tung in the Scales of History* (Cambridge：Cambridge University Press).
Olson, Mancur (1993) "Democracy and Development," *American Political Science Review*, 87：pp. 567-575.
Olson, Mancur (2000) *Power and Prosperity : Outgrowing Communist and Capitalist Dictatorships* (New York：Basic Books).
Parish, William L., Jr. (1974) "Factions in Chinese Military Politics," *China Quarterly*, 56：pp. 667-699.
Peceny, Mark, Caroline Beer and Shannon Sanchez-Terry (2002) "Dictatorial Peace?" *American Political Science Review*, 96-1：pp. 15-26.
Peceny, Mark and Caroline Beer (2003) "Peaceful Parties and Puzzling Personalists," *American Political Science Review*, 97-2：pp. 339-342.
Pei, Minxin (2003) "Rotten from Within : Decentralized Predation and Incapacitated State," in T. V. Paul, G. John Ikenberry and John A. Hall, eds., *The Nation-State in Question* (Princeton：Princeton University Press).
Perlmutter, Amos and William M. LeoGrande (1982) "The Party in Uniform : Toward a Theory of Civil-military Relations in Communist Political Systems," *American Political Science Review*, 76-4：pp. 778-789.
Perry, Elizabeth J. (2006) *Patrolling the Revolution : Worker Militias, Citizenship, and the Modern Chinese State* (Lanham：Rowman and Littlefield).
Przeworski, Adam (1999) "Minimalist Conception of Democracy : A Defense," in Ian Shapiro and Casiano Hacker-Cordon, eds., *Democracy's Value* (New York：Cambridge University Press).
Przeworski, Adam, Michael E. Alvarez, Jose Antonio Cheibub and Fernando Limongi (2000) *Democracy and Development : Political Institutions and Well-being in the World, 1950-1990*

(New York : Cambridge University Press).
Pye, Lucian W. (1976) *Mao Tse-tung : The Man in the Leader* (New York : Basic Books).
Pye, Lucian W. (1992) *The Spirit of Chinese Politics*, New Edition (Cambridge : Harvard University Press).
Qiu, Jin (1999) *The Culture of Power : The Lin Biao Incident in the Cultural Revolution* (Stanford : Stanford University Press).
Quinlivan, J. T. (1999) "Coup-Proofing : Its Practice and Consequences in the Middle East," *International Security*, 24-2 : pp. 131-165.
Reiter, Dan and Allan C. Stam (2006) "Democracy, Peace, and War," in Barry R. Weingast et al. eds., *The Oxford Handbook of Political Economy* (New York : Oxford University Press).
Rosen, Stephen P. (2005) *War and Human Nature* (Princeton : Princeton University Press).
Ross, Robert S. (1988) *The Indochina Tangle : China's Vietnam Policy, 1975-1979* (New York : Columbia University Press).
Russett, Bruce M. and John R. Oneal (2001) *Triangulating Peace : Democracy, Interdependence, and International Organizations* (New York : Norton).
Ryan, Mark A., David Finkelstein and Michael A. McDevitt (2003) *Chinese Warfighting : The PLA Experience since 1949* (Armonk : M. E. Sharpe).
Salanie, Bernard (2005) *The Economics of Contracts*, Second Edition (Cambridge, MA : The MIT Press).
Schoenhals, Michael (1991) "The 1978 Truth Criterion Controversy," *China Quarterly*, 126 : pp. 243-268.
Schoenhals, Michael (1996) "The Central Case Examination Group, 1966-79," *China Quarterly*, 145 : pp. 87-111.
Schoenhals, Michael (2005) "'Why Don't We Arm the Left?' Mao's Culpability for the Cultural Revolution's 'Great Chaos' of 1967," *China Quarterly*, 182 : pp. 277-300.
Schram, Stuart (1973) "Introduction : The Cultural Revolution in Historical Perspective," in Schram, ed., *Authority, Participation and Cultural Change in China* (Cambridge : Cambridge University Press).
Schram, Stuart (1984) "'Economics in Command?' Ideology and Policy since the Third Plenum, 1978-84," *China Quarterly*, 99 : pp. 417-461.
Schram, Stuart (1989) *The Thought of Mao Tse-Tung* (Cambridge : Cambridge University Press).
Schurmann, Franz (1968) *Ideology and Organization*, Second Edition, Enlarged (Berkeley and Los Angeles : University of California Press).
Scobell, Andrew (2003) *China's Use of Military Force beyond the Great Wall and the Long March* (New York : Cambridge University Press).
Scott, Richard W. (1995) *Institutions and Organizations* (Thousand Oaks : Sage Publications).
Shambaugh, David (1997) "Building the Party-State in China, 1949-65 : Bring the Soldier Back In," in Timothy Cheek and Tony Saich, eds., *New Perspectives on State Socialism in China* (New York : M. E. Sharpe).
Shambaugh, David (2002) *Modernizing Chinese Military : Progress, Problems, and Prospects* (Berkeley : University of California Press).

Schultz, K. A. (2003) "Do Democratic Institutions Constrain or Inform? Contrasting Two Institutional Perspectives on Democracy and War," *International Organization*, 53-2 : pp. 233-266.
Slater, Dan (2003) "Iron Cage in an Iron Fist : Authoritarian Institutions and the Personalization of Power in Malaysia," *Comparative Politics*, 36-1 : pp. 81-102.
Slater, Dan (2010) "Altering Authoritarianism : Institutional Complexity and Autocratic Agency in Indonesia," in James Mahoney and Kathleen Thelen, eds., *Explaining Institutional Change : Ambiguity, Agency, and Power* (Cambridge : Cambridge University Press).
Slater, Dan (2010) *Ordering Power : Contentious Politics and Authoritarian Leviathans in Southeast Asia* (New York : Cambridge University Press).
Smith, A. (1996) "Diversionary Foreign Policy in Democratic Systems," *International Studies Quarterly*, 40 : pp. 133-153.
Song, Yongyi, ed. (2006) *The Chinese Cultural Revolution Database (CCRD)* (Hong Kong : Universities Center for China Studies, Chinese University of Hong Kong).
Solnick, Steven L. (1996) "The Breakdown of Hierarchies in the Soviet Union and China : A Neoinstitutional Perspective," *World Politics*, 48 : pp. 209-238.
Stepan, Alfred (1988) *Rethinking Military Politics : Brazil and the Southern Cone* (Princeton : Princeton University Press).
Streeck, Wolfgang and Kathleen Thelen, eds. (2005) *Beyond Continuity : Institutional Change in Advanced Political Economies* (Cambridge : Cambridge University Press).
Svolik, Milan W. (2012a) *The Politics of Authoritarian Rule* (New York : Cambridge University Press).
Svolik, Milan W. (2012b) "Contracting on Violence : The Moral Hazard in Authoritarian Repression and Military Intervention in Politics," *Journal of Conflict Resolution*, 12-1 : pp. 1-30.
Swaine, Michael D. (1992) *The Military and Political Succession in China : Leadership, Institutions, Beliefs* (Santa Monica : Rand).
Tanner, Murray Scot (2004) "China Rethinks Unrest," *The Washington Quarterly*, 27-3 ; pp. 137-156.
Teiwes, Frederick C. and Warren Sun (1996) *The Tragedy of Lin Biao : Riding the Tiger during the Cultural Revolution, 1966-1971* (Honolulu : University of Hawaii Press).
Teiwes, Frederick C. and Warren Sun (2007) *The End of the Maoist Era : Chinese Politics during the Twilight of the Cultural Revolution, 1972-1976* (New York : M. E. Sharpe).
Tirole, Jean (1999) "Incomplete Contracts : Where Do We Stand?" *Econometrica*, 67-4 : pp. 741-781.
Townsend, James R. (1970) "Intraparty Conflict in China : Disintegration in an Established One-Party System," in Samuel P. Huntington and Clement H. Moore, eds., *Authoritarian Politics in Modern Society : The Dynamics of Established One-Party Systems* (New York : Basic Books).
Tullock, Gordon (1987) *Autocracy* (Boston : Kluwer Academic).
Vogel, Ezra F. (2011) *Deng Xiaoping and the Transformation of China* (Cambridge : The Belknap Press of Harvard University Press).
Vreeland, James (2008) "Political Institutions and Human Rights : Why Dictatorships Enter into the United Nations Convention against Torture," *International Organization*, 62-1 : pp. 65-101.

Walder, Andrew G. and Yang Su (2003) "The Cultural Revolution in the Countryside : Scope, Timing, and Human Impact," *China Quarterly*, 173 : pp. 74-99.

Wang, Shaoguang (1995) *Failure of Charisma : The Cultural Revolution in Wuhan* (New York : Oxford University Press).

Way, Lucan A. (2005) "Authoritarian State Building and the Sources of Regime Competitiveness in the Fourth Wave : The Cases of Belarus, Moldova, Russia, and Ukraine," *World Politics*, 57 : pp. 231-261.

Weeden, Lisa (1999) *Ambiguities of Domination : Politics, Rhetoric, and Symbols in Contemporary Syria* (Chicago : Chicago University Press).

Weeks, J. L. (2008) "Autocratic Audience Costs : Regime Type and Signaling Resolve," *International Organization*, 62-1 : pp. 35-64.

White, Lynn T. III (1989) *Policies of Chaos : the Organizational Causes of Violence in China's Cultural Revolution* (Princeton : Princeton University Press).

Whitson, William W. (1973) *The Chinese High Command : A History of Communist Military Politics, 1927-71* (New York : Praeger).

Wiatr, Jerzy J. (1988) *The Soldier and the Nation : The Role of the Military in Polish Politics, 1918-1985* (London : Westview Press).

Williamson, Oliver E. (1985) *The Economic Institution of Capitalism : Firm, Markets, Relational Contracting* (New York : Free Press).

Williamson, Oliver E. (1996) *The Mechanisms of Governance* (Oxford : Oxford University Press).

Williamson, Oliver E. (2000) "The New Institutional Economics : Taking Stock, Looking Ahead," *Journal of Economic Literature*, 38 : pp. 595-613.

Wintrobe, Ronald (1998) *The Political Economy of Dictatorship* (New York : Cambridge University Press).

Wintrobe, Ronald (2007) "Authoritarianism and Dictatorships," in C. Boix and S. C. Stokes, eds., *The Oxford Handbook of Comparative Politics* (New York : Oxford University Press).

Wright, Joseph (2008) "Do Authoritarian Institutions Constrain? How Legislatures Impact Economic Growth and Investment," *American Journal of Political Science*, 52-2 : pp. 322-343.

Xiaoming, Zhang (2005) "China's 1979 War with Vietnam : A Reassessment," *China Quarterly*, 184 : pp. 851-874.

Xiaoming, Zhang (2010) "Deng Xiaoping and China's Decision to Go to War with Vietnam," *Journal of Cold War Studies*, 12-3 : pp. 3-29.

Yang, Kuisong (2000) "The Sino-Soviet Border Clash of 1969," *Cold War History*, 1 : pp. 21-52.

Yashar, Deborah J. (1997) *Demanding Democracy : Reform and Reaction in Costa Rica and Guatemala, 1870s-1950s* (Princeton : Princeton University Press).

Zheng, Shiping (1997) *Party vs. State in Post-1949 China : The Institutional Dilemma* (New York : Cambridge University Press).

2. 和 文

磯部靖（2011）「文化大革命以降の権力継承問題と中越戦争——権力継承問題における内政と外交の連関」加茂具樹他編『中国改革開放への転換——「1978 年」を超えて』慶應義塾大学出版会。
内山融（2007）「事例分析という方法」『レヴァイアサン』30。
加々美光行（2001）『歴史のなかの中国文化大革命』岩波書店。
加藤淳子（1994）「新制度論をめぐる論点——歴史的アプローチと合理的選択理論」『レヴァイアサン』15。
川島弘三（1988）『中国党軍関係の研究（上巻）——党軍関係の法的形成と政治展開』慶應通信。
川島弘三（1989a）『中国党軍関係の研究（中巻）——国防現代化過程と党軍関係』慶應通信。
川島弘三（1989b）『中国党軍関係の研究（下巻）——対外戦略の形成と党軍関係』慶應通信。
岸川毅（2002）「政治体制論」河野勝・岩崎正洋編『アクセス比較政治学』日本経済評論社。
金衝及主編（2000）『周恩来伝——1949-1976（下）』（劉俊南他訳）岩波書店。
グライフ，アブナー（2006）「歴史比較制度分析のフロンティア」（河野勝訳），河野勝編『制度からガバナンスへ——社会科学における知の交差』東京大学出版会。
高文謙（2007）『周恩来秘録』（上村幸治訳）文藝春秋。
河野勝（2001）「『逆第二イメージ論』から『第二イメージ論』への再逆転？」『国際政治』128。
国分良成（2004）『現代中国の政治と官僚制』慶應義塾大学出版会。
席宣・金春明（1998）『「文化大革命」簡史』（鐙屋一他訳）中央公論社。
竹内実（1981）『毛沢東と中国共産党』中央公論社。
武田康裕（2000）「体制移行と対外軍事行動——改革・開放後の中国を事例として」『国際政治』125。
高原明生（2004）「中国の政治体制と中国共産党」日本比較政治学会編『比較のなかの中国政治』早稲田大学出版部。
高原明生（2011）「現代中国における 1978 年の画期性について」加茂具樹他編『中国改革開放への転換——「1978 年」を超えて』慶應義塾大学出版会。
徳田教之（1982）「『四つの近代化』路線の政治的構図」衛藤瀋吉編『現代中国政治の構造』日本国際問題研究所。
中林真幸・石黒真吾編（2010）『比較制度分析・入門』有斐閣。
藤原帰一（1989）「民主化過程における軍部——A. ステパンの枠組みとフィリピン国軍」『年報政治学 1989』岩波書店。
益尾知佐子（2010）『中国政治外交の転換点——改革開放と「独立自主の外交政策」』東京大学出版会。
真渕勝（1994）『大蔵省統制の政治経済学』中央公論社。
真渕勝（2010）『官僚』東京大学出版会。
丸川知雄（1993）「中国の『三線建設』(II)」『アジア経済』34-3。
ミルグロム，ポール／ジョン・ロバーツ（1997）『組織の経済学』（奥野正寛他訳）NTT 出版。
李志綏（1995）『毛沢東の私生活（下）』（新庄哲夫訳）文藝春秋。

柳川範之（2000）『契約と組織の経済学』東洋経済新報社。

3．中　文
・単行本

欧陽毅（1998）『欧陽毅回憶録』（北京：中共党史出版社）．
王震伝編写組編（2001）『王震伝（下）』（北京：当代中国出版社）．
王誠漢（2004）『王誠漢回憶録』（北京：解放軍出版社）．
汪東興（1997）『毛沢東与林彪反革命集団的闘争』（北京：当代中国出版社）．
王年一（1988）『大動乱的時代』（河南：河南人民出版社）．
王力（2008）『王力反思録（下）』第二版（香港：北星出版社）．
邱石編（1997）『共和国重大事件和決策内幕　第一巻』（北京：経済日報出版社）．
姜華宣・張蔚萍・肖甡主編（2006）『中国共産党重要会議紀事（1921-2006）』（北京：中央文献出版社）．
曲愛国（2000）『百戦将星――呉忠』（北京：解放軍文芸出版社）．
軍事科学院軍事歴史研究所編（2007）『中国人民解放軍八十年大事記』（北京：軍事科学出版社）．
呉法憲（2006）『呉法憲回憶録』（香港：北星出版社）．
伍洪祥（2004）『伍洪祥回憶録』（北京：中共党史出版社）．
洪学智（2002）『洪学智回憶録』（北京：解放軍出版社）．
向守志（2006）『向守志回憶録』（北京：解放軍出版社）．
江西省軍区政治部幹部処（1998）『江西省軍区政治部幹部処簡史　1949-1998』（内部発行）．
江西省軍区政治部編研室（2002）『中国人民解放軍江西省軍区政治部史大事記要　1949-2001』（内部発行）．
向仲華編輯委員会（2002）『向仲華』（北京：軍事科学出版社）．
高皋・厳家其（1986）『文化大革命十年史，1966-1976』（天津：天津人民出版社）．
侯魯梁（2007）『毛沢東建軍思想概論』（北京：解放軍出版社）．
国防大学党史党建政工教研室編（1989）『中国人民解放軍政治工作史（社会主義時期）』（北京：国防大学出版社）．
史雲・李丹慧（2009）『難以継続的「継続革命」――従批林到批鄧，1972-76』（香港：香港中文大学出版社）．
晋軍（2008）『呉効閔少将』（北京：解放軍文芸出版社）．
徐向前（2007）『徐向前回憶録』（北京：解放軍出版社）．
星火燎原編輯部編（2006）『中国人民解放軍将師名録』（北京：解放軍出版社）．
肖思科（1992）『超級審判』（済南：済南出版社）．
祝庭勛（2007a）『李徳生在動乱歳月――従軍長到党中央副主席』（北京：中央文献出版社）．
席宣・金春明（2006）『「文化大革命」簡史』第三版（北京：中共党史出版社）．
楚春秋（1997）『百戦将星――秦基偉』（北京：解放軍文芸出版社）．
選編組（2007）『中国共産党章程彙編（従一大―十七大）』（北京：中共中央党校出版社）．
総後勤部生産管理部軍隊生産経営史料叢書編審委員会（1997）『中国人民解放軍生産経営史料叢書　軍隊生産経営大事記（1949-1995）』（内部発行）（北京：解放軍出版社）．

総後勤部財務部・軍事経済学院編（1991）『中国人民解放軍財務簡史』（北京：中国財政経済出版社）．
総政治部（2006）『樹立和落実科学発展観理論学習読本』（内部発行）（北京：解放軍出版社）．
総政治部幹部部・軍事科学院軍制研究部編（1988）『中国人民解放軍幹部制度概要』（内部発行）（北京：軍事科学出版社）．
総政治部組織部編（2002）『中国人民解放軍組織工作大事記 1927-1999』（北京：解放軍出版社）．
宋清渭（2009）『歳月紀実──宋清渭回憶録』（北京：解放軍出版社）．
宋任窮（2007）『宋任窮回憶録』（北京：解放軍出版社）．
粟裕伝編写組（2007）『粟裕伝』（北京：当代中国出版社）．
遅浩田伝写作組（2009）『遅浩田伝』（北京：解放軍出版社）．
陳錫聯（2007）『陳錫聯回憶録』（北京：解放軍出版社）．
中央湖南省委党史研究室編（2008）『共和国第一大将粟裕』（長沙：湖南人民出版社）．
中国人民解放軍軍事科学院（1972）『軍語』（軍内試行本）．
中国大百科全書軍事巻編審室編（1987）『中国人民解放軍政治工作分冊』（北京：軍事科学出版社）．
張雲生（1988）『毛家湾紀実──林彪秘書回憶録』（北京：春秋出版社）．
張化（2004）『鄧小平与1975年的中国』（北京：中共党史出版社）．
張化・蘇采青主編（1999）『回首「文革」』（北京：中共党史出版社）．
張化他編（1999）『回首文革──中国10年文革分析與反思』（北京：中央党史出版社）．
張勝（2008）『従戦争中走来──両代軍人的対話』（北京：中国青年出版社）．
張震（2003）『張震回憶録（上，下）』（北京：解放軍出版社）．
張正隆（2009）『戦将韓先楚』（重慶：重慶出版社）．
張縄（2007）『従戦争中走来──両代軍人的対話』（北京：中国青年出版社）．
張亜鐸編（2007）『一代名将許世友』（鄭州：河南人民出版社）．
沈志華主編（2008）『中蘇関係史綱』（北京：新華出版社）．
丁凱文（2004）『重審林彪罪案（上，下）』（ニューヨーク：明鏡出版社）．
鄭謙（2008）『中国──従「文革」走向改革』（北京：人民出版社）．
丁盛（2009）『落難英雄──丁盛将軍回憶録』（香港：星克你出版有限公司）．
程中原（2009）『与哈佛学者対話当代中国史』（北京：人民出版社）．
程中原・夏杏珍（2002）『歴史転折的前奏──鄧小平在1975』（北京：中国青年出版社）．
程中原・王玉祥・李正華（1998）『1976〜1981年的中国』（北京：中央文献出版社）．
当代中国叢書編集組編（1989a）『当代中国軍隊後勤工作』（北京：中国社会科学出版社）．
当代中国叢書編集組編（1989b）『当代中国的山東』（北京：当代中国出版社）．
当代中国叢書編集組編（1989c）『当代中国民兵』（北京：中国社会科学出版社）．
鄧力群（2000）『国史講談録 第三冊』（内部発行）（北京：中華人民共和国史稿）．
鄧力群（2006）『鄧力群自述十二個春秋（1975-1987）』（香港：大風出版社）．
巴忠談主編（2012）『社会管理創新与国家安全』（北京：時事出版社）．
李可・郝生章（1989）『「文化大革命」中的人民解放軍』（北京：中共党史資料出版社）．
李振祥・黎原（2004）『四十七軍湖南「三支両軍」紀実』（出版社不明）．

李水清口述（王緩平執筆）(2009)『李水清将軍回憶録――従紅小鬼到火箭兵司令』(北京：解放軍出版社).
李文卿 (2002)『近看許世友 (1967～1985)』(北京：解放軍文芸出版社).
房維中主編 (1984)『中華人民共和国経済大事記 (1949-1980 年)』(北京：中国社会科学出版社).
劉華清 (2005)『劉華清回憶録』(北京：解放軍出版社).
廖蓋隆主編 (1989)『新中国編年史 (1949～1989)』(内部発行) (北京：人民出版社).
黎原 (2009)『黎原回憶録』(北京：解放軍出版社).
雷厲 (2006)『歴史風雲中的余秋里』(北京：中央文献出版社).
冷夢 (1994)『百戦将星――肖永銀』(北京：解放軍文芸出版社).
魯祝好主編 (1995)『中国軍事経費管理』(北京：解放軍出版社).
葉永烈 (2000)『毛沢東的秘書們』(烏魯木斉：新疆人民出版社).
葉剣英伝編写組 (2006)『葉剣英伝』(北京：当代中国出版社).
楊奎松 (1999)『毛沢東与莫欺科的恩恩怨怨』(南昌：江西人民出版社).
楊成武 (2005)『楊成武回憶録』(北京：解放軍出版社).
楊肇林 (2000)『百戦将星――蘇振華』(北京：解放軍文芸出版社).
楊得志 (1995)「新時期総参謀部的軍事工作」『総参謀部回憶史料』(北京：解放軍出版社).
周徳礼 (1990)『許世友的最後一戦』(南京：江蘇人民出版社).
周徳礼 (1992)『一個高級参謀長的自述』(南京：南京出版社).

・論　文
安建設 (2000)「毛沢東與『批林批孔』若干問題考述」『党的文献』第 4 期.
安建設 (2005)「『文革』時期毛沢東七次南巡考述（上，下）」『党的文献』第 1，2 期.
尹家民 (2003)「『軍委弁事組』始末」『党史博覧』第 11 期.
尹曙生 (2011)「安徽文革『清隊』档案掲秘」『炎黄春秋』第 1 期.
閻志峰 (2006)「『一打三反』運動是怎様掀起来的」『党史縦横』第 3 期.
于光遠 (2000)「憶鄧小平和国務院政研室」『百年潮』第 7 期.
王英・孫中範 (2001)「1975 年党組織整頓的前前後後」『百年潮』第 8 期.
王永欽 (1997)「1966-1976 年中米蘇関係紀要」『当代中国史研究』第 4 期.
王香平 (2009)「毛沢東怎様听彙報」『党的文献』第 2 期.
王樹林 (2010)「新中国大行政区軍政委員会的縁起與演変」『中共党史研究』第 6 期.
王年一 (1999)「一場大有来頭的小型武闘」『百年潮』第 1 期.
王年一・何蜀・陳昭 (2004)「毛沢東逼出来的『九・一三林彪出逃事件』」『当代中国研究』第 2 期.
何蜀・王年一 (1998)「我們対汪東興這本書有不同看法――『毛沢東與林彪反革命集団的闘争』読後」『百年潮』第 8 期.
関海庭 (1999)「革命委員会始末」張化・蘇采青主編『回首「文革」下』(北京：中共党史出版社).
韓鋼 (2009)「『両個凡是』的由来及其終結」『中共党史研究』第 11 期.
紀坡民 (2003)「昇職辞職――听父親紀登奎談往事」『南方週末』2003 年 7 月 23 日).
耿飈 (1979)「関于印支半島形勢報告 1979 年 1 月 16 日」『中共研究』14-10.

顧為銘（2003）「軍隊高幹会和毛沢東の『八月指示』」『当代中国史研究』第 6 期.
黄一兵（2010）「1977 年中央工作会議研究」『中共党史研究』第 2 期.
左進峰（2010）「『文化大革命』時期山東的教育革命」『当代中国史研究』第 4 期.
鐘德濤・柳青（2005）「軍隊『批林整風』運動述略」『中共党史研究』第 3 期.
祝庭勛（2007b）「林彪精心設計的一場『接見』」『百年潮』第 3 期.
祝庭勛（2007c）「毛沢東為什麼選中李德生」『文史博覽』第 8 期.
徐曉莉（2009）「『全国人民学解放軍』運動述略」『党史文苑』第 2 期.
常永富・朱純輝（2001）「総政治部成立七十年的回顧與思考」『軍事歷史』第 2 期.
曾慶洋・鄧礼峰・陳奇勇（2003）「1975 年的軍隊整頓」『当代中国史研究』第 4 期.
張化（2001）「張愛萍将軍整頓国防科委」『百年潮』第 2 期.
趙国勤（1999）「試析『三支両軍』的実踐活動及其客観作用」張化外編『回首文革──中国 10 年文革分析與反思』（北京：中央党史出版社）.
張廷発（1999）「70 年代中期両次軍委会議的前前後後」『党的文献』第 4 期.
陳昭（2006）「『文革』中的『軍宣隊』──一位大学『軍宣隊長』的回憶」『当代中国研究』第 2 期.
陳揚勇（2000）「1967 年春季以上幹部会議若干問題探討」『党的文献』第 6 期.
鄭謙（1997）「60 年代末中国備戦秘聞」邱石編『共和国重大事件和決策内幕 第一卷』（北京：経済日報出版社）.
鄭謙（1999）「中共九大前後全国的備戦高潮」『中共党史資料』41.
程振声（2002）「関于『文革』中国務院業務組的若干情況」『党的文献』第 3 期.
鄧礼峰（2001）「鄧小平与 1975 年的拡大軍委会議」『百年潮』第 3 期.
鄧礼峰（2001）「『三支両軍』述論」『当代中国研究』第 8 期.
鄧礼峰（2003）「『文化大革命』時期的人民解放軍的主要成就和経験教訓」『当代中国史研究』第 3 期.
慕安（2010）「開国上将韋国清在拔乱反正期間主政総政治部」『党史博来』第 4 期.
李近川（2009）「回憶中央文革記者站」『党史縦横』第 2 期.
李向前・韓鋼（1999）「新発見鄧小平与胡耀邦等三次談話記録」『百年潮』第 3 期.
劉志青（2003）「論『九一三』事件後『解放軍学全国人民』活動」『当代中国史研究』第 3 期.
劉志青（2009a）「『批林整風』運動中的軍隊基層建設」『軍事歷史研究』第 3 期.
劉志青（2009b）「1975 年全面整頓中的人民解放軍作風紀律建設」『甘粛社会科学』第 5 期.
劉随清（2006）「『三支両軍』的初衷及其両重性」『中共党史研究』第 5 期.
劉沈揚（2011）「軍隊應在加強創新社会管理中積極発探作用」『国防』第 7 期.
林林（2008）「中共中央 1974 年九号文献由来考略」『福建党史月刊』第 3 期.

・文選，文集，文稿，年譜，資料集
『人民日報』.
『解放軍報』.
『紅旗』.
中共中央文献研究室編，逢先知・金衝及主編（2003）『毛沢東伝 下（1949-1976）』（『毛沢東伝』）（北京：中央文献出版社）.

中共中央文献研究室編(1998)『建国以来毛沢東文稿 第十三冊』(『毛沢東文稿 13』)(北京:中央文献出版社).
中共中央文献研究室・中国人民解放軍軍事科学院編(2010)『建国以来毛沢東軍事文稿 下巻(1957年1月-1976年2月)』(北京:軍事科学出版社・中央文献出版社).
中共中央文献研究室編(1997)『周恩来年譜 1949-1976(下)』(『周恩来年譜』)(北京:中央文献出版社).
中共中央文献研究室・中国人民解放軍軍事科学院編(2004)『鄧小平軍事文集 第三巻』(『鄧小平軍事文集 3』)(北京:中央文献出版社).
中共中央文献編輯委員会(1983)『鄧小平文選 第二巻』(北京:人民出版社).
中共中央文献研究室編(2004)『鄧小平年譜 1975-1997(上)』(北京:中央文献出版社).
中共中央文献研究室編(2009)『鄧小平年譜 1904-1974(下)』(北京:中央文献出版社).
中国人民解放軍軍事科学院編(2007)『葉剣英年譜 1897-1986(下)』(『葉剣英年譜』)(北京:中央文献出版社).
葉剣英(1997)『葉剣英軍事文選』(北京:解放軍出版社).
中共江蘇省委党史工作辦公室編(2006)『粟裕年譜』(北京:当代中国出版社).
周均倫主編(1999)『聶栄臻年譜 下巻』(北京:人民出版社).
宋永毅主編(2006)『中国文化大革命文庫 Chinese Cultural Revolution Database』第二版(CCRD)(香港:香港中文大学出版社).
中国人民解放軍総政治部組織部(1995a)『中国共産党中国人民解放軍組織史資料 第五巻「文化大革命」時期(1966.5～1976.10)』(内部発行)(北京:長征出版社).
中国人民解放軍総政治部組織部(1995b)『中国共産党中国人民解放軍組織史資料 第六巻 社会主義現代化建設新時期(1976.10～1992.10)』(内部発行)(北京:長征出版社).
中共中央組織部他編(2000a)『中国共産党組織史資料 第六巻「文化大革命」時期(1966.5～1976.10)』(北京:中共党史出版社).
中共中央組織部他編(2000b)『中国共産党組織史資料 第七巻(上)社会主義事業発展新時期(1976.10～1997.9)』(北京:中共党史出版社).
湖北省軍区政治部(1998)『中国共産党湖北省軍区組織史資料 1949-1995』(内部発行)(武漢:湖北人民出版社).
武漢軍区三支両軍辦公室(1974)『三支両軍経験彙編』(内部発行).
広州軍区政治部編(1980)『中越辺境自衛還撃作戦政治工作経験選編——広西方面(1-4)』(内部発行).
中共河北省委組織部他編(1990)『中国共産党河北省組織史資料(1922～1987)』(石家庄:河北人民出版社).
中共山西省委組織部他編(1994)『中国共産党山西省組織史資料(1949.10～1987.10)』(太原:山西人民出版社).
中共内蒙古自治区委員会組織部他編(1995)『中国共産党内蒙古自治区組織史資料(1925.3～1987.12)(呼和浩特:内蒙古人民出版社).
中共遼寧省委組織部他編(1995)『中国共産党遼寧省組織史資料(1923～1987)』(瀋陽:遼寧省新聞出版局).
中共吉林省委組織部他編(1994)『中国共産党吉林省組織史資料(1924.8～1987.11)』(長春:吉林人民出版社).

中共黒龍江省委組織部他編（1992）『中国共産党黒龍江省組織史資料（1923〜1987）』（哈爾浜：黒龍江人民出版社）.
中共江蘇省委組織部他編（1993）『中国共産党江蘇省組織史資料（1922〜1987）』（南京：南京出版社）.
中共浙江省委組織部他編（1994）『中国共産党浙江省組織史資料（1922.4〜1987.12）』（浙江：人民日報出版社）.
中共安徽省委組織部他編（1996）『中国共産党安徽省組織史資料（1921.7〜1987.11）』（合肥：安徽人民出版社）.
中共福建省委組織部他編（1992）『中国共産党福建省組織史資料（1926.2〜1987.12）』（福州：福建人民出版社）.
中共江西省委組織部他編（1999）『中国共産党江西省組織史資料 第一巻（1922〜1987）』（北京：中共党史出版社）.
中共山東省委組織部他編（1991）『中国共産党山東省組織史資料（1921〜1987）』（北京：中共党史出版社）.
中共河南省委組織部他編（1996）『中国共産党河南省組織史資料（1921.12〜1987.10）』（鄭州：河南人民出版社）.
中共湖北省委組織部他編（1991）『中国共産党湖北省組織史資料（1920秋〜1987.11）』（武漢：湖北人民出版社）.
中共湖南省委組織部他編（1995）『中国共産党湖南省組織史資料 第二冊（1949.9〜1987.12）』（湖南省統計局発行）.
中共広東省委組織部他編（1994）『中国共産党広東省組織史資料』（北京：中共党史出版社）.
中共広西壮族自治区委員会組織部他編（1995）『中国共産党壮族自治区組織史資料（1925〜1987）』（南寧：広西人民出版社）.
中共四川省委組織部他編（1994）『中国共産党四川省組織史資料 第一巻（1949.12〜1987.10）』（成都：四川人民出版社）.
中共貴州省委組織部他編（1997）『中国共産党貴州省組織史資料・貴州省政軍統群組織史資料（1927〜1987）』（貴陽：貴州教育出版社）.
中共雲南省委組織部他編（1994）『中国共産党雲南省組織史資料・雲南省政軍統群組織史資料（1926〜1987）』（北京：中共党史出版社）.
中共西蔵自治区委員会組織部他編（1993）『中国共産党西蔵自治区組織史資料（1950〜1987）』（拉薩：西蔵人民出版社）.
中共甘粛省委組織部他編（1991）『中国共産党甘粛省組織史資料（1922〜1987）』（蘭州：甘粛人民出版社）.
中共青海省委組織部他編（1995）『中国共産党青海省組織史資料（1949.9〜1987.10）』（北京：中共党史出版社）.
中共寧夏回族自治区委員会組織部他編（1992）『中国共産党寧夏回族自治区組織史資料（1926〜1987）』（銀川：寧夏人民出版社）.
中共新疆維吾尓自治区委組織部他編（1996）『中国共産党新疆維吾尓自治区組織史資料（1937〜1987）』（北京：中共党史出版社）.

あとがき

　中国の対外行動の強硬化が話題をまいている。その背景として、しばしば軍の影響力の「増大」が指摘され、共産党による軍隊統制の「危機」が語られる。はたして、これらの主張はどこまで妥当なのか。軍の影響力が「増大」したならば、その影響力の源泉なるものは何か。軍隊統制に「危機」が生じたならば、「本来」の党軍関係はどのような状態のことなのか。そもそも中国政治の中で人民解放軍はいかなる役割を果たしており、そこには他国と比べどのような異同が見られるのか。

　本書は、文革期の中国政治を題材に、現代中国の政治と軍隊にまつわるこれらの問題を、実証的、かつ理論的な観点から再検討しようとしたものである。具体的には、毛沢東と人民解放軍の関係を正面に据え、文革期中国における政軍関係の変容とその帰結について説明しようとした。その際、統治制度の選択と運用にあたり独裁者の直面する制約と機会を中心に、独裁政治における制度変化のメカニズムについて理論的考察を行い、実証分析の土台とした。

　私が文革期の中国政治に関心をもち、関連資料を読み始めたのは、博士過程に進学してしばらく後のことであった。当初から関心をもっていた日中関係から中国政治へと研究対象を広げる大きなきっかけとなったのは、本書でも取り上げている中越戦争への疑問であった。つまり、改革開放への政策転換が真剣に模索されていたときに、なぜ大規模な武力行使が行われたかを考えているうちに、文革と人民解放軍の政治介入という、より重大でダイナミックな現実に遭遇することになったのである。以後、問題関心を発展させつつ、米国留学と中国での資料調査を経て、執筆の準備を整えていった。

　執筆の際は、とりわけ次の2つの点に注意を払った。第一に、分析対象の重さに圧倒されないよう、できる限り政治学の理論から導かれる含意を中心に、

体系的な記述を行うことに注力した。

　そして第二に，過去の特殊な事象の説明を超えて，現在の中国の政治と軍隊を理解するより系統的でかつ内在的な視座を提示することを念頭においた。それは一面では，統治組織の一部として人民解放軍の有する制度的特質に注目することであり，他面では，文革が中国の政治と軍隊に及ぼした影響を再評価することである。後者の重要性をあえて言えば，文革期の経験は，現在の解放軍指導幹部の集団意識形成のいわば原体験をなすものである。このような意味で，公式の組織図や装備リストの中では決して読み取れない中国軍の内生的行動原理を明らかにすることが本書のもうひとつの狙いであった。

　もちろん，かかる筆者の狙いが結果としてどれだけの成功を収めたかは読者の判断に委ねるべきである。ただ，本書の考察が，現代中国政治の歩みに関心をもつ方々，そして中国を含む非民主主義国家における政治と軍の問題に関心をもつ方々に少しでも興味深いものとなっていれば，これに勝る喜びはない。

　拙い書ではあるが，書き上げるまでには多くの方々のご助力があった。まず田中明彦先生は，私が大学院の研究生であったころからの指導教員である。それ以来一貫して，先生は，研究についての私の自発性を完全に尊重してくださった。そうした指導方針がなければ，本書の研究課題はおそらく自分の中で自然消滅していたはずである。だが，論文作成における先生のご指導はかなり厳格なものであった。特に論文構想の有意義性，および方法的，資料的実証可能性に関しては，たびたび容赦のないご批判を賜った。しかし他方で，執筆の過程では，類いない忍耐力で何度も論文提出の遅延を許していただいた。気ままで出来の悪い学生に適した指導方法があるとすれば，先生はまさにその典範を示してくださったと思う。厚くお礼申し上げたい。

　高原明生先生には，中国政治研究に足を踏み入れて以来お世話になっている。博士過程に進学したころに先生が東京大学に移ってこられたのは，筆者にとって本当に幸運であった。その後，現地調査の手配から，細心な論文指導，そして生活事情への配慮まで，高原先生から受けてきた恩恵は，今なお多少の感情的動揺なしに思い出すことができない。先生のご好意に応え，何とか学術

的に有意義なものを打ち立てねばならないとの義務感が，論文執筆の大きな支えとなった。深く感謝申し上げる次第である。

　その他，多くの先生方から受けた恩恵も数えきれない。東京大学の加藤順子先生と藤原帰一先生には，授業等を通じて，比較政治学と国際政治学の基本的アプローチを学ばせていただいた。東洋文化研究所の松田康博先生には，論文の構想段階から何度も相談に乗っていただいた。論文審査に加わっていただいた飯田敬輔先生からは，本書の理論仮定の核心をつくコメントをいただき，修正の段階で大きく役立った。なお，米国留学時は，ニューヨーク大学のブルス・ブエノ・デ・メスキタ先生とイェール大学のブルス・ラセット先生のご指導をいただいた。はなはだ中途半端な状態とはいえ，独裁政治に関する本書の理論的考察は，米国滞在中の学習を基礎に行ったものである。

　来日以来の学問的営みの中で，同世代に属する先輩と友人から受けた有形無形の影響もまた逸することができない。なかでも，森聡先生，佐橋亮氏，前田健太郎氏，三浦瑠麗氏，杉浦康之氏は，着想から研究デザイン，そして現地調査と成果発表にいたるさまざまな段階において，助言と激励の言葉を惜しまなかった。加えて，同じ時期に大学院に入学し，留学生活の苦衷を分かち合ってきた朴廷鎬氏，金伯柱氏，孫齊庸氏にも心より感謝申し上げたい。

　最後に，編集の労を取ってくださったのは，名古屋大学出版会の三木信吾さんである。編集作業を通して続いた三木さんとのやり取りは，それ自体発見に富んだ学習のプロセスであった。三木さんによって原稿に加えられたコメントや加筆修正の提案から，研究論文を「本」として刊行することの意味について改めて考えさせられるようになったからである。本文の中に，仮に少しでも読みやすく，明瞭な文章があるとすれば，それはほぼすべて三木さんのお力添えによるものである。

　なお，本書の刊行にあたっては，2014 年度における日本学術振興会科学研究補助金（研究成果公開促進費「学術図書」），および青山学院大学国際政治経済学会の助成を受けた。関係各位にお礼申し上げる。

　最後に，家族の支援に御礼をいわなければならないが，本書は特になき祖父

に捧げたい。幼い筆者に「大儒学者の才能」を見いだし，「四書五経」の文章を毎日のように暗唱させた祖父である。本書がそうした祖父の「希望」にひとつの形を与えられたことを祈りつつ，臨終に立ち会えなかった罪を償いたい。長いパイプを片手に本書の一字一句に目を通している祖父の姿が目に浮かぶようである。

2014年8月

林　載　桓

図表一覧

図序-1	全国省級党委常務委員会における軍隊幹部の割合	9
図序-2	全国省級革命委員会における軍隊幹部の割合	9
図1-1	基盤的権力と制度配置（例）	34
図1-2	地方の軍指導部の人事異動（1966-1980年度）	60
図2-1	軍主導下の地方統治構造が示す領導の「多中心」	83
図3-1	国防費残高の国庫返納（1965-69年）	99
図5-1	軍隊整頓の地域別展開（省・自治区党委常務委員会における軍人の割合）	167
図5-2	全国大軍区指導部の人事異動の推移	168
図6-1	軍隊整頓の流れ	180
図6-2	省軍区指導グループの人事調整（人員総計）	186
図6-3	省軍区指導グループの人事調整（異動人員）	187
表2-1	革命委員会の再編，党核心領導小組の成立と軍勢力の拡大	67
表2-2	中央直属部隊の文革介入と省軍区の改編（1967年2-8月）	69
表2-3	野戦軍の軍区間移動（1967-75年）	76
表3-1	中央軍委辦事組の成立と改組	92
表3-2	文革期の軍隊幹部任免（権限と手続き）	96
表3-3	中央経済機構の再編と軍事管制の固定化（1970年6月）	103
表4-1	全国11軍区司令員と人事異動（1973年12月）	133
表4-2	中央軍事委員会の機構再編（1967-75年）	138
表5-1	中央軍事委員会領導グループの調整（1971年10月-1975年2月）	156
表5-2	粟裕の調査活動（1975年4月18日-6月15日）	164
表5-3	文民化の全国的推移（1972-76年）	166
表5-4	人事異動の内訳	170
表6-1	中央軍事委員会全体会議（1977年12月）	182
表6-2	軍内の財政権の範囲（1978年1月）	192

索　引

ア　行

アーレント，ハンナ（Hannah Arendt）　48
一打三反　79
殷承禎　102
インドシナ　194, 197
尹文　105
ヴォーゲル，エズラ（Ezra Vogel）　144, 202
雲南省　166
王効禹　66
王洪文　128, 154-156
王紹光　208
王震　175-176
王誠漢　84
王年一　93
欧陽毅　104-105
王力　56
オルソン，マンサ（Mancur Olson）　36

カ　行

改革開放　20, 181, 202, 209-210, 212
海軍　68-69, 127
解放軍に学ぶ運動　5, 7, 51, 118
華僑問題　193-194
夏杏珍　134
核心領導小組　66, 68, 85
革命委員会　8, 10, 13, 63, 65-66, 68, 72-73, 81-85, 90-91, 94, 98, 101-102, 116, 118-119, 125, 206, 209
革命幹部　57, 65, 67, 166
革命的秩序　19, 131, 206
華国鋒　174-177, 184-185, 201
川島弘三　94-95
韓先楚　81-82, 133
幹部解放　118
幹部服役条例　188
カンボジア　194, 197
官僚主義　49, 116, 145
疑似パラメータ　43-45
紀登奎　89
基盤的権力　23, 32-35

強制能力　33-34
強制のメカニズム　21
協力　30, 33, 48
許世友　133
近代化　203
空軍　68, 157
グライフ，アヴナー（Avner Greif）　23, 42
軍区　192
軍事改革　209
軍事管制　7, 8, 10, 57, 81, 101, 104-105, 107, 122-124, 150
軍事管制委員会　102
軍事訓練　57, 81, 145, 148
軍事工業　98, 148
軍事政権（軍政）　2, 8, 110, 206
軍事ドクトリン　210
軍事民主　53
軍政関係　85, 163
軍政団結　72
軍隊財務　191
軍隊生産　189-190
軍隊整頓（軍整頓）　62, 140-142, 144-145, 150-153, 155-160, 162, 165-166, 169-171, 173-174, 176-178, 180-181, 185, 189, 192-195, 197, 200-202, 207-209
軍隊統制　189, 202, 208
軍中職能機関　162, 200
軍中政治機関　179, 183, 188
軍中党委員会（軍中党委）　162, 168, 179, 188, 191
軍部統治　2-4, 7, 10-11, 13-14, 16-19, 23, 46, 58-62, 86-88, 100, 111, 113, 115-116, 123, 139, 171, 173, 178, 182-183, 189, 198, 203, 205-208, 212
軍分区　152, 164
軍兵種　160, 182, 191-192
軍民関係　85, 163
軍民団結　72
軽工業部　102
決定の制度　32
厳家其　136

権限委任　40, 142, 170, 201
権力継承のジレンマ　108-109
黄永勝　93
紅衛兵　16, 209
公共選択論　28
工業の支持（支工）　57-58, 81, 189
高皋　136
広州軍区　196, 198
康生　67
江青　154
江蘇省　166
交通部　102
合理的選択論　42, 208, 212-213
国防近代化　179, 181, 202, 210
谷牧　105
国務院　131, 176
国務院業務組　105, 156
コスイギン（Kosygin）　72
国家基本建設委員会　102, 105
国家計画委員会　102
国家－国家関係　213
国家－社会関係　213
国家論　213
5・7指示　191
50字指示　64
コミットメント問題　39
顧問　169
昆明軍区　198

サ 行

財政部　102
左派支持（支左）　13, 55, 57-58, 69, 81, 84-85, 90-91, 94, 102, 117, 122, 163, 206-207
左派支持工作（支左工作）　82
左派支持人員（支左人員）　83-85
左派支持の決定　54-55
三結合　57, 65-66, 119, 128
三支両軍　5, 10, 57, 65, 67, 74-77, 81, 120, 122-126, 129, 135, 139, 146, 149, 152, 163, 165
三支両軍の若干の問題に関する決定（草案）　122-125, 135, 148
三大紀律八項注意　121
三大任務　50
山東省　66
自己執行的制度　44
四川省　67, 84, 166

執行の制度　18, 21, 23-24, 32-33, 35, 46, 50, 115, 206, 211
実事求是　185
聶栄臻　93, 156-157
周恩来　67, 72, 95, 104-105, 136-138, 142, 154
集合行動　38
10全大会　128
集団領導　179
シュールマン，フランツ（Franz Schurmann）　15
受益組　174
商業部　102
省軍区　69, 76-77, 91, 152, 160-161, 182, 185-187, 189
象徴能力　34
情報の非対称性　37, 40
常務委員会　163
初期整頓　188
徐向前　156
司令員相互異動　152
新疆　77
新制度論　21, 25
人民公社　99
人民武装部　163-164
真理基準論争　184-185
水利電力部　102
スターリン（Stalin）　28, 48-49
スハルト（Suharto）　33
スレーター，ダン（Dan Slater）　33
スン，ウォレン（Warren Sun）　136
政軍関係　208, 210-211
政策執行の効率性　35-38, 40, 202
政策執行の信頼性　35-36, 40, 206
政治局　137-138, 174
政治経済学　26-27, 40, 42, 212
政治工作　94, 148, 179, 183-185
政治工作会議　183-184
政治工作条例　51
政治工作制度　180
政治社会学　26-27
政治体制　26, 33
政治体制論　212
政治の文民化　165, 167, 169-170
制度　18-19, 25, 27, 29-31, 33, 35, 41-43, 45-46, 49, 63, 101, 107, 109-110, 138, 142, 178, 182, 189, 192, 202, 207-208, 210-211, 214
制度運用　38-40, 46, 115, 205, 212

索引 ——— 245

制度化	129, 162, 189, 202, 208, 213
制度環境	211, 213
成都軍区	67, 84
制度選択	35, 37-38, 40, 46, 88, 111, 205, 212
制度的共生性	53
制度の強化と弱化	43
制度配置	210
制度変化	19, 21, 33, 42, 44-45
整頓	121, 142-144, 158, 160-161, 175-176, 178-179, 182-183, 190
整風運動	134
精兵簡政	49
精兵整編	97
浙江省	68, 159, 166
全軍幹部工作座談会	188
全軍後勤工作会議	191
全軍政治工作会議	181, 183, 188
全国人民防空領導小組	72
専制的権力	32
戦争準備工作（戦備工作）	74, 190
全体主義体制論	212
全面整頓	141-142, 159
総後勤部	97, 102, 157, 190
総参謀長	154-156, 164, 174, 176, 201
総参謀部	157, 160, 196, 198
双重領導制度	189
総政治部	94-95, 104, 125, 135, 147-148, 153, 156-157
造反派	5, 64, 66, 68, 86
造反派大衆組織	55-56, 206, 209
粟裕	105, 156, 163, 196
組織編制	210
曾思玉	133
ソビエト・ボナパルティズム	11
ソ連	5-6, 11, 72-73, 193, 195, 198

タ 行

（第1次）天安門事件	174, 177
第一機械工業部	102, 104
第一号命令	78-79
対外危機	80, 87, 108, 207
対外経済連絡部	102
対外貿易部	102
第9回党大会（9全大会）	59-60, 63-66, 69, 71, 81, 85-86, 95, 109, 116, 123, 128
大軍区	98-100, 152, 154, 160, 163, 167-170, 182, 190-191
第11期3中全会	181
対米接近	20, 79
代理人	36-39, 115, 142, 155
代理人問題	35-37
大連合	70, 107
台湾海峡	199
多中心	77, 101, 119-120, 206
奪権	4, 13, 53-59, 90, 128
タロック，ゴードン（Gordon Tullock）	28
地方工作	64, 74-77, 100, 102, 105, 148, 178
中越戦争	62, 173, 193, 195, 198-202, 208
中央軍事委員会（軍委）	52, 73, 131, 137, 148, 150, 153-157, 163, 177, 190
中央軍事委員会会議（軍委会議）	196
中央軍事委員会拡大会議（軍委拡大会議）	146, 150, 175, 181, 190, 198
中央軍事委員会常務委員会（軍委常委）	91-93, 95, 155, 157
中央軍事委員会全体会議（軍委全体会議）	181, 189-190
中央軍事委員会辦公会議（軍委辦公会議）	145, 155
中央軍事委員会辦事組（軍委辦事組）	89, 91-95, 97
中央軍事委員会六人小組（軍委六人小組）	155
中央工作会議	175, 197
中央集権	192
中央総部	182
中央組織部	125, 148, 150, 159
中央文革小組	66
中国の台頭	211
忠誠	30-31
中ソ危機	75, 80, 100, 130
中ソ武力衝突	60, 63, 70, 72, 86
張雲生	93
張春橋	155-156
張西挺	68
朝鮮戦争	78, 199
張文碧	102
陳雲	195
陳錫聯	133
陳紹昆	102
陳伯達	108
珍宝島事件	71
テイウェス，フレデリック（Frederick Teiwes）	136

帝国主義　193
程中原　134
党軍関係　14-16, 46, 194, 210, 212
党国体制　202, 212
鄧小平　20, 62, 135-138, 140-142, 144, 148, 151-152, 154-163, 169-171, 173-182, 184-185, 190-192, 194-195, 197-202, 207-209, 211, 213
党の一元化領導　120, 125, 128-130, 135, 146, 151
党の軍隊　210-211
党の軍に対する絶対領導　52-53
党の整頓と再建（整党建党）　63-64, 66, 68, 70
鄧力群　123, 176
独裁者　18, 23, 26, 28-31, 33-40, 46, 48, 50, 108-109, 115, 200, 205-206, 212-213
独裁政治　21, 23-28, 30-33, 35-36, 49, 62, 108, 115, 206
取り込みのメカニズム　21
トロツキー（Trotsky）　11

ナ 行

内生的制度変化　23, 42, 44-46
二月逆流　127
燃料化学工業部　102, 105
農業の支持（支農）　57-58, 81, 189
農林部　102
ノース，ダグラス（Douglass North）　36

ハ 行

パイ，ルシアン（Lucian Pye）　15-16
白相国　102
八大軍区司令員相互異動　62, 132, 134, 146, 150-151, 160-161
派閥解消　163, 165, 167, 169-170, 207
派閥主義　160-161, 178
派閥性　82, 159-162, 167, 198
派閥闘争　86, 107-108, 160, 171, 178
ハンティントン，サミュエル（Samuel Huntington）　26
比較政治研究　213
非戦闘任務　210
ヒトラー（Hitler）　28
非民主主義政治　211-212
批林整風運動　125, 127-129, 146
批林批孔運動　134, 147, 153

フィードバック効果　44
不完備契約論　37
服従　29-30, 33, 48
二つの全て　175, 185
復活組　174, 195
福建省　75, 81, 84, 166
武闘　55, 65, 67, 71-72, 161
フルシチョフ（Khrushchev）　46
ブルジョアジー宗派主義　68, 119
文革派　68
ベトナム　192-194, 196-197, 199
編制改革　162-163
方毅　102
報酬能力　33-34
ポーランド　6
保守派大衆組織　54-55, 129
ボナパルティズム　12
本人－代理人関係　18

マ 行

マックファークアー, ロデリック（Roderick MacFarquhar）　136
マルクス・レーニン主義　2
マン, マイケル（Michael Mann）　32
民主集中制　179
民主主義　28-29, 31-32
民兵　73-74, 130-132, 163, 201
民兵指揮部　164
毛沢東思想　129, 185
毛沢東のジレンマ　140

ヤ 行

冶金工業部　102
野戦軍　59, 68, 74-77, 122, 152
葉群　93
葉剣英　62, 126, 136-138, 142, 148-150, 155, 157-158, 162, 174, 176-177, 184, 190, 196
擁政愛民　91
楊成武　92-94, 105, 109, 157
楊（成武），余（立金），傅（崇碧）事件　92
楊得志　133
抑圧　29-31
余秋里　102, 105
四つの近代化　202
四人組　184
「四人組」摘発・批判運動　184

ラ 行

羅瑞卿　109
リーバーソル，ケネス（Kenneth Lieberthal）　15-16
李水清　102, 104, 106
李先念　105
李天煥　92
李徳生　104-105, 134-135, 147-148, 150, 152
李富春　104-105
劉錦平　92
劉結挺　68
劉少奇　46, 112, 137
劉伯承　156

領導の分散　82, 84, 86, 120, 206
李良漢　105
リンス，ホアン（Juan Linz）　26
林彪　4, 13-15, 17, 56, 60-61, 73, 78, 80, 87-94, 97, 100-102, 105-112, 127-128, 134, 145-146, 184, 207
林彪事件　14, 60-61, 87-88, 107-108, 110-113, 115, 124-127, 139, 145-146, 148, 207, 209
ルールとしての制度　41-42
レーニン（Lenin）　49
レント　34
六条指示　73

《著者紹介》

林　載桓
（いむ　じぇふぁん）

1976 年　韓国・ソウル市に生まれる
2002 年　ソウル大学社会科学部卒業
2012 年　東京大学大学院法学政治学研究科博士課程修了
現　在　青山学院大学国際政治経済学部准教授

人民解放軍と中国政治

2014 年 11 月 25 日　初版第 1 刷発行

定価はカバーに表示しています

著　者　林　　載　桓

発行者　石　井　三　記

発行所　一般財団法人　名古屋大学出版会
〒 464-0814　名古屋市千種区不老町 1 名古屋大学構内
電話 (052) 781-5027 / FAX (052) 781-0697

ⓒ LIM Jaehwan, 2014　　　　　　　　　　　　Printed in Japan
印刷・製本　㈱クイックス　　　　　　ISBN978-4-8158-0786-3
乱丁・落丁はお取替えいたします。

Ⓡ〈日本複製権センター委託出版物〉
本書の全部または一部を無断で複写複製（コピー）することは，著作権法
上の例外を除き，禁じられています。本書からの複写を希望される場合は，
必ず事前に日本複製権センター（03-3401-2382）の許諾を受けてください。

毛里和子著
現代中国政治[第3版]
―グローバル・パワーの肖像―
A5・404頁
本体2,800円

井上正也著
日中国交正常化の政治史
A5・702頁
本体8,400円

倉田徹著
中国返還後の香港
―「小さな冷戦」と一国二制度の展開―
A5・408頁
本体5,700円

毛里和子／毛里興三郎訳
ニクソン訪中機密会談録
四六・318頁
本体3,200円

中兼和津次著
開発経済学と現代中国
A5・306頁
本体3,800円

梶谷懐著
現代中国の財政金融システム
―グローバル化と中央・地方関係の経済学―
A5・256頁
本体4,800円

木村幹著
民主化の韓国政治
―朴正熙と野党政治方たち 1961〜1979―
A5・394頁
本体5,700円

川島真／服部龍二編
東アジア国際政治史
A5・398頁
本体2,600円